本书为平顶山学院博士科研启动基金资助项目，项目编号：PXY-BSQD-2022020

士绅嬗递与晚清民初河南社会变迁

张晓东　著

新华出版社

图书在版编目（CIP）数据

士绅嬗递与晚清民初河南社会变迁 / 张晓东著 .
北京 : 新华出版社 , 2025. 2. -- ISBN 978-7-5166
-7890-9
Ⅰ . D691.71；K296.1
中国国家版本馆 CIP 数据核字第 20254ZG127 号

士绅嬗递与晚清民初河南社会变迁

著者：张晓东

出版发行：新华出版社有限责任公司

（北京市石景山区京原路 8 号　邮编：100040）

印刷：定州启航印刷有限公司

成品尺寸：170mm × 240mm　1/16　　**印张：**18.5　　**字数：**265 千字

版次：2025 年 2 月第 1 版　　**印次：**2025 年 2 月第 1 次印刷

书号：ISBN 978-7-5166-7890-9　　**定价：**88.00 元

版权所有 · 侵权必究

如有印刷、装订问题，本公司负责调换。

微店　视频小号店　抖店　京东旗舰店

微信公众号　喜马拉雅　小红书　淘宝旗舰店

请加我的企业微信

小新

新华出版社

扫码添加专属客服

前言

晚清民初，中国社会经历急剧而迅猛的变革，卷入千年未有之大变局。欧风美雨浸润之下，近代意义上的国家、政党、宪法、国民等意识开始萌发，地方社会的权力体系变异及重组导致传统士绅阶层迅速分化、转型和式微。与此同时，一大批接受过新学教育的“知识人群体”逐渐成长和壮大，日益成为左右社会发展的决定力量。显而易见，近代社会转型的过程，同样也是新老士绅嬗递的过程。对新旧士绅阶层的研究，对于分析传统士绅这一中国传统社会特权阶层最后的历史命运，把握中国近代社会转型进程，探讨中国近代社会发展演变的历史规律和总结中国近代化进程中的经验教训，具有非常重要的意义。本书以士绅阶层的分化、转型为线索，考察晚清民初河南社会变迁的大致历程，试图以此为突破口审视近代化发展的内在理路。

学界对士绅阶层的研究已取得相当丰富的成果，但是对士绅阶层的区域研究还相对薄弱，特别是对河南这一经济文化发展滞后，战争、匪患、灾荒频仍，军绅政权模式明显，绅权特征典型的内陆落后地区而言更是如此。河南士绅的研究较为单薄，且比较分散零碎，到目前为止，尚未看到一部系统、全面研究河南近代士绅阶层的专著问世。本书通过收集、查阅史料，采用定量研究和定性研究结合、整体研究与个案研究结合、宏观研究和微观研究结合、比较研究等方法，借鉴近代化理论和社会变迁理论，以士绅阶层为考察对象，分析其在清末民初河南社会转型中的影响和作用，在社会变革中的动力和阻力因素，大致勾勒出这一阶层代际交替，由盛而衰的历史脉络，希望能为当今的社会建设和经济发展资以佐证。

在具体行文过程中，借鉴“中心—边缘”研究模式。纵向上，关注士绅活动的“三个时期”，即晚清、北洋和南京政府秉政前期；横向上，关注士绅活动的“三个场域”，即省垣、县域与乡村；研究对象上，重点聚焦“三类群体”，即传统士绅、新学士绅和豪强士绅，通过考察他们在“中心”或者“边缘”的具体活动，探求河南近代社会变迁的大致脉络，社会秩序的形成和稳定状况。通过对士绅阶层在近代社会发展过程中积极和消极作用的考察，认识中国近代化进程中的动力和阻力因素，进一步总结历史经验教训，为基层治理现代化、文化传承创新及“乡贤”参与社会治理等提供有益的参考和借鉴。

本书是在博士论文的基础上整理而成，受到平顶山学院博士科研启动基金资助，得到导师田彤教授的鼓励与指导，特致谢忱！

目录

绪　论 …………………………………………………………………… 1

第一章　应时代之变：西风缓进与绅权勃发 …………………………… 8

第一节　近世中原的地理与人文 ………………………………………… 8

第二节　19世纪中后期河南士绅的嬗变 ………………………………31

第二章　以新政之名：清末十年变革与绅权扩张 ……………………54

第一节　河南士绅与晚清新政 …………………………………………54

第二节　“预备立宪”与绅权扩张 ……………………………………69

第三节　士绅阶层与河南辛亥革命 ……………………………………86

第三章　挟自治之风：军阀当政与绅权再度膨胀 ……………………99

第一节　河南士绅与民初公共权利网络的重构…………………………99

第二节　士绅参政议政实践与议会之争 ……………………………… 113

第三节　士绅的武化、劣化及其“地方自治” ……………………… 126

第四章　借训政之机：南京政府前十年的绅权消长 ………………… 144

第一节　训政初期河南士绅的因应 …………………………………… 144

第二节　县政改革与绅权 ……………………………………………… 155

第三节　党权强化与士绅分化转型 …………………………………… 174

第五章　改乡村之弊：乡村建设运动与“新绅”再造 …………………… 189

第一节　新式士绅的崛起与乡村建设实践 …………………… 189

第二节　河南新式士绅的乡村建设理论 …………………… 205

第三节　民国军绅政权的典范 …………………… 219

第六章　续传承之力：绅权代际更替与社会秩序 …………………… 234

第一节　晚清民初河南士绅的“社交圈”与“活动域” …………………… 234

第二节　河南士绅的“乡土观”与“群体观” …………………… 252

第三节　豫绅的家国观念与教育情怀 …………………… 265

结　语 …………………… 280

参考文献 …………………… 287

绪 论

一、选题缘起及研究意义

秦朝统一中国后推行郡县制，皇权的行政触角仅到县一级，县以下是广大的农村和乡民，其结构松散，完全是一种自在、自为、自生的状态。在中国传统社会里，个人是微弱的，多从属于父权家长制的家庭和宗族。那么，县一级的基层政权是怎样实现对基层社会的控制的？换言之，国家是如何实现对广大乡村控制的？隋唐以前，地方豪族势力强大，中央政权为抑制其恶性膨胀，专设乡官以制衡世家大族，赋予其征税、差役、捕盗等行政职能，同时主持乡里社会的自治功能。但是，乡官之设，收效甚微，一直未能形成有效制约豪族势力的社会力量。隋唐科举制度建立，虽然斩断了豪族垄断地方社会的链条，但同时也隔绝了士族与皇权的天然联系，皇权与乡村更加疏离。随着世家大族的日渐衰微，中央专制集权逐步强化，在此消彼长中乡官制也随之废弛并向职役制转变，其社会功能也日趋狭窄。唐以后，连乡长制度也是徒有其表，乡村地方自治的功能不断衰颓和式微。

到了宋代，乡官制度彻底被职役制所代替。终明一代，乡村组织势力增强，集聚赋税、征派、徭役、社会自治等功能于一身，乡绅势力不断强大。清代基层政权进一步下移，由里甲管理赋税、徭役诸事务，而士绅与宗族则几乎担纲社会自治的所有功能。

士绅阶层在传统等级社会处于重要地位，是专制皇权卵翼下的特权阶层。它居于官民之间，不同于官又区别于民，是名副其实的地方权威，并构成封建皇权统治的社会基础，处于中国社会超稳定结构中关键的一个环节上。”[①] 它同时也是在传统中央集权之下，均衡各种社会力量、维护体制运转的一种制度安排，是专制皇权下的必然产物。

中国幅员辽阔，人口众多，各区域间文化习俗、宗族礼法、家庭关系多有不同。进入“千年未有之变局”的清末民初，在号称中华民族摇篮、有“中华传统文化的主体基本在这里形成和发展”[②] 之谓的“大河之南”是何种景象呢？《河南新志》如是记载：“河南地处中原，黄土蔓衍，风景萧条，聚族而居而士绅具间为酋，绅民不以浮文缛节相矜夸，亦无阿谀谄媚之陋习，唯懒性较深，惮于革新，传统存古性极强。”[③] 清末河南由于饱受太平天国运动、捻军的侵扰，团练遍地存在，士绅势力较之前明犹盛；地处中州，地理位置上距离京师较近，历来为军事要地，有得中原者得天下之称，故而也是统治者控制最为严密的地区之一；河南还是商品经济欠发达地区，传统势力相当强大，社会分化较为和缓，士绅接受欧风美雨影响时间较晚，程度偏低，总体上显得保守有余进取不足。在这样一个经济上落后、文化上保守、传统势力强大的内陆地区，国家与地方的关系发生了怎样的逆变？士绅阶层从中扮演何等历史角色？在科举废除之后的中国，旧士绅阶层逐步让位于新知识阶层，而在1916—1925年代之间，正是这两个阶层同时并存新老交替的时期，他们如何在地方与国家的冲突中展开角逐？在1928年以后，由于党国体制的建立和日益深化，士绅的分化和转型势在必然，新老士绅之间的合作、斗争乃至博弈日趋激烈，在坚守与退让、式微与发力之间，完成交替和传承。

---

① 杨力伟：《士绅的产生、衰落与消亡：一个宏观的透视》，《社会学与社会调查》1991年第5期。

② 王天奖、李绍连主编《中州文化》，安徽教育出版社、北京教育出版社、河北教育出版社、内蒙古教育出版社、山西教育出版社，2010年，第3页。

③ 河南省地方史志编纂委员会、河南省档案馆：《河南新志（上册）》，中州古籍出版社，1990年，第159页。

本书以社会转型和近代化起步、发展为背景，以士绅阶层分化、转型为线索，以地方史料为支撑，考察19、20世纪之交到全面抗战前的河南社会变迁历程、近代化动力因素和各阶层的互动、交流和融合状况，分析河南社会秩序形成和稳固及社会发展的内外在因素，以期丰富河南地方史的研究。

清末民初，中国政治体制发生前所未有的变革，地方社会的权力结构、阶层构成及功能均发生重组和嬗变。既往研究，大多忽视国家与民众、社会与阶层、传统与现代的互动关系，很难充分揭示近代社会变迁的内在机制与相互关系。因此，在中国近代史的研究中，深入探讨国家与社会、传统与现代的互动，分析其“代表性群体”的影响和作用，具有重要的学术价值和理论意义。

对中国士绅阶层的研究，成果丰硕。但总体来看，仍有进一步深化和拓展的空间。一是偏重于整体、宏观研究，对近代以来士绅向知识人转变的探讨不多，力著不多，妨碍了对士绅阶层社会功能的认识。二是偏重于笼统、重复性研究。多侧重于明清时期士绅研究，对民国士绅研究一般止于民初，具体对象上多聚焦少数几个人或某群体，对士绅进行较长时段探讨的论著不多。对不同地域和不同文化背景下的士绅关注不够。其三，对近代士绅阶层的区域研究，多集中于江、浙、沪、闽等沿海省份，对内地士绅研究有所欠缺。

本书通过挖掘、整理较为分散的河南地方史料，以士绅群体在晚清民初（时段大致在1900—1937年）的演变为经，以豫绅活动与河南社会变迁之间的互动关系为纬，利用社会功能理论、近代化理论，系统探讨士绅阶层分化、转型的原因、过程、结果及影响，归结河南士绅的文化品格和政治品格，分析河南近代化进程中的动力和阻力因素，为解读士绅与近代社会变迁互动关系提供一个历史参照，为当下社会主义现代化建设总结历史经验教训。

二、问题与思路

清末民初，中国社会经历急剧、深刻而迅猛的变革，受西学、西力影响，地方社会的权力体系与精英阶层经历变异与嬗替。前者以不同视角和范式进行探讨，形成诸多颇具影响的理论模式。如“冲击——反应”模式、“内生动力”论、“资本主义萌芽”论等。这些理论或范式，对我们研究近代中国的经济发展、社会发展、文化进步等均大有裨益，但是过度强调西学、西力之影响及作用，认为中国在步入近代前，已经基本丧失“造血功能”，近代以来发生的各种变革和进步，均为外来力量冲击后被动调适的论断极为不妥。同时，一味回避现实，因循守旧，凡事皆从中国传统中寻找答案的做法更是失当。无论是外因主导论、还是内因决定论，实则都不能真正揭示中国近代社会转型的内在机制；只有将二者放置于同一频度和脉络，才能深入揭示中国近代社会转型的内在机制。本研究拟以士绅分化、转型为线索，考察晚清民初河南社会变迁的历史过程，在内陆经济欠发达地区探求和分析传统与现代的碰撞、契合理路，从而关照和反映中国北方农业省区的大致情形，其目的即在于此。

在中国近代社会转型过程中，国家政治体制同时发生深刻变化，势必要投射到具体阶层和群体，并且以某种形式形成有效表达。而晚清民初的士绅阶层，既拥有传统的社会文化资源，又获得新学这一文化资本，既控制各种地方事务，又同时介入各级地方行政，对地方政局实现控制。显然，士绅阶层是近代社会变革中最为活跃的群体。他们通过创办新式学堂、文化学术机构、新型党派社团等形式，或宣扬儒家的道德观念，或传播新思想新观念新学术，起到维护社会秩序和启迪民智的作用。更为重要的是，士绅阶层通过参与从事各类活动，逐步继承、吸纳、完善和掌控这种与社会发展相适应的“文化权利”，使传统社会文化资源得到充分的利用和有效转化、西方文化不断碰撞、交流和融合，从而实现传统与现代的有机结合。

清末民初，河南士绅既有传统科举功名的获得者，又有毕业于新式学校的知识人，更有不少负笈留学归国的“洋学生”（晚清以留学日本为主，民国则表现出多元化），或者是两种乃至三种身份兼备。由于“士为四民之首”的传统观念根深蒂固，即使在民国，士绅在稳定社会秩序、推进社会进步和发展中的作用同样不容小觑，其构成的变化必然导致地方权力体系的嬗替和重组。因此，本书对士绅阶层的分析，亦构成考察地方社会变迁和河南近代化历程的逻辑前提，而在“党”“国”话语体系下的重构与转向，更是士绅在近代国家治理体制下不得不做出的必要应对和自我调适，而探求其中的过程、特点和其间复杂之面向，则为本书重点探讨之重点和难点所在。

三、研究对象的厘定

由于问题意识和研究视角的差异，国内外史学界对“士绅”的涵义尚有明显分歧。张仲礼认为，士绅是包括官员在内的拥有学衔和功名的集团；[①] 马敏认为士绅“应当是指以科举功名之士为主体的在野社会集团，同时也包括通过其他渠道（如通过捐纳、保举等），而获得身份和职衔者”；[②] 王先明认为士绅“是一个处于传统官僚集团之下、平民之上的独特的社会阶层”[③]；费正清、孙立平等人为代表，从狭义和广义两方面来界定士绅。孙立平认为“从较狭窄的意义上说，士绅主要是指秀才以及休假或离职回乡的官僚士大夫。从广义来说，它还包括那些具有较高社会地位，或是拥有较多财富但又没有正式官职的人”[④]。

相对于明清两朝，民国时期的士绅已由一个传统特权阶层演变为一

① 张仲礼：《中国士绅——关于其在19世纪中国社会中作用的研究》，上海社会科学院出版社，1991年，第1页。

② 马敏：《官商之间——社会剧变中的近代绅商》，天津人民出版社，1995年，第21页。

③ 王先明：《近代士绅：一个传统阶层的历史命运》，天津人民出版社，1997年，第12页。

④ 孙立平：《中国近代史上现代化努力失败原因的动态分析》，《学习与探索》，1991年第3期。

个具有特定身份属性的社会和职业群体，其地位和作用亦发生深刻变化。因而学术界对于民国士绅含义的理解也颇具争议，西方学者在研究近代中国社会时，已经注意到由于近代化因素的累积，新的权势阶层的生成，社会精英阶层的出现，既存的士绅理论已不能完全界定地方社会权利结构，所以他们一般用“精英”“名流”等语词来进行研究和表述。地方社会中权势阶层日趋多元化的态势，就一般情况而言，“精英”“名流”的构成中包含士绅。日本学者受西方学者的影响较大，与社会学、经济学的结合较为紧密，一般统称士绅阶层为“乡绅”；大陆学者受华裔汉学家的影响、引领和启发，基本称谓士绅。当然，中外学者立足文献记载，见仁见智，自有约定俗成或学理判断，此为学术争鸣的需要和学科繁荣的基本表象，也大致反映出士绅研究视角的变化和研究方法的差异。

本书遵从大陆学者的习惯，对晚清民初士绅的内涵和外延作学理上的分析和“边界分割”，以避免认识上的歧义：

第一，晚清民初士绅多是在野的社会力量；第二，晚清民初士绅是知识和文化的象征体。特别是民国士绅的构成，可以是传统功名获得者，也可以是接受“新学”[①]教育者，外延更加宽泛，后者是民国士绅的基本来源；第三，晚清民初士绅是以功名为标志的“旧绅”向知识人、社会精英分化转型的特殊群体；第四，晚清民初士绅有正绅和劣绅之分。由于军绅政权和生存条件的逼迫，劣绅在这一时期是大量存在的。以道德标签为评判准则，把劣绅排除在士绅之外，是不妥当的。近代以来，士绅走向堕落和劣化，严重败坏社会肌体，这固然与士绅自身素质不无关系，但更多的是政治生态恶化、政权组织形式畸形发展的历史产物。

综上所述，本书所论之晚清民初士绅，是指在晚清具有传统的功名、职衔，以及民国时期具有官员经历或因新式学校教育背景而具有某种政治、军事、经济、知识或文化优势并在地方社会具有一定影响力的不同

① 王先明：《近代新学：中国传统学术文化的嬗变与重构》，商务印书馆，2005年，第39页。

于官员，也迥然相异于一般民众的地方精英阶层。

本书选题为区域性研究，考察对象为清末民初河南士绅，外省籍或客籍士绅，原则上不作为论述对象；研究时段的安排，上限为1937年前后，下限大体在19世纪末期到20世纪初期的世纪之交。

第一章　应时代之变：西风缓进与绅权勃发

1840 年鸦片战争以后，虽然河南社会也随着全国形势的变化而变化，但列强大规模的军事侵略还没有直接触及省内，豫人对西方世界尚知之甚少。逮至甲午，帝国主义瓜分中国的狂潮改变了这种状况，内陆之河南也成为列强争夺的目标，中原社会亦遭遇数千年未有之大变局，“动荡”与“嬗变”成为晚清河南社会的基本“底色”。

第一节　近世中原的地理与人文

19 世纪前半期，地处中原的河南经济、文化和社会发展，不仅远远落后于江浙地区，甚至落后于山陕地区。落后的经济制约了新思想、新文化的萌芽与生长，“竭而无余华”的理学思想在河南仍被士绅阶层奉为圭臬，传统的学校教育亦步亦趋。1840 年鸦片战争以后，外国资本主义列强相继侵入中国，随着战争的接连失败、不平等条约的签订、西方资本主义侵略势力的扩展，居“天下之中”的河南，也被动卷入“数千年未有之大变局”。

一、居“天下之中”的河南

广阔的黄河平原位于施坚雅（G.William Skinner）称为“华北大区”[①]的中心，因大部分地区位于黄河以南，故称河南。民国方志学家刘景向编撰的《河南新志》中概述：“盖据黄河流域之中部，又具九州之中央，故亦曰中州。西跨淆、函，东连涡、颍，漳、沁襟于北，淮、汝络于南。太室、嵩高，魏然作镇，三关重险，控驭荆、襄。漳、卫、覃怀，斗入燕、晋，平汉、陇海，交会中心。河山纠纷，平原广阔，天然大都会也。昔为中原逐鹿之区，今更为军事家必争之要地。[②]”

晚清之季，河南士子常三省在乡试中曾以《中州形势论》为题，对当时“中州为四战之地，可战而不可守”的观点进行反驳，提出“守中州就是守天下，攻守成败在德不在险”的论断，颇能代表河南士人心态：

> 夫中州，四通五达，道里均适，非有高山巨浸，形格而势禁也。然而天地之所合，四时之所交，阴阳风雨之所会和，涧东瀍西之间，王气钟焉。周之故邑，宋之旧都，至今令人想见先代之遗风，而南宁勤稼穑，汝南尚节义，河北多悍勇，数百里之间，风气固殊焉。其亦地势使然乎？盖尝总天下形势而计之。燕京，元首也。中州，腹心也。齐鲁秦晋，左右手也。吴蜀，腋也。闽广滇黔，足也。以手足肘腋卫元首，不若以腹心卫元首。然而腹心不足卫，必兼以手足肘腋之卫。元首者，卫之亦地势然也。是故为中州计者，东宜扼淮阳以为归德声势，西宜屯潼关以为汝雒声势，其南面北面，则宜驻荆襄，镇太行，以为邓蔡河漳声势。以邻省卫中州，即联中州以通行省。首尾相应，指臂相联，守中州即所以守天下也。彼徒执四战之地之说，谓中州可战而不可守者，盖犹一孔之见而未得瞻言百里之要者也。[③]

① 施坚雅：《晚清帝国的城市》，斯坦福大学出版社，1997 年，第 211—249 页、第 275—350 页。

② 河南省地方史志编纂委员会：《河南新志（上册）》，河南省地方史志编纂委员会书刊发行部，1988 年，第 19 页。

③ 常三省：《中州形势论》，手抄本，1903 年（清光绪二十九年）。

据今而论，常三省“守中州即所以守天下”一说，固然是对“中原中心论”的一种坚守，亦可视为孟子天时不如地利，地利不如人和的现实注脚，常氏眼中的“人和”的核心要义无非如吴子所说的“在德不在险，人心堪用惟其首要”，其言河南虽有“四通五达，道里均适，非有高山巨浸，形格而势禁也”区位优势的同时，又言即“盖犹一孔之见而未得瞻言百里之要者也”的结论多少显得底气不足。

历史上，河南曾被帝王视为俯瞰天下、掌控四夷之地，长期是全国政治、经济、文化、教育、科技中心，人口稠密，文化繁荣。“肇自太昊，越及颛顼、有熊，降自亳殷商丘，阳夏洛邑之代兴而文明大启，皆在今日中州之地。是中国者，全球文明最先之国，而河南又中国文明最先之地。历三千年熙熙皞皞，风教习俗相仍三五之遗美，古国之特质也。”[①] 然而沧海桑田，境迁时过，河南“位居中枢，文明开发最早之地”在历史的发展与变迁中逐渐落伍了。署名静生的报人在《开封民立报》发刊词中指出：“汉唐以上，中国文明首推黄河流域，期间伟人半产中州。厥后逐渐衰微，至前清末造而已极。名虽创办新政，实则南不及湘鄂，北不及燕晋，海内人啧啧，有老大河南之目”[②]。喟叹中原人文之衰颓如是，伤感民初河南老大落后之窘状。

河南知名学者程民生把河南四千年经济历史之演变轨迹分成六个重要时期：第一个阶段是原始社会末期至夏商时期，约一千余年的历史。第二阶段是西周到战国中期，历时六百余年。第三个阶段是战国末期到北宋，有近一千四百五十年的历史。第四个阶段是金朝到清末，有不到八百年的历史。第五阶段是最为复杂的民国时期38年历史，整体上河南社会经济处于一种在破坏中缓慢发展的状态。第六个阶段是约60年的现代河南经济社会。[③] 他从经济社会史的视角来分析河南四千年历史演变

① 佚名:《河南官报》缘起（三），《河南官报》，1904年，第3期，第1版。

② 静生:《开封民立报发刊旨趣》，《开封民立报》，1913年5月22日，第1版。

③ 程民生主编《近代河南经济史（上）》，河南大学出版社，2012年，“序言”，第3—5页。

之趋势，并据此判断其政治、文化乃至省际影响力的大致理路，若站在“更高的、宏观的”角度观察河南经济变迁曲线，则有“绝对之文明核心区→相对之文明核心区→边缘化之区→塌陷之区”[①]四个明显的发展维度，在有史以来的五千年历史长河中，河南有着长期领先和发达的社会经济，而从北宋以降与历史和周边尤其是东南地区相比，经济地位不断下降，倒是不争的事实。

近代河南社会发展就其总体趋势而言，可谓在艰难曲折中进步前行。之所以说其艰难曲折，是因为与近代列强入侵、国内阶层矛盾激化导致的连绵战争有关；之所以说其进步前行，是因为无论是经济总量、新经济元素、财政收入、科技手段等诸多方面，均有相当的进步。但其进步幅度与综合实力无论与沿海发达地区，还是周边省份相比，要缓慢得多，河南经济、社会发展水平以及政治、文化影响力进一步下降，由传统的中心区域逐渐边缘化。

二、近代河南的顿挫与落伍

以鸦片战争为发端，开始了中国，也开始了内陆河南的近代历史。鸦片战争使河南社会经济发展愈加步履蹒跚，社会矛盾更加尖锐。而随之而来的太平军和捻军起义更加剧了河南社会的混乱和动荡。30年的洋务运动，河南督抚大多反应迟钝，兴办洋务及新式工业方面建树无多。在封闭的中原腹地，无论是鸦片战争导致的割地赔款、洋人洋教的出现，还是东南沿海地区洋务运动“自强”“求富”的喧嚣，中原却相对沉寂，对外界的冲击置若罔闻。这种沉寂一直持续到19世纪末期才逐渐被打破。

（一）鸦片入豫与乡绅迎拒

嘉、道年间，伴随着全国吸食鸦片风潮的日益形成，作为各省近衢、五方杂居的河南，也深受影响。在与外省交往频繁的开封、朱仙镇、周

① 安虎森、殷广卫：《中部塌陷：现象及其内在机制推测》，《中南财经政法大学学报》2009年第1期。

家口等商贾辐辏之地，已经发现外地客商和本地人吸食及贩卖鸦片的情况，河南士民谓鸦片为“洋烟”。如舞阳这样的普通豫中县份，十九世纪二十年代，知县就针对各县境各乡存在的陋习特发告示，内称：从前本地向无种植罂粟和吸食“洋烟”之徒，后来由广东传来此物，致使有些人上当受骗吸食成瘾，贫困破产，甚至过早丧生。[①] 道光十一年（1831年）六月刑部奏报，河南共发现13起吸食与贩卖鸦片的案件，共查获烟土四千余两，烟枪百余根，可见当时鸦片已经进入中原地区并小有规模。

但是，由于河南民风淳朴，且经济水平与南方有相当的差距，绅民间并没有形成吸食鸦片的风气。随着中央统治集团的日趋腐败，河南各级官吏以及城乡士绅，吸食此类毒品的也越来越多。在省城开封，奸商江如茂，多年在此做“挑广货摊生理”，1838年又“由广贩鸦片”，被官府捕获。省抚奏报缉拿贩、吸人犯中，就包括候补县承温观尧等地方官绅。这一年，各官府拿获贩运、吸食人犯36名，缴获鸦片1.46万余两，又在民间缴获0.3万余两。鸦片在晚清河南城乡的流布甚广，向以保守著称的河南绅民在鸦片烟土的接受上超出一般人的想象，据1897年4月总税务司赫德的报告称：河南除国外贩运而来的烟土外，本省年产“土药”（鸦片烟）6万担，仅次于四川和云南，且大多销往本地。可见汴省食烟者众多，世风转变之烈。[②]

中国自古以来不乏天灾人祸，但因为成千上万人嗜毒而汇成天下巨害则是前所未有的事情。由此引起一连串严重的后果：白银大量外流，国库空虚；戕害民众身体，泯灭良知；造成家庭破败，家人颠沛流离。可以说，近代中州民众是最先通过认识“烟害”而渐识“洋害”的。[③]

鸦片战争后，直隶为防备英军侵入而坚强海防，清廷命河南、山西拨银50万两解万使用。1841年4月9日，清廷复命河南官府迅速打造

① 王天奖主编《河南通史：第四卷》，河南人民出版社，2005年，第2页。

② 王天奖、庞守信、王全营、冯文纲：《河南近代大事记（1840～1949年）》，河南人民出版社，1990年，第95页。

③ 陈旭麓：《近代中国社会的新陈代谢》，中国人民大学出版社，2012年，第49页。

台炮 50 杆，购长白蜡杆 3000 根，解往浙江前线，以应抗击英国侵略军之急需。在此前后，河南均有大批武器、火药解送东南各省，仅送往福建的火药就达20万斤（100吨）。[①] 除了向东南战场提供相当数量的火药、火枪和粮饷外，河南还招募兵勇赶赴反侵略战争的前线。1841 年 3 月浙江战役中，河南士兵两千余人，另有祥符廪生谢宝树、睢州都司刘天保等人统帅的乡勇直接参战。刘天保仿效戚继光带领训练有素的光州乡兵五百，在抗击英军进攻宁波和镇海的战役中，有章有法，临危不乱，打得英军疲于奔命。豫南学者蒋湘南曾记载“天保所将乡兵，皆旧捻子奇材剑客也”[②]。地方文献对刘天保抗英事，亦有记载：“清廷因东南沿海敌情紧急，急调河南兵勇驰援。睢州捻党首领刘天保时为光州营都司，在州境募集部众 500 人（均为旧日捻党），开赴浙江宁波抗击英国侵略军。后移驻慈溪城西”[③]。谢宝树为一乡显绅，亲率乡勇赶赴沙场，与敌拼杀不知畏惧，不幸为洋炮击中，弥留之际，“高声呼问同伴，宁波胜否？夷人炮船烧尽否？我则去矣，诸君何不上场杀敌耶？”[④]

此后英军沿长江西上，于 1842 年 8 月侵入南京城下，以耆英为首的投降派官员力主降敌，下令守城诸军“奉严令不得以一矢相加。”前来协助守卫南京的河南游击陈川平“力求一战，终不可得，郁闷成疾。”[⑤] 这些情况表明，河南虽然地处中原，但是与鸦片战争并不是没有关系，省内军民在士绅的领导下，面对西方殖民强盗的坚船利炮，仍以民族大义为重，并不泄气退缩，“气锐甚，思生擒渠酋”[⑥]，与其他省份兵勇一道，

① 王天奖、庞守信、王全营、冯文纲：《河南近代大事记（1840 ～ 1949 年）》，河南人民出版社，1990 年，第 1 页。

② 蒋湘南：《七经楼文钞》卷四、卷五《刘天保传》，道光二十七年刊本。

③ 王天奖、庞守信、王全营、冯文纲：《河南近代大事记（1840 ～ 1949 年）》，河南人民出版社，1990 年，第 2 页。

④ 青乔：《咄咄吟》，转引自王天奖《河南与鸦片战争》，《史学月刊》，1964 年第 10 期。

⑤ 包世臣：《安吴四种》卷 36，1888 年（清光绪十四年）刻本。

⑥ 蒋湘南：《七经楼文钞》卷六，道光二十七年刊本。

思将“洋鬼”赶出国门。

英国侵略者凭借近代船炮，利用清军统帅昏聩无能，由浙江转攻江苏，于8月底和清政府签订《中英南京条约》。消息传来，河南官士绅子深感悲愤。修武士绅王兰广为此作诗感怀：

倏报南中又议和，居然城下罢干戈。
沉冤谁念焚巢酷，啖敌全凭纳币多。
子女伤残通玉帛，甲兵坐老让关河。
一民尺土非轻授，其奈王孙议抚何。[①]

紧随英国之后，欧美列强也加入侵略和欺诈的队伍，借此机会趁火打劫。美国、法国等先后胁迫清廷签订《中美望厦条约》《中法黄埔条约》等不平等条约。中国封闭的大门被打开，被动挨打的局面日甚一日，外国教会势力一步步深入华夏腹地。

凭借这些不平等条约和“特权”，西方列强将其侵略行径“合法”地伸向包括河南在内的广大地区，使国家的主权、领土和独立遭到严重的破坏，中国的半殖民地化不断加深；而西方资本主义国家则以此为护符，经由沿海地区，通航内河（后来通过铁路），不断从军事、政治、经济、文化各方面向全国各省扩张其侵略势力，使已经处于传统社会晚期的中国社会不能沿着独立发展资本主义的轨道前行，而是沿着半殖民地半传统的道路沉沦和演变。[②]无论对全国或是河南，这确实是一个“诚合千古一变”[③]的特殊时期。

从社会经济方面说，清政府为转嫁对外割地赔款和镇压农民起义所造成的财政危机，加紧了对人民群众的盘剥，疯狂搜刮民脂民膏，造成社会经济不断恶化，各种矛盾日益尖锐。河南地处内陆，受洋纱、洋布

① 修武县志编纂委员会：《修武县志》，河南人民出版社，1986年，第722页。
② 王天奖主编《河南通史：第四卷》，河南人民出版社，2005年，第5页。
③ 余本初：《上李尚书书》，载王玉丰主编《重修正阳县志（点注本）》，中州古籍出版社，2015年，第495页。

等外国机器制品的冲击较小，传统的小农业与家庭手工业相结合的自然经济还没有受到较大影响；但因鸦片战争后英美等国输入鸦片总量的与年俱增，中国因此每年的白银也急剧增加——每年高达二千万两。由此进一步导致银价的上涨：河南 19 世纪 20 年代末的一两银兑钱 1400 文，到 40 年代初期增至 1700 文左右，五六年后再增至 2200—2300 文，较清朝前期增升了两三倍，较鸦片战争前也上涨了一倍。

此外，清朝统治者为了弥补巨额财政亏空，鸦片战争后，对民众搜刮的手段出现新花样——举办捐输，让民众出钱买官或职衔、封典[①]。这种捐输表面上全凭民户自愿，但实际上大多出于胁迫，而且至再至三。虽说其主要对象是“殷实之家”，但是直接或间接给城乡民众带来深远影响。道光二十七年年末，后来被谥称“文清公”的河内人李棠阶，目睹家乡河朔地区的捐输乱象，在日记中写下“连年荒旱，累次捐输，商贾不行，殷实者皆空虚[②]”，在咸丰三年二月十九日李氏又在日记中感叹说：“上旨令士绅会同地方官办理团练捐输事，棠于焉。嗟嗟，官民士绅各不相信久矣，诸多窒碍，何以能行？”[③] 协办大学士倭仁奏陈河南情况称：“州县官吏贪得无厌，人民负担日重，捐输、厘金等勒索及于零星小户，劣绅吏役营私中饱。[④]”足见捐输在河南十分普遍，且对地方经济社会摧残之重。

从政治方面说，鸦片战争以后，河南各级传统统治愈加腐朽。由于朝廷捐输过多，“仕途”混乱不堪，除“正途”科举出身外，还掺杂进来数量巨大的“捐班”、恩荫、团练及军功人员。1851 年因捐纳得任信阳知州的赵登峻，在任期间的“吏治”被地方人士所诟病：

---

① 瞿同祖：《清代地方政府》，法律出版社，2006 年；许大龄：《清代捐纳制度》，哈佛燕京学社，1950 年。

② 李棠阶：《李文清公日记》，穆易，校点，岳麓书社，2010 年，第 232 页。

③ 李棠阶：《李文清公日记》，穆易，校点，岳麓书社，2010 年，第 234 页。

④ 王天奖、庞守信、王全营、冯文纲：《河南近代大事记（1840～1949 年）》，河南人民出版社，1990 年，第 45 页。

> 赵令贪婪无厌，声名狼藉。民间讼事以贿之多寡为区直。甲以贿进。则袒甲而甲胜。乙以贿进，其数过于甲，则又抑甲袒乙而乙胜。甲乙同时以贿进，而数相当，则授意令之和解，有“赵模糊”之称。次年赵竟升任光州直隶州[①]。

类似事件，在大河南北不胜枚举。一个多年在河南巡抚衙门任文案的南省师爷曾举一例，颇为典型：某日县令升堂问案，案前书吏把卷宗呈上，其中有“计开犯人某某”字样，县令高宣“传计开到堂！”书吏回禀：此非犯人。令遂大怒：“即非犯人，如何开列在上面？尔既开上，余偏要传他到案。”就这样一个略识之无的蠢材，竟被上司视为“能员”，由县令而知府而道员官运亨通。[②] 当时，省内一有洞察力的士人就曾经概括：西洋扣关后，河南州县官多循四例，一为请托，二为贿赂，三为逢迎，四为“软熟”（不论民众疾苦者）；大抵不奉公，不爱民，以官为恒产，而计享富贵、长子孙也。[③] 据此，固始文人蒋湘南在道光末年，就忧心忡忡地说：“河南大势，如人病不仁，耳目手足犹存，而五脏内空，气血概不流也”，而抚宪州官敷衍度日，只要病者一日不死，自身便可“享一日之利”[④]。

如果说鸦片战争前，河南民众就已经生活在水深火热之中的话，鸦片战争后，人民已经到了“如水益深，如火益热”的地步。破产农民结成捻子，在大河南北，特别是豫东近皖、近苏和豫东南地区迅速滋蔓。随着社会矛盾的激化，清王朝在河南的统治摇摇欲坠，一场惊天动地的农民起义和农民战争如暴风骤雨般步步逼近。

（二）捻军蔓延与官绅应对

清朝统治者在鸦片战争中暴露出的极端腐败无能，特别是战后人民

---

① 方廷汉、谢隋安修，陈善同纂:《重修信阳县志》卷 35，1936 年铅印本。

② 沈祥年:《借巢笔记·某太守》，江苏省立苏州图书馆，1940 年，161 页。

③ 《李浚文钞》，转引自江地《捻军史研究与调查》，齐鲁书社，1986 年，第 299 页。

④ 蒋湘南:《七经楼文钞》卷四，道光二十七年刊本。

苦难的加剧，对于日趋高涨的河南人民反抗斗争无疑起到推波助澜的作用。伴随着各地的民变和太平军的北伐，捻军在河南的势力不断加大，对河南社会秩序的冲击甚大，成为有清一朝发生在中原大地上最具影响力的大事件。

捻军的叛乱在太平军起义前，就以民变的形式蛰伏于民间，借太平军入豫之威旋起旋灭，一直到19世纪70年代中期在河南还有零星活动。这些民变大多以聚众抗粮、围攻县署、反苛派、减征钱漕等形式进行，地方史料记载：1838年（道光十八年），辉县民变，反抗官府无端苛派；1842年，河内、修武、封丘等地农民，先后聚集冲击县衙大堂，反对官府无理勒捐；1844年，林县北部各村民众组织联庄会，抗交"河工物料"，官府只好免征；1846年，新乡县民在贾学彦等带领下聚众闯闹县署，散发匿名揭帖，要求减征钱粮，打伤官兵、差役；1847年，武陟农民在县城聚集万人，有武生李长青为首殴伤兵役，抗交漕粮；1848年，孟县（今孟州市）乡民反抗知县加收河堤土方折价，每亩苛敛240文，公推监生张来法为首领，集聚县衙，要求减免；4月，阳武团练首领彭凤池、李昌等人率领乡民以徭役过重，聚众围城。①

豫省民众反抗斗争此起彼伏，在官僚统治集团中，引发阵阵惊呼。项城籍官僚袁甲三评述说："河南民风向称淳朴，近年盗匪肆横，日甚一日"②。湖广道监察御史张澧翰对朝廷的奏报称："河南近年盗匪肆横，南阳府尤甚"。③督办团练之鹿邑徐广缙在自订年谱中记载："辛酉年，捻匪接连次袭破数寨，均距余寨十余里二十余里不等，昕宵警备，草木皆兵；同治初元，土匪围城，遍地驿骚，哀逝伤离，归来无日怆感之……"④连刚登临大宝的咸丰帝，也特发上谕称"河南捻匪横行，实属

① 王天奖、庞守信、王全营、冯文纲：《河南近代大事记（1840～1949年）》，河南人民出版社，1990年，第1—9页。

② 袁甲山：《袁端敏公奏议》卷一，《筹剿河南捻匪折》。

③ 朱学勤等纂：《剿平捻匪方略》卷一，同治十一年刊本，第4页。

④ 徐广缙：《仲升自订年谱》，清宣统二年刻本，第8页。

目无法化"[①]，要求地方官绅合力缉查往剿。

1853年3月，太平军定都天京后，先派出西征大军，进取长江中下游各省区，为新政权开疆拓土，随即派出北伐大军，攻取北京，结束两个政权并存的局面。河南成为北伐大军的必经之地。太平军分别于1853年6月和1854年初春会师北上，欲突破清廷在河南设置的防线进入直隶境内逼近京师。在当地捻军的支持下，北伐军沿途吸收不少河南籍新战士[②]，先后发动宋家集、归德等战役，这些原属捻军的战士很快成为农民起义军的中坚力量。义军所经各县，或"焚衙署、城隍庙、戏楼而去"，或"发库金，置之街市，任穷民所取"[③]。据李棠阶记述：各军"扎营左右村庄皆被骚扰，黑龙江兵士尤甚，打仗则闻炮即遁。惟日肆搜抢，民间桌、椅、门窗、鞋袜等物、零星杂货，皆掠卖之，竟至成市"[④]。

随着太平天国北伐军转战河南，捻军"起反"和民变在河南几呈蔓延之势。豫东夏邑、商丘、永城等地，见之于文献的土捻就近百起，其他府县失载的更多。豫东虞城"土匪蜂起，白昼抢劫，官兵不能敌"[⑤]；南阳、汝宁、光州等豫西南和豫南个府县，"向之匪（捻）党不过数十人，多者百人，（官府）捕力足以相制，官兵率众往，则散去。自粤匪入豫，则官兵迁延不能遏，而捻匪亦嚣然无畏亦"[⑥]。学政张之万曾感慨河南土捻势力之大说：河南捻匪，南、汝、光、归、陈，各处皆有，旋据

① 朱学勤等纂:《剿平捻匪方略》卷一，同治十一年刊本，第2页。

② 张之万:《张文达公遗集》卷2，第4—5页记载：咸丰三年六月初二接准署河南府知府李洁、洛阳县（今洛阳市）知县舒亨熙、偃师县（今洛阳市偃师区）知县张晋协同禀称，探得贼匪约有万余，长发者不过数百人，余皆沿途裹挟，自五月初七陷归德后，由睢州、杞县，十二日直逼汴省。

③ 王天奖主编《河南通史：第四卷》，河南人民出版社，2005年，第20页。

④ 李棠阶:《李文清公日记》，穆易，校点，岳麓书社，2010年，第230页。

⑤ 李淇等修，席庆云纂:《虞城县志·杂记》，1895年石刻本。

⑥ 周玉瓒:《周憩亭集》卷八，1875年雅存堂重刻本，第11页。

旋散，此前并无大股，近者党羽日众，焚掠愈甚，渐成不易解散之势。[①]从地域上分析，起义多发生在与山东、安徽和湖北交界的豫东、豫南、豫西南等地。个中缘由，除省界之地清政府统治力量最为薄弱外，另外一个重要的因素就是太平军入豫作战的路线是由豫东、豫南而徐图豫北、豫西，太平天国远征军的北伐是捻军起义的助推力量。

1853年以前，河南捻军主要从事“劫富济贫”“派饭肆抢”等活动，一般是聚则为捻，散则为民，多数时间依然务农。而1853年以后，渐渐聚而不散，聚合众多民众，不断围攻署衙、县城，“戕杀命官、劫库放粮之外，竟敢伤及副将大员，所经之地，以纠抢衣物，散给贫穷无业之人，窥其意，非徒思掳掠财物，实有不轨之心”[②]。汇聚众多贫苦乡民的捻军已经开始向统治阶层的政治统治发出挑战，用统治者的话语说，乃是从“匪乱”——扰乱地方传统经济秩序，向“叛逆”——冲击或者企图倾覆王朝政治统治发生转变。以此转变为标志，捻军的“起反”对河南社会产生巨大冲击和影响。

一是田园荒芜，民生凋敝。如昔日人口稠密，商业繁盛的豫东陈州项城、淮阳等地，“村落皆墟，四望草莽，兽蹄鸟迹索户，数百村之家，存者十一而已”；而幸存者“类皆鹄形鸠面，悬鹑百结，挑挖野菜草根，杂以糠秕为食，尚且一日不获两餐，形容憔悴欲倒；豫西南南阳府境地，也残破如陈（州）。[③]”豫南信阳县（今信阳市），乡民“流离转徙，十室九空，逢蒿没人，骸骼枕藉”；受祸较清的地方，亦因“人民逃亡他

① 尹耕云：《豫军纪略》，《捻军（二）》卷6，上海人民出版社、上海书店出版社，2000年，第189页。

② 张之万：《张文达公遗集》，《清代诗文集汇编》第645册，卷二，第15页；卷三，第30页。

③ 《项城袁氏家集·文诚公集·函牍》卷一，第10页；杨凌阁：《遁庵先生遗集》卷九，第23页。

乡，流离失所，瘟疫伤寒，死亡过半”[①]。省内其他州县破坏程度不一，但也大多满目疮痍。

二是旧的土地占有关系出现改变和转移。一些农户或全家死绝，或在战乱、迁徙中失掉地契，田野阡陌，地界也多消失，晚清河南与其他省不同，州县衙门仅有征收钱粮的粮册，而记载地权归属的鱼鳞册却久已无存。在这种情况下，农民只能随处复垦荒废的土地，由此造成地权的错乱。像夏邑贡生彭恩泽，因多年迁徙避难，“旧时田业，荒乱后多被侵夺”[②]。毫无权势的农民，丧失赖以糊口的田产自然为数更多。不少薄有田产的农民，亦因战乱导致“土地荒芜，糊口无资，耕地无具，典质无物，告贷无门”，不得不把祖业忍痛贱售。[③]更为严重的是，传统官府和地主豪绅以查抄“逆产”为名，收缴和侵占反清民户的产业。如新蔡杨方恒曾为本地捻军首领，洪杨败后，以杨方恒“从发逆”，籍其家，充地作韩氏族祭田。[④]

三是对传统文化事业的损害。在战乱和狼烟中，教育文化事业被搁置一旁，1840 年全省有书院一二百所，社学 801 处，战争期间大多停歇。[⑤]农村的“义学”和私塾也大多停废或处于半关闭状态。如名噪豫中的郾城景文书院，“除几间讲舍仅避风雨外，并无藏书，且无山长，不过每隔数月或两年招士子作文一次而已”[⑥]。经年的战乱，也使文人心态和豫省学风发生极大的变化。1859 年，河南学政李鸿藻在开封府考城县主持考试时发现，许多生童裹足不前，应考者缺额严重，“考城一县，人

---

① 方廷汉、谢隋安修，陈善同纂:《重修信阳县志》卷六“寨堡”，1936 年铅印本，第 12 页。

② 韩世勋修，黎德芬纂:《夏邑县志》卷六，第 92 页，1920 年石印本。

③ 《项城袁氏家集·文诚公集·函牍》卷一，第 10 页。

④ 张山甫:《刘粹轩年谱》,《河南文史资料》第 39 辑，1991 年，第 24 页。

⑤ 邵文杰总纂:《河南省志·教育志》，河南人民出版社，1993 年，第 24 页。

⑥ 周世臣纂修:《郾城县志》，卷 30，教育，1934 年石刻本。

数甚少，文童80名尚敷录取，文生仅15名，殊不成事。[①]”战争的硝烟渐远，河南各地书院为“通声气者之流把持，有一人而兼二三处及五六处者，名师宿儒不与焉，肄业者亦多无耻之徒，而敦品积学之士望而不前矣”[②]。时有河南人士喟叹说：“周列四邑，几不闻弦咏，为之怆然久之。[③]”虽然言过其实，但传统的教育文化明显衰落却是事实，进一步拉大了河南在文化教育上与其他省份的差距。

（三）中原巡抚的视野

巡抚制度起源于明代，其职责主要为“巡行天下，安抚军民”[④]。巡抚品秩虽低于总督，然集军事、民政于一身，在晚清“内轻外重”[⑤]的政治格局下，其视野与格局的高下，直接关系着一省之官风吏治、文化教育与社会发展。就个体而言，相对于那些走在时代前列、为挽救国家危亡、推动近代化起步与发展的“名臣”[⑥]，河南督抚大多属于崔运武所谓“平淡型督抚”[⑦]，但这些督抚恰为考察晚清河南社会提供了一个独特视角，通过对他们的剖析，亦可窥视晚清河南顿挫和落伍的缘由所在。

因河南地处京畿，历来被清朝统治者视为“腹心”要地，物产丰饶，虽没有南方富庶，也无河北的京畿地利，但是河南士绅庶民“风俗向来

---

① 李鸿藻：《李鸿藻书信》，载中国史学会主编《捻军（五）》，上海人民出版社，1953年，第39页。

② 王新桢：《两一子遗稿》（下卷），1931年铅印本，第53页。

③ 周世臣纂修：《郾城县志》，卷30，教育，1934年石刻本。

④ 张廷玉：《明史》卷73，中华书局，1974年，第176页。

⑤ 刘伟：《晚清督抚政治：中央与地方关系研究 》，湖北教育出版社，2003，第402、403页。。

⑥ 章开沅、马敏、朱英主编《中国近代史上的官绅商学》，湖北人民出版社，2000年，第31页。

⑦ 崔运武：《论中国早期近代化中平淡型地方当政者的研究价值》，《江苏社会科学》1999年第3期。

醇朴，又能遵封疆大臣之教，人人向义输忠，实可谓良民矣。”[①] 相比山东人“好勇斗狠、玩法逞奸、无所不为”的强悍性格，中州俗尚淳朴，人民钱粮国课“连年通完，额赋甲于天下[②]”，堪称好治，是当官作宦者捞取好处的难得“福地”。河南籍御史陈善同曾言豫省乃官家乐土，文曰：“河南民风向称驯朴，民情畏官守法，服官其地者，皆视以为乐土。惟壤瘠产薄，居民不事蓄积，不务工商。”[③] 祖籍江西，客籍贵州的河南巡抚陈夔龙，在记录其宦海经历的《梦蕉亭杂记》中记载：“开封府仅祥符一县，税额十万零，已逾贵州全省之数（共九万余）”[④]。任职河南巡抚后，陈氏不无感叹说：“汴藩夙称优缺，京僚获简，不啻登仙”。[⑤]

晚清最后70年，河南巡抚有58任46人，平均任职时间为1.2年，任职时间最长的是李鹤年5年又8个月，任职时间最短的锡良仅2个月，署理时间最长的鄂安顺为7年。这一时期的河南巡抚人选，前期以满人、汉军为主，中期以汉人为主，后期则以满人为主。其任期，前期与后期较长，中期较短，这显然与河南特殊的省情有关。在西方的坚船利炮打开封闭已久的国门之后，相对于外患，河南在整个19世纪的中后期，危机主要是来自内部的农民起义。道光以降，清朝的统治渐呈衰败气象，尤其是太平军和捻军的崛起，汉人地位抬升，除咸丰帝有意压制汉人督抚导致豫抚中旗人略占优势外，其余各朝汉人占据多数。这从一个侧面反映出满汉八旗的腐朽和汉人督抚在镇压农民起义中举足轻重的作用。

相对而言，河南的满汉督抚任用情况与全国形势大体一致。清代设

---

① 内黄县志编纂委员会编：《内黄县志》，卷首《特恩蠲河南钱粮谕》，中州古籍出版社，1987年，第7页。

② 费金吾：《奏报地方事宜折》（雍正六年八月二十七日），《宫中档雍正朝奏折》第11辑，台北故宫博物院，1979年，第197—198页。

③ 陈善同：《奏请查办河南盗案折》，《陈侍御奏稿》，1913年河南商务印刷所铅印本，第6页。

④ 陈夔龙：《梦蕉亭杂记》卷二，上海古籍书店，1983年，第14页。

⑤ 陈夔龙：《梦蕉亭杂记》卷一，上海古籍书店，1983年，第43页。

官虽满汉并列，但在军政要职的设置上历来重满轻汉。这种情况的变化从镇压太平天国开始。其中起到决定因素的，一是八旗绿营不堪作战；二是清代整个文官系统遭到太平军的沉重打击。① 辛酉政变以后，慈禧太后不得不沿着重用汉臣的道路走下去，从而使同治以后封疆大吏的满汉比例发生重大变化。

从出身来看，晚清（1840—1911）豫抚 46 人中，进士出身者 19 人，约占 41.3%，如果加上举人，科举正途出身② 在豫抚中占绝对多数。在"国之大事，在祀与戎"的前提下，皇帝河南巡抚的赏赐品级较低，公、侯、伯、子、男等世职，只有寥寥数人获得，这与沿海、江南、直隶的情况大为不同。鸦片战争以降，清朝中央集权受到前所未有的挑战，一方面外国侵略者步步紧逼，一方面农民起义此起彼伏，皇帝的权威不再至高无上，而地方督抚在帮助朝廷围剿太平军、捻军的同时，也在一步步挑战和侵蚀中央的权威。晚清河南没有诸如曾、左、胡、张等那样的著名督抚，他们大多是求稳惧变、安于现状的保守官员，随历史潮流而缓进，以独有的形式影响和推动河南近代化的艰难起步。

河南位居"天下之中"，晚清河南巡抚的施政带有明显的"天中特色"：长于治河、疲于剿捻、疏于洋务，由于历任督抚视野狭隘，思想保守，使得河南的社会及经济发展不但逊色于沿海发达地区，而且明显落后于周边省区。在中原捻军与清军周旋的同时，南方督抚倡导的洋务活动持续推进，豫抚则多陷入战事而无暇顾及，更多时候也可能无心于此。由于大部分河南巡抚的任期短暂，在军事、治河、救灾等事务也是建树不多，对于近代军事工业也多是擘画无多，踌躇不前。受社会历史条件和文化习俗的制约，河南官绅与南省"崇尚洋风"相反，几乎遇"洋"即反。如 19 世纪 80 年代末，因黄河大工需架设电线，省垣开封人

① 章开沅、马敏、朱英主编《中国近代史上的官绅商学》，湖北人民出版社，2000 年，第 24 页。

② 王德昭：《清代科举制度研究》，中华书局，1984 年，第 55—56 页；艾永明《清代文官制度》，商务印书馆，2003 年，第 16 页。

士传贴反对，豫抚评述“河南地处中土，风气未开，事涉洋人，不免妄生疑义”，而不得不调和迁就：专用“华匠”而不用“洋匠”。

依据史料观察，晚清河南的工业基础并不算太薄弱，其“中原绾毂”的区位优势也较为明显，但是在洋务运动和清末新政中，河南却没有抓住先机、有所作为，豫抚的所作所为，多是援案、仿效他省，以及依靠朝廷或者其他督抚。相比张之洞于湖北、袁世凯于直隶，夹在两个先进省份之间的河南越发显得落伍。直至清末，省内的各项改革，尤其是近代化的起步，依然带有被迫的性质，这固然与河南民风、习俗、历史、文化等密不可分密，但是缺乏强有力的领导阶层，省内最高主政者——巡抚视野狭窄，观念陈旧，缺乏创新却是不可忽视的因素。

三、“竭而无余华”的中州理学

有清一代，河南思想界占主体地位的是维护封建正统秩序的理学，中州俨然成为全国理学的中心[①]。就学术而言，理学始终占据着一家独大的地位，中州理学概有清初“六君子”“八先生”“十先生”之极盛、乾嘉式微、道咸“倭李中兴”、光宣分化转型四个时期，但随着社会的发展，民族危机的日益深重，特别是西力、西学的冲击，其保守性日趋显露，随着清朝中央集权的垮台，“竭而无余华”的中州理学最终失去官方哲学的地位，从而迅速分化、沦落，终被近代新学术、新思潮所压倒和取代。

河洛地区是理学的兴起之地，明清曾出现许多理学名家。嵇文甫在纪念其师暗斋先生时说：“河南本理学最盛之区。其在清初，有孙、汤、耿、李、窦、二张所谓八先生，树立坛坫，更唱迭和，苏门嵩岳之间，彬彬如也。[②]”其师李敏修谈到中州理学时亦颇为自负：“河南自宋两程子倡道于洛，元明以来代有传人。姚、许、曹、薛南北相望，夏峰睢州若

① 李泽厚：《中国思想史论（上）》，安徽文艺出版社，1999年，第261页。

② 嵇文甫：《读〈毋自欺斋文字纪年〉》，《河南民报》，1946年11月8日。

师若弟，复以耆德丰功，开一朝风气，用是两河人士规规然守先正矩矱，即征实为考据泛滥，为词章或托技艺鸣世，考其立言制行，大概兴先儒不悖，尽明德君子流风余韵所被者远也。”[①] 李泽厚在谈到中州理学时也说：“自夏峰先生以胜代名贤讲学苏门，其间若睢阳、若仪封、若登封、若上蔡、若襄城、若柘城、若中牟，六七十年名儒迭起，中州理学称极盛。”[②]

孙奇逢在清初与黄宗羲和李颙齐名，并称“清初三大儒”。清王朝倾慕其才，多次征召欲用之，但是“两朝征聘十一次，坚卧不起”[③]。他在河南讲学、著书、生活长达25年，终年92岁，在河南官绅学界影响甚大。梁任公谈及夏峰先生时说：“顺康之交，海内称三大师，西有李二曲。南有黄梨洲，北有夏峰。清初北方学者，殆无不被夏峰之泽，著籍弟子千数，直隶、河南尤众。[④]”

梁任公认为“夏峰学术得力在阳明，然不好玄谈，晚年务调和朱陆。盖以实行家看之，本不见两派有大异同也”。孙氏的宇宙观与认识论呈现矛盾性，在宇宙观上，他坚持理气二元论。一方面，他主张程朱“理在气先”的观点，但另一方面他又说“道不离器，离器何所觅道，性不离形，离形何所觅性”。在认识论上，沿用程朱“体认先理”的先验论观点，但也不否认实物客观存在，主张“离事物则无可致”[⑤]。孙奇逢认为，“天理为要，以日用伦常为实际，其治身务自刻厉人，无贤愚，苟学必开，以性之所迁，使其力于庸行”。[⑥] 他的思想影响河南一大批学者，也培养一大批清朝政权统治的忠实维护者，像汤斌、耿介等都深受其影响。

---

① 李时灿:《来薰堂文钞序》，陈铭鉴纂，李毓藻修:《西平县志》，1934年刊铅印本。
② 李泽厚:《中国思想史论（上）》，安徽文艺出版社，1999年，第261页。
③ 徐珂:《清稗类钞》性理类，《夏峰学派》。
④ 梁启超:《近代学风之地理分布》，《清华大学学报（自然科学版）》1924年第1期。
⑤ 孙奇逢:《夏峰先生集》卷一，中华书局，2004年，第56页。
⑥《清史稿》卷四百八十，《孙奇逢传》。

观察清代前期的中州理学，似有其独特之处：一是重新举起程朱理学的旗帜。经过陆王心学之后，清代多数中州学者赞成程朱的理学观点。张伯行认为程朱是孔孟的嫡传，学好孔孟之学就要从程朱学起。冉觐祖说："阐明洛闽之学，一尊程朱，纯如也。①"二是中州理学大家辈出，研究成果丰富。前述清初河南有"八先生""十先生"之目，充分说明中州理学名家辈出，在全国占有重要地位。孙奇逢的《理学宗传》、耿介的《理学正宗》、汤斌的《洛学编》等均代表当时理学之大成，为学界所推崇。三是强调孝行。中州理学诸大家都非常重视孝行，提倡以孝治天下、以孝促家风民风。如耿介曾提出："发挥一部《孝经》而推本于明王，以孝治天下数千言，皆内圣外王之学。②"

梁任公认为"洛学"由宋而明已有新旧之别："河南，中州也，实全国文化最初发源地。至宋康节二程生焉，于是有'洛学'之目。及晚明则有宁陵吕新吾坤，复兴洛学。宁陵古沙随，即二程故里，故明道、伊川与新吾称'先后沙随先生'云。新吾之学，持养绵密，而专向平实处致力，善察物情，而勇于任事，妙于因应，与当时王学末流之好为高谈大言者异撰，然亦受时代影响，持论不如二程之迂。新吾之洛学，盖新洛学也"③。理学在河南有着深厚的学术根基，甚至在"厥后汉学大盛，全国景从"的康乾两朝，"河南学者，恪守前轨不为时风众好所转移，皆暗然自修，孤行其志"④。除了学术渊源由斯而生，更多的则是历史环境熏陶与浸润的结果，此外起关键作用的还有统治阶层教化力量的绵延传递和尊崇认同。⑤

道咸时期，中州地区标榜理学者不乏其人，李棠阶、倭仁就是其中

---

① 尹会一辑：《洛学编续编》卷五，《四库存目丛书》，第120卷。

② 黄舒昺编著：《中州名贤集》卷3，1893年（清光绪十九年）石刻本，第26页。

③ 梁启超：《近代学风之地理分布》，《清华大学学报（自然科学版）》，1924年第1期。

④ 嵇文甫：《读〈毋自欺斋文字纪年〉》，《河南民报》1946年11月8日。

⑤ 张凤台修，李见荃纂：《林县志》，成文出版社，1968年，第676—689页；黄进兴《优入圣域：权力、信仰与正当性》，陕西师范大学出版社，1998年，第77页。

的佼佼者。李时灿曾以承接理学衣钵为旨愿，提出："有清至咸丰末造，国统几中绝；洪杨肇乱，苗张继起，非枢密懋勤，将帅宣力，讵能再见太平？四十年来，海内人士论中兴功佥，外首曾、胡，内推倭、李。诸君子政书学说，经久风行"[①]。李棠阶被起用后曾上《条陈时政之要疏》提出整饬时政四策，对皇帝建言："国之所以立，在纪纲。纪纲之所以振。在赏罚。赏罚者，人君鼓舞天下之大权，必赏一人而天下劝，罚一人而天下惩。而后纪纲森然，中外之大小臣工皆有所遵守敬畏，而罔敢逾越。"[②] 同治皇帝亦深以为然，称其"学识有道、自省酷严"。

晚清河南进士张镇芳曾说："讲程朱者，喜斥陆王门户之见类然，独清初孙征君，能融程朱陆王而一之，然实以王学为宗。后二百年咸同之际，讲王学者有河内李文园先生。[③]"论及李棠阶的理学思想，《清史稿·李棠阶传》记载堪详，对于当时内政外交的双重困境，李棠阶强调治国在于得人，得人之法在于治心克己，他说："用人行政，惟在治心。治心之要，莫先克己。"又言："纪纲之饬，在于严明赏罚。凡朝廷通谕诸事，务饬疆臣实力奉行，庶中外情志可通，而祸乱可弭。[④]"倭仁对理学的认识，因从游唐鉴而开始学术转向，历经了从王学到程朱的转向过程。[⑤] 倭仁毕生追求的理学之实学，一是切实讲求身心修养；二是主张多笃实的道德实践文章。[⑥] 在洋务思想远播东南，中西文化激烈碰撞之时，倭、李被洋务视为不通时务的典型，而豫绅则尊之如故。

中州理学在经历清初的辉煌，道咸年间倭李中兴后，同光年间已渐

---

① 李棠阶：《李文清公日记·序》，穆易，校点，岳麓书社，2010年，第4页。

② 李棠阶：《条陈时政之要疏》，《李文清公遗书》卷1，1882年河北道署刊本，第1—2页。

③ 李棠阶：《李文清公日记·序》，穆易，校点，岳麓书社，2010年，第3页。

④ 赵尔巽：《清史稿·李棠阶传》。

⑤ 李细珠：《晚清保守思想的原型：倭仁研究》，社会科学文献出版社，2000年，第33、86页。

⑥ 李细珠：《晚清保守思想的原型：倭仁研究》，社会科学文献出版社，2000年，第61页。

呈衰落乃至分化之势[①]。彼时河南讲求理学之人尚有刘廷诏[②]、苏源生、王鈖、王涤心等人，但他们的影响已日益囿小，其学名仅多局促于中州一省之地。洛阳高祐概括中州之理学脉络较为客观："清之国运，洛学盛而盛，洛学衰而衰。康雍间，天下宏业真儒，如陆清献公、汤文正之伦，渊源伊洛，纯粹精己。其时，中州六君子，方驾并驱道学，于海内为盛，汤同调有郭春山、田黄山之流，耿之徒有郭鋁、梁树伯。虽师门宗旨派别区分，要之，皆守道之士也。盖当时，君相崇正，学以故师，儒踵起而口，功于天下者，政清化朴而海波不扬，延及咸同。倭李以先贤遗绪，犹能抚危定倾，维大局数十年，盖其效如此。自是而后，道学为詬厉。伊洛一线，谭者被谬，而邹鲁之遗风，渺弗存矣。[③]"李时灿亦感叹中州理学后继乏人："我中州以理学著名，出为良吏，处为醇儒，粹然一归于正者，简编所载可指数也。六君子以前，八先生以后，盖几如晨星之落落矣。清季逸老，变遭沧桑，黄冠故里者，不一而足；求其有浩然之志、渊然之识、远超流俗，足以继前贤而无愧，则又难乎其人，两河八郡，几经搜罗，不禁为之长叹息焉。"[④]

章太炎论清儒时说："清世理学之言，竭而无余华；多忌，故歌诗文史楛；愚民，故经世先王之志衰。家有智慧，大凑于说经，亦以纾死，而其术近工眇踔善矣。[⑤]"章氏将理学排斥于学术体系之外，足见其对理学的不屑，亦可推知对桐城派诸家评价不高。太炎先生因为反清，发出清代理学"竭而无余华"的评判，其真实目的在于批驳当时"其病多在

---

① 梁启超:《近代学风之地理分布》,《清华大学学报(自然科学版)》,1924年第1期。

② 《清史列传》卷六十七；河南有刘廷诏《理学宗传辨正》石印本存世。

③ 高祐:《嵩洛草堂遗编：第一卷（散文）》，中州古籍出版社，2014年，第465页。

④ 李时灿:《清授资政大夫王楷庭墓表》，载王开文编《王新桢诗文集》，河南大学出版社，1993年，第289页。

⑤ 章炳麟:《訄书》，上海古籍出版社，2000年，第151页。

汗漫”的学风。[①] 平心而论，称其“竭而无余华”尚为公允，然谓其为抱残守缺也不过分。同、光之后，理学进一步失去吸引力，知识界“株守考订，訾议宋儒，濂洛关闽之书无读者[②]”。在政治、文学、良知三者之间重新权衡，把读书看成科举考试人士的重要工具，而把学术研究转向新的领域。

理学作为儒释道三家思想的融汇者，根本上就很虚浮。有晚清河南士子批评其虚妄：“大都陆王之学，其纯者足以药愚钝之疾，而其尚空虚而邻于西方氏之教者，亦不可无涓滴江河之防。有其甚者，竖三教始一之论，而先圣贤理性朴实之功于是扫地矣。[③]”理学强调的理、心、性都是精神、观念领域，讲求操守道德，偏重天理、人性性理，“无事袖手谈心性，临危一死报君王”。自清初到同光，为数不少的河南士绅知识人作为当时中国社会的先进分子沉溺其中，空谈心性，疏于实践，漠视民众生活和社会改革，实为“尺步绳趋，偏执固滞”[④]，对河南早期近代化运动的拓展起到阻碍与延缓作用，这是毋庸置疑的。

有学者认为，理学的贡献在于建立个体自觉的道德主体性[⑤]。这大致与海外学者提出的所谓“新儒家的道德个人主义”[⑥] 相呼应。平心而论，好些理学家确乎抱着道德至上的信念，为民请命，赴汤蹈火，对抗邪恶，万死不辞，他们也确乎闪烁出这种道德人格的光辉。但历史的吊诡之处在于，绝大多数理学之士却远远做不到这样，因言行相悖，公德与私德

① 刘海静：《二章之间：章太炎的章学诚论评析》，《湖南科技学院学报》2013年第10期。

② 绍棪：《啸亭杂录》卷八，中华书局，1980年，第78页。

③ 高佑：《与赵卫卿刺史论学书》，见高佑著，范西岳编著：《嵩洛草堂遗编：第三卷（诗歌）》，中州古籍出版社，2014年，第10页。

④ 佚名：《豫省近世学派考》，《河南》，1908第2期，第2版。

⑤ 李泽厚：《中国古代思想史论》三联书店，2008年，第300页。

⑥ 狄百瑞：《中国的自由主义传统》，李弘祺译，香港中文大学出版社，1983年，第71页。

轩轾，而成为遭人讥笑的“假道学”[①]。就是“真道学”，也如前所指出，除了他们的个人道德给后世留下伦理学上的榜样而外，也并投能作出什么真正大有益于当时后世的重要贡献[②]。他们的心性哲理脱离实务，丝毫不能经世济民。光绪末年，有河南士子认为：“今世率以道学为讳，鲜有谈及小学、近思录者，一闻居敬、穷理、圣功、王道之说，如严冬服 絺绤，竟斥为不合时宜。[③]”只可惜，大多数中州理学家们却不能明白其中的道理，因循守旧，故步自封，不能以开放的状态和胸怀应对世情、国情和民情，这既是时代的悲哀，同时也说明旧式士绅阶层逃离理学樊笼的不易。嵇文甫在评价李敏修时就曾经讲道：“暗斋先生是一个理学家，他所讲的那一套，不一定尽合现代人的口味。无论怎样伟大的学者，谁也不能不受到时代的局限，地域的局限，李老先生也不例外。”[④]

当然，笔者亦不同意海外某些学者关于中国知识人有个人主义的“自由传统”，并把这传统追溯到宋明理学，认为理学乃具启蒙、自立思想等说法[⑤]。理学远非启蒙之学，而是某种准宗教性的道德的神学。由于士绅阶层本身依附皇朝权力，臣服于纲常伦理，政治上的人身依附和人情世故关系学束缚思想过于严重，始终缺乏独立的近代人格观念。这正是中国士绅个人命运和自我意识的历史性的悲剧所在，也是旧士绅阶层未能脱出传统社会的一种典型表现。

---

① 梁启超：《近代学风之地理分布》，《清华大学学报（自然科学版）》1924年第1期；邓实：《清代学术之流变》，《国粹学报》第一年（1905）第四、五号。

② 李泽厚：《中国古代思想史论》，三联书店，2008年，第300页。

③ 张镇芳修，施景舜纂：《项城县志》卷19，1914年石印本，第24页。

④ 嵇文甫：《纪念李敏修先生》，《河南民报·社论》1946年11月8日。

⑤ Wm.T.De Bary：《中国的自由传统》，principle and practicality：Introduc-tion，New York，1979年，第143页。

第二节　19世纪中后期河南士绅的嬗变

士绅阶层与皇权的依附关系，陈旭麓认为："士绅是介于官民之间的社会阶层，实际上往往成为地方领袖，有平章乡里是非的权威。因为有某种功名、身份，并因此享有一定特权。他们不是统治者，却又起着统治者的作用。士绅阶层在近代中国一直发生着很大的社会影响。[①]"西方学者对中国士绅的关注由来已久，甚至称中国为"士绅之国"，认为这个阶层在过去的一千年里，主宰了中国人的生活，并决定了中国的命运[②]。他们在近代的不同于以前的若干变动，从根本上说是近代化冲击或者挑战的结果。他们的回应方式，演变的迟速及程度，对西学西力的迎拒，则是中国近代史研究中不容回避的一个重要课题，也是观察近代河南社会发展的一个重要视角。

一、士绅的起源及其构成

从传统的国家治理体系来看，绅权自秦始皇废除传统、创行郡县、确立官僚制度起就就已经出现，吴晗曾用"三段论"诠释皇权与绅权之关系：秦朝到唐朝是共存关系；延至五代到北宋是共治关系；元明清以下则是主奴关系。皇权与绅权虽是彼此依存，共生互荣，却又此消彼长，"皇帝越是威风，士大夫越是下贱"[③]。吴先生的"三段论"，是对绅权与其依附的皇权内在联系的宏观概述，勾勒了绅权发展的基本脉络，对探讨近代士绅发展亦具有参考价值。

① 陈旭麓:《近代中国的新陈代谢》，中国人民大学出版社，2012年，第56页。

② 费正清:《美国与中国（第四版）》，世界知识出版社，1998年，第33页。

③ 吴晗、费孝通:《皇权与绅权》，三联书店，2013年，第48—54页。

科举制的建立，对士绅阶层的形成具有划时代的意义：一是科举制度创造了一种形式上公开、内容上平等的选才用人新模式。有效抑制了官僚阶层的贵族化、世袭化以及世家大族势力扩张对皇权的侵蚀，激发了寒门士子求学应举的活力，疏通了庶民仕进的通道；二是科举制的实施从制度上保证了士绅阶层的特权和地位。科举考试使“士”与“官”实现融合，改变了中国传统社会的统治基础和社会结构，士绅阶层无论在朝还是在野皆有不同于庶民的特权，具有令人尊崇社会地位，增强了统治集团内部的凝聚力和整合力；三是形成与皇权统治利益基本一致的中间阶层。科举的通道既开，士子人数在迅速增长，而官僚的限额只能保证具有较高功名的人进入仕途，绝大多数读书人只能居处乡间，“沉淀”为乡村社会的领袖人物。

按张仲礼先生的划分，生员与监生构成士绅群体中的下层，区别于由贡生、举人、进士及官吏构成的上层。[①] 翻检《大清会典事例》和河南地方志书可以发现，下层士绅通常是在“学校”篇章中论述，上层士绅则是在“科举”或“选举”的篇章中论述。士绅阶层内两个集团的大致区别如表 1-1 所示。

表 1-1　上下层及正异途士绅比较简表

	正途	异途
上层士绅	官吏 进士 举人 贡生（包括各类贡生）	官吏
下层士绅	生员（包括各类生员）	监生 例贡生

19 世纪的一位西方学者曾这样描述中国的士绅集团：“士绅是那些已经获得某种功名的人，虽然有功名的人被本地人称为‘读书人’，其实这些功名有的可以用钱买到，有的是通过读书而取得的。”[②] 道光年间进

① 张仲礼：《中国士绅：关于其在 19 世纪中国社会中作用的研究》，上海社会科学出版社，1991 年，第 4—5 页。

② 《澳门月报》，第 1 卷第 11 期，1832 年 5 月号。

士、监察御史陈庆镛用下面这句话表明“正途”出身士绅的尊贵：“举人、附生之所以贵于世者，谓其以诗书自致”。[①] 有些读书人寒窗苦读，皓首穷经，院试多次落第，执着科场，不事稼穑，白发苍苍仍称“童生”者不乏其人。河南地方县志中，就有光绪年间正阳生员李连芝，于丁酉年以耄耋高龄考中举人的纪录。[②]

上层士绅是社会的精英，他们分属于不同的集团，并以不同的途径获得士绅地位。这个最有特权的阶层一般由贡生、举人和进士构成。明清两朝的法律制度虽然没有特别规定，以标明他们是“上层士绅”，但是他们的威望、势力以及在社会中的地位使他们迥然有别于下层士绅。清代河南巡抚田文镜的话，表明士绅在政府官员眼中的重要地位：“绅为一邑之望，士为四民之首。在士绅与州县，既不若农工商贾，势分悬殊，不敢往来。[③]”与平民百姓不同，士绅拥有各种特权，其中的某些特权还以谕示条文的形式固定下来。在日常礼仪方面，士绅可以自由见官，拜会官员时不必行特定的下跪礼仪，同朝廷官吏一样，其特殊的称呼、饰物、顶戴、服饰都与普通百姓明显不同。

此外，清代律例、谕旨和成例所规定的刑罚和法律，以保障士绅的特权不受侵蚀。如士绅犯罪，他不会上刑。道光元年（1821 年），河南某知县对一生员用刑——击手掌二十下，结果同邑生员聚众大闹官厅，将顶戴掷于地上，弃考官于不顾，扬长而去。[④] 无论是势大名显的上层士绅，还是居乡以“耕读传家”自诩的下层乡绅，他们是都是令人羡慕和敬畏的成功人士。在河南许昌、禹县（今禹州市）一带，“村落中尤尚之，每遇经生学子，乡民倍加恭谨，惟其人之言是听，遇事则惟其人之

① 陈庆镛：《籀经堂集·补遗》，上编，第 1 页。

② 王玉丰主编《重修正阳县志（点注本）》，中州古籍出版社，2015 年，第 212 页。

③ 田文镜：《钦颁州县事宜》，载《宦海指南六种》，第 29—30 页。

④ 《澳门月报》，第 4 卷，第 3 期，1835 年 7 月号，第 120 页。

计是从。"[①] 由于读书可以做官，城乡庶民，包括许多农民，为了改变祖辈"屡遭冤侮"的可悲处境，但凡有半碗饭吃，也要竭力使子弟入学读书。吕坤在《居官必要》卷一中描述士绅以"读书知礼"服人的情形："吾少时乡居，见闾阎父老、小民同席聚饮，恣其笑谈，见一秀才至，则敛容息口，唯秀才之容是观，唯秀才之言语是听。"在西方汉学家眼里，中国士绅们有一派士绅风度来表明他们的身份与众不同——长袍、马褂、长指甲、能诗善赋，有欣赏艺术的闲情逸致，彬彬有礼。"[②] 也正如顾炎武所言："一得为此（意指通过科考取得功名——笔者注），则免于编氓之役，不受侵于里胥，齿于衣冠，得以礼见官长，而不鞭笞之辱。故今之愿为生员者，非必其慕功名也，保身家而已。[③]"

看似矛盾的皇权和绅权，在维护统治秩序大一统这个本质属性上却是高度统一的。绅权和皇权虽然有矛盾和冲突，但合作和共存是其基础和主流。在长期纠葛、冲突、磨合甚至斗争过程过程中，绅权与官权相伴共生，互有主次，有所分工。绅权的作用偏重于宣传教育、宗教教化和其他自治事务，而官权的作用偏重于征课、司法、保卫，至于摊派征收、赋税杂捐，则假手士绅或其授权人，利益官绅合得，何乐而不为。

由此可见，士绅在乡间所从事的"事业"，看似稀松平常，琐碎不堪，但从一家一族一国的理路分析，又事关国计民生，江山一统。皇权与绅权在中国的长期存在，有其悠久的历史渊源，又有深厚的文化土壤，二者有着合作共事的平台和基础，皇权与绅权在"争夺"与"让度"的过程中，也达到某种平衡与默契。

二、明清以来绅权的演化

明代绅权之盛令人咋舌，晚清报纸即有"绅权之盛莫盛于有明之世"

① 王秀文修，张庭馥纂：《许昌县志》卷四，第 45 页，1923 年开封宝兰斋石印本；车云修，王棻林纂：《民国禹县志》，卷二十一，第 47 页，1937 年石刻本。

② 费正清：《剑桥中国晚清史（上册）》，中国社会科学出版社，1994 年，第 17 页。

③ 顾炎武：《亭林文集》卷 1，第 17—18 页。

之论[1]。史学家瞿兑之认为明代江南乡官势力最为横桀，而士子结纳干预，肆行无惮亦最甚。明代河南士绅，虽不及江南士绅之肆行无惮，但绅权之盛也是前所未有。

明朝前期，河南地方主导地位一直由军事权贵占据，其原因一是受明代卫所制度的影响。二是民间宗族组织较为薄弱，地方自治共同体还没有真正建立起来。明中叶以后，由于土地兼并不断加剧，社会分化日益明显。军事权贵的地位受到不断崛起的士绅集团的威胁。一些科举出身的士绅家族逐渐形成雄踞一方的豪强大族。他们利用国家给予绅衿的优免政策，通过寄庄、投献、影射、诡寄和占夺等手段兼并大量田地，造成了土地的高度集中。郑廉追忆彼时情形时说："是时，中州鼎盛，绅衿之家率以田庐仆从相雄长，田之多者千余顷，即少亦不下五七百顷。[2]"士绅阶层凭借自身优势，逐渐成为河南基层权力的实际掌握者。他们热衷于置祭田、建祠堂、恤贫弱、修家谱、制家训等活动。为了形成更大的集团力量，士绅阶层相互援引、互相攀附、相互联姻，根据地缘关系，结为稳固的政治盟友。文化方面，他们创立诗钟、雅舍等民间组织，定期举办雅集交流和诗词唱和。成立老实会、孝义会、同善会、广仁会、敬老会、兴学会等社团组织，对百姓进行伦理教化，构建起以士绅阶层为主导的统治秩序和文化规范。

明代后期，随着绅权的不断膨胀，世家大族引发的奢靡、攀比之风，武化、劣化等社会问题日益突显，造成了"衣冠之虐"，对地方社会产生了深刻的影响。士绅阶层在饮食、服饰、娱乐、居住以及婚丧嫁娶等方面，彼此攀比、大摆排场。生活奢靡，士绅败坏，道德、学识、文化与乡土责任，这些昔日士绅阶层承载和代表的精神属性已荡然无存，有些士绅甚而成为"河南腹心之隐祸"。一些凶悍士绅与官吏纠结在一起，不断从中小士绅身上牟取利益，中下层士绅无奈通过"哭庙"以示抗

---

① 佚名：《论绅权》，《大公报》，第 1756 号，1907 年 6 月 2 日。

② 郑廉：《豫变纪略》卷 3，浙江古籍出版社，1984 年，125 页。

议[①]。“豫东生员因故纠集数十百人哭于庙，群奉先师之主号眺而置诸府署，声彻数里。”[②]不少中下层士绅只占有小规模的土地，由于升官几乎无望，前景一片黯淡，有时还会遭到乡宦巨族的压迫，很多生员甚至加入到“盗贼”的队伍之中。[③]

经明末之乱，河南士绅望族不可避免地衰落。明亡清继，在地方权威重构的过程中，“打击豪强”“抑制绅权”被确立清初为立国之策。顺治年间，清政府先后颁布禁止士绅豪强受人投献产业人口[④]、“自一品官至生员吏承，止免本身丁徭役，其余丁粮仍然充晌”的规定，严格限制士绅优免丁壮差役的特权。为了加强社会控制，制定卧碑树于学宫：禁止士人结社、聚众，甚至一度连书院也被禁止，而且禁止干求长官，禁止出入衙门。在农村实行严密的保甲、里甲制度。作为腹里之地的河南，康熙四十七年（1708）开始实行“弭盗良法”，从县城各街巷到四乡农村，都普遍设立起保甲组织。因保甲、里甲被视为“贱役”，则多以土棍式的人物充当保长、牌子、甲长，一般士绅避之不及，往往向县衙行贿求免，相反一些贪暴之户求之不得，争相纳贿求任。

雍正年间，巡抚田文镜推动“打击豪强”为主要内容的十二项社会改革。以“摊丁入亩”的赋役改革为先导，进一步压制绅权。清朝统治还制造文字狱，对不利于其统治的思想言行进行严厉钳制和残酷镇压。河南的几起文字狱，都是以谋反罪加以处罚。夏邑县致仕进士彭家屏“以编纂族谱曰《大彭统记》，至触高宗之怒，谓‘大彭’二字类似国号，指为狂悖，而革职家居也”。后又因其家中藏有《吴三桂檄》《明季野史》等书籍，被以“狂悖无君”的罪名赐死狱中。他的儿子因焚毁禁书，有毁灭证据之嫌被处决，此案共涉及七人，多为当地绅衿，皆处死

① 陈国栋：《哭庙与焚儒服：明末清初生员层的社会性动作》，中国大百科全书出版社，2005 年，第 351 页。

② 郑廉：《豫变纪略》卷 5，浙江古籍出版社，1984 年，第 220 页。

③ 郑廉：《豫变纪略》卷 5，浙江古籍出版社，1984 年，第 237 页。

④《清朝文献通考》卷 25，浙江古籍出版社，1988 年，第 310 页。

罪。[1] 此外还有桐柏教谕程明湮的诗中有“文籍虽满腹，不如一文钱”，被斥为诋毁当朝、不满时政，被杀；登封士绅乔廷英逆诗案，涉案七人，皆处重罪。在任意曲解文意即罗织罪名的社会环境里，河南绅学界人士噤若寒蝉，明哲保身，与明代绅权之盛相比，可谓云泥之别。

经此一番弹压，而后清代二百年间有士绅无绅权。有论者指出，“乾嘉以后，绅权乃日堕，绅权，固与专制政治之进化为反其例欤！”[2] 在皇权之摧抑下，士绅只能同地方官合作，不能嚣张。有县志记曰：“前清县政，惟知县一人自主。文武僚属，间参末议。士民祇居受治地位，政务毫不与闻。正阳有清一代，县运衰替，文化不彰。咸同以前，官施政于上，民受治于下，纯粹一官府独裁政体。初无政治思潮之发展，间有公正绅绅衿，感受政治黑暗。有所声请，上峰则以妄干政务，不守卧碑条文，严加钳制。[3]”而随着世家大族与士绅阶层的没落，庶民地主和乡村豪强逐渐跃居而出，成为新的社会精英，而乡村基层社会秩序日趋松弛和解体，为清代中期以后秘密宗教、会道门、土匪、刀客盛行提供了土壤。自乾隆初年一直到同光年间，白莲教、天理教、捻党势力在河南民间长期蛰伏，闻风而起，成为清朝统治者的心腹大患，这显然与清初以来绅权弱化、乡里失序有一定关系。

三、西学东渐与绅权舒张

十九世纪下半叶，伴随外国资本主义侵略势力的逐步加深，西学东渐，西方宗教强势入豫，西方舶来品悄然改变着人们的生活方式。农民起义摧枯拉朽似的猛烈冲击，使腐朽不堪的晚清王朝不得不利用士绅共同应对内外交困的“数千年未有之变局。”在此风云际会之际，士绅阶层在经历自清以来二百余年的压制后，以举办团练为契机，登上即将落幕

① 徐珂：《清稗类钞》，狱讼类：《彭家屏以明季野史论斩》，中华书局，1984 年，第 88 页。

② 佚名：《论绅权》，《大公报》，第 1756 号，1907 年 6 月 2 日。

③ 王玉丰主编《重修正阳县志（点注本）》，中州古籍出版社，2015 年，第 80 页。

的末世历史舞台，为行将就木的清王朝注入一丝活力，挽救清廷于即倒之际，也为参与改良和新政积蓄了力量。

（一）团练兴起与绅权扩张

清末河南士绅的崛起，实以太平天国及捻军的长期动乱为机遇。咸丰三年，为对抗太平军的北伐和本省捻乱，清王朝谕令各省普行团练，士绅借助团练遂成为近代社会控制的另一种组织力量，它使士绅阶层对基层社会的控制，觅求到一种相对独立于行政体制之外的新形势。此时的清王朝所面临的危机是深刻而全面的："若河南、江西、安徽等省，幅员辽阔，门户尤多。地广而防不足，防多而兵不足，兵增而饷不足，此三者患也。"① 在"防不足""兵不足""饷不足"的万般无奈之下，晚清王朝才"诏各省兴办团练，以缙绅主之"②。

清朝统治者以"儒生报国，不计身名。圣代作忠，宜昭激劝。惟纲常之无忝，斯义烈之常森"③ 的纲常名教相鼓励，以维护"身家性命"相号召，河南有相当大一部分士绅卷入团练运动之中，组织和领导团练来应对社会动乱。官绅遵旨举办团练，高级士绅也难逃其团练的责任，较有影响力的有毛昶熙、李棠阶、袁甲三、周祖培、祝庆藩等人。④ 据《清史稿》所记，晚清奉旨举办团练最为得力者，河南有袁、毛、徐、祝诸人。

郭嵩焘 1860 年从北京回湖南时，途经河南，据称沿途所见，"凡村庄市镇，皆筑土城以自保，名之曰寨。⑤" 在河南，高级士绅多筹办团练

① 孙鼎臣：《请责成本籍人员办理团练疏》，《皇朝道咸同光奏议》卷 55，兵政类。

② 凌惕安：《咸同贵州军事史》，第 9 章，转引自王先明《近代士绅：一个传统阶层的历史命运》，天津人民出版社，1997 年，第 96 页。

③ 叶曾埴：《为立初二叔请恤文》，载王玉丰主编《重修正阳县志（点注本）》，中州古籍出版社，2015 年，第 580 页。

④ 王继平：《晚清人才地理分布研究（1840 ～ 1912）》，中国社会科学出版社，2012 年，第 252—253 页。

⑤《郭嵩焘日记：第一卷》，湖南人民出版社，1982 年，第 350、363 页。

组织，低级士绅则多依托联庄会进行自卫活动。高级士绅往往凭借其政治、经济影响力成为一县的团练首领。如太康知县祝垲指挥下的团练，总数即达20万人。夏邑知县徐立本创办的团练人数愈万，在1853年9月曾两次击退捻军宋喜元部，随后率兵进扑屯集于张家花园之捻军骆三群、李高行等部，抓获骆及李等捻首多人，将其活活钉死在县城东门。[①]鹿邑豪绅徐广缙亦驱策兵勇，在此后一两个月内，残杀夏邑捻军1700余名，“捕获任朝重、周和尚等匪首四十余人，斩首示众，四乡颇为安静，道路方可通行”。[②]商城士绅周祖颐组建的团练有数千人，由于手段残忍，练兵凶顽，在豫南多次抗击义军有“功”，由知州升任道员，被邑人称为“商城曾国藩”。[③]

但是，高级士绅人数毕竟有限，在相当多的县，尤其在大多数远离府、县政治中心的村寨，一般由低级乡绅起着主导作用。他们大多在人口稠密或险关要隘建造堡寨，以自卫抵抗、保境安民为要旨，活动范围一般不大，并不主动出击或配合官军赴外乡“兜剿”。如豫东睢县，乡绅倡议修村寨凡九十有四[④]；夏邑一县，大乱以来，死义团勇，前后不下数千。[⑤]如宁陵县“旧无砦堡，自咸丰三年，粤匪煽动，捻匪蜂起，乡绅起义，遵谕团练。八年秋，创建华堡砦，兵粮储富，可恃无恐。嗣是各团仿筑，保障居民，裨益非鲜，乡民得安”[⑥]。短短数年，新修及改建堡砦47座，蔚为可观，绅民多赖之。[⑦]

---

① 王天奖、庞守信、王全营、冯文纲：《河南近代大事记（1840～1911年）》，河南人民出版社，1990年，第14页。

② 徐广缙：《仲升自订年谱》，1892年鹿邑徐氏石刻本，第21页。

③ 陈伯会：《周祖颐与＜商城守御纪略＞》，载《商城文史资料》第2辑，1991年，第63页。

④ 光绪《续修睢州志》卷2，《建置》，第13页。

⑤ 韩世勋修，黎德芬纂：《夏邑县志》卷6，《人物·忠烈》，1920年石印本，第14页。

⑥ 河南省宁陵县地方志编纂委员会：《宁陵县志·建置志》，中州古籍出版社，1989年，第82页。

⑦ 孟广赞纂修：《宁陵县志·建置志》，1941年铅印本，第82—85页

兵荒马乱的年代，村民的生死往往存系于士绅一人之身，这些地方士绅不仅控制寨堡，还拥有军权、摊派、募捐等权。如信阳士绅李裕泽，不仅倡导筑造了永贞寨，还修建有文昌宫[①]。至于目无王法、独霸一方者，更是不乏其人。如陕县（今三门峡市陕州区）士绅张瑞，字辑五，硖石人也，硖石为旧驿站，四围山村以数十计，皆属之。瑞以清庠生主镇事数十年，尝以乡兵御敌。性刚强有才气，勇于独断，每地方有兴作，数十村民供其役使，唯唯听从，虽退有后言，而面莫敢违。家故丰裕，自有益饶，资累巨万，田连阡陌，乡民半为其佣奴。其家人子弟秋收出收田租不少宽。假里人有行为不轨者，瑞必置之以法。死者数十辈，未尝请命官府，用是结怨，道路侧目。[②] 故此，数次过豫的薛福成曾说："河南安寨自固者，遍布诸郡县，遂有寨主名目，凡为寨主者，皆武断乡曲，贼害行旅，官吏所不能问，王法所不能施。"[③]

士向为四民之首，是社会的特权阶层，地主豪绅凭借特权拥有大量土地，起义军兵锋所到之处，士绅阶层首当其冲，饱受战乱蹂躏。很多缙绅之家战乱被杀或者逃亡，不少绅富除筑寨自保[④]，因不愿从"贼"或助"贼"，而被捻军和太平军所杀的事例在地方志书中俯拾皆是。1867年，捻军张宗禹部进入安阳县境，城乡被打死者1023人，其中监生4人，生员8人；[⑤] 滑县1854年、1861年被捻军杀死1594人，其中生员5人，监生10人，武生2人，包括其他各级功名者共27人。[⑥]

由于战乱，士绅阶层受到巨大冲击，但士绅总体数量却有增无减，主要原因是朝廷的增广正途学额鼓励民间纳捐、封赏军功等政策，使不

---

① 方廷汉、谢隋安修，陈善同纂：《重修信阳县志》卷6，1936年铅印本。

② 欧阳珍修，韩嘉会等纂：《陕县志》卷十七，1936年铅印本，第225—226页。

③ 薛福成：《叙团练大臣》；《皇朝经世文编续编》卷八十一，兵政七，团练上。

④ 顾建娣：《咸同年间河南的圩寨》，《近代史研究》2004年第1期。

⑤ 方策、王幼侨修，裴希度、董作宾纂：《续安阳县志》，卷末《杂记》，1933年铅印本。

⑥ 同治《滑县志》，卷10，《义烈》。

少布衣、生员摇身一变成为士绅阶层甚至朝廷大员。1853—1864 年河南增广中额共 5 名，增广学额共 128 名。[①] 1868 年 3 月，清廷增广河南乡试中额 3 名，广尉氏、滑县、温县学额 3 名，汜水、密县、登封各 2 名，杞县、鄢陵等 22 州县各 1 名。[②]

绵延十数年的战乱，因军功获取功名、职衔或擢升的河南士绅屡见于史册。被御史刘毓楠讥为“目不识丁”的张曜，在固始兴办团练，因军功累次擢升。光绪十一年（1885 年），授河南布政使，调补山东巡抚，获一等轻车都尉兼云骑尉世职，加太子少保衔，卒后被追赠太子太保，谥勤果，入祀贤良祠。汝宁府六品军功陈桂林实授夏邑知县。[③] 在捻军反复拉锯的豫东、豫南地区尤多。豫东宁陵，“咸同年间，团练剿匪守城守砦，保举文职武衔者凡 74 人”[④]。

团练的兴起，造成士绅力量空前膨胀；而士绅阶层又以团练为工具，大肆扩张绅权。卢氏、怀庆、柘城等地士绅在武装团练的同时，还炮制《敦俗劝士文》等，兜售传统伦理，从思想上对民众进行禁锢，以维护传统统治秩序。[⑤] 一些士绅还联合民众，抵御苛征，上控县官。光绪十四年（1888 年），因黄河决口，通许西南 68 村竟成泽国，清廷谕命免去丁漕。知县谢立本却仍旧催征，严刑逼勒。士绅郝森等人向省当局上控，谢即诬陷郝贪污灾民银两，将郝捕送开封。后经士绅联合 68 村村民联合上告，将郝森开释，将谢革职。[⑥] 豫南正阳“道光末叶，人心思动，土

① 贾熟村：《太平天国时期的地主阶层》，广西人民出版社，1991 年，第 90 页。

② 王天奖、庞守信、王全营、冯文纲：《河南近代大事记（1840 ～ 1949 年）》，河南人民出版社，1990 年，第 64 页。

③ 李古寅校注：《捻军闻见录》，《中州学刊》，1984 年第 4 期。

④ 河南省宁陵县地方志编纂委员会：《宁陵县志 · 建置志》，中州古籍出版社，1989 年，第 281—285 页。

⑤ 王天奖、庞守信、王全营、冯文纲：《河南近代大事记（1840 ～ 1949 年）》，河南人民出版社，1990 年，第 12 页。

⑥ 王天奖、庞守信、王全营、冯文纲：《河南近代大事记（1840 ～ 1949 年）》，河南人民出版社，1990 年，第 86 页。

匪蔓滋，郑公元善，来宰斯邑，审时度势，知行政事务，非借重士绅，难与图治。遂折节礼贤。时与孝廉傅必端诸名宿，迭相过从，讨议县治，地方秩序籍以保全。同治中兴以后，大乱初平。官民相与，骤难惬洽，势不能不有道焉。斡旋其间，以维官令而通民志。于是有张宝禧等贤令尹，曲体民隐，汲引士绅。在城，则下交袁报来、王均礼等，筹商要政。在乡，则分店择贤，协助政治，名日首事。是为官治开明、民治萌芽时代。”[①] 文中所谓“民治”，自然是牵强附会之词，实际上是绅权侵越官权，改变了传统的完全“官治”局面，这在河南很多州县较为常见，标志着绅权的舒张和强势。

历史总是呈现出复杂的多面性，在残酷的斗争中，一些较低功名的士绅成为反体制力量，加入“犯上作乱”的行列，地方史料显示，孟县监生张来法、武陟武生员李长青、阳武生员彭凤池、李昌，以及商城廪生林翠皎、光州监生何正清、何国安、兰仪生员韩其昌等借团练之机，练兵固寨，建立武装，俨然一方诸侯，与地方官府为难。更有甚者，汝州举人李瞻，以举办团练为名，聚众造反，自称“瞻王”，盘踞县内樊古寨，河南巡抚郑元善遣派杨飞熊等率部加以镇压。[②] 有些联庄会在成立之初，就潜伏着与官府对立的因子。一旦条件和时机成熟，这种对立就可能激化演变成为叛乱，使广大乡村成为游离于政府管理之外的“割据”之地。禹州知州程结借口办理兵差徭役，地方人民利用联庄会的组织，在士绅刘化镇带领下，到县衙要求取消浮收，遭到官府拒绝和镇压。刘化镇等一班乡绅遂聚众起事，号召四乡村民围攻县城。正阳“邑东张凤林揭竿一呼，颛蒙四应，县政失驭，民不聊生。遂各筑寨自卫，与官府关系无形中断者，将及三年。[③]”随着联庄会势力的增强，河南多地发

① 王玉丰主编《重修正阳县志》，中州古籍出版社，2015 年，第 80 页。
② 王天奖冯守信、王全营、冯文纲：《河南近代大事记（1840 ～ 1949 年）》，河南人民出版社，1990 年，第 43 页。
③ 正阳县地方史志办公室编：《重修正阳县志（点注本）》，中州古籍出版社，2015 年，第 80 页。

生州县联庄会杀差抗粮事件。著名的有禹州联庄会起事（1854年10月）、辉县联庄会起事（1854年12月）、辉县联庄会起事（1855年6月）。[①]这些联庄会起事，显示在晚清腐败的政治形势下，由当地士绅主导的团练组织正在逐步走向和政府反抗的道路，加剧了清朝政府捉襟见肘的困境。

诚如美国学者孔飞力所言：晚清帝国的士绅通过团练和地方军事联盟组织，协助政府镇压了叛乱者，使清王朝得以度过危机而继续生存，而这其中的一个结果也令统治者不得不接受，那就是地方绅权的扩展。咸丰以降，地方权利旁落到士绅之手，对帝国影响既深且远，直至20世纪前期中国社会仍大致如此。他还注意到，这种团练组织有时候还被赋予征收赋税等费军事职能，他据此认为，19世纪后期出现“士绅领导的团练转变为地方政府的正式机构的过程”[②]。咸丰五年，河南学政张之万在奏折中说：“豫省抗粮杀差纠众之案，层见叠出。推原其故，皆因连年豫省兵差络绎，不能不借资民力，而被贼窜扰之区，疲敝尤甚，虽年谷顺成，而商贾不行，银价日贵，谷价日贱。且自钱法之行，以制钱两串作银一两，河南各州县钱粮完纳，大抵收钱，其价亦非以钱为低昂，多者制钱三四串，少者两串数百不等。若尽以两串作银一两计之，皆多赢余。而小民无知，遂以为国之正课，皆系以两串完纳。于是奸民得以藉口，良民亦随同附和，假联庄以聚众，托减粮以要官。地方官催科不急，则正课无著；催科一急，则动至激事。此处一动，邻境因之生心；此处甫平，彼处效尤又起。”[③]可见，清末团练运动中，高级士绅、低级士绅与豪民因团练连为一体，士绅力量达到空前膨胀，在地方上已经有尾大

① 顾建娣：《十九世纪中叶河南社会的动荡和嬗变》，硕士学位论文，上海师范大学历史文化学院，2002年，第4页。

② 孔飞力：《中华帝国晚期的叛乱及其敌人：1796—1864年的军事化与社会结构（修订版）》，谢亮生、杨品泉、谢思炜译，中国社会科学出版社，1990年，第107、225页。

③ 尹耕云：《豫军纪略》，《捻军（二）》，第177页。

不掉之势，在清季“内轻外重”的格局下，动摇了王朝对乡村的统治基础，使清政府的中央权威进一步削弱。

（二）西学东渐下的河南士绅

鸦片战争中国的战败，促使部分先进的国人开始尝试认识和了解西方世界。河南地处内陆，风气闭塞，对西方列强、西学西力的认识，由游宦在外的官绅转入，随后在官、绅、学界流布，这是一个先进却相对封闭的群体，对河南产生深远的影响。对他们的分析，大略可以窥视西学在腹地河南的渐进过程，以及中州士绅对伴之而来鸦片、宗教、科技和文化的基本认知。

对中英鸦片战争，在籍官绅李棠阶高度关注，平素察看海图，向直接参与海战的好友曹谨了解台湾战事。在日记中，李棠阶多次记载对鸦片战争的看法，把英军发起的鸦片战争视同于中国传统的少数民族侵扰性质的“边患”，视其取得胜利的原因为船坚炮利，除此“无他技能”；中国战败的主因是“赏罚不明”“用人不当”，提出克敌制胜的良法为“选取良将”“民心可用”“出奇制胜”。搜检其一生著述如《李文清公遗书》（八卷），《强斋日记》（十六卷），《古今大学集解》（一卷），《丧事十戒》（一卷），《凭良心录》（一卷）等，其对西方世界的认识谈得不多，其日记里的一段文字可可表明西方观：

> “看西洋天下全图，以地球分为五大处：一欧逻巴，口吉利、佛兰西、荷兰诸国。一亚细亚，中国及高丽、日本、琉球、安南等国。一亚非利加，大西洋大吕宋诸国。一额西亚尼亚，小吕宋等。以上共一地球；一亚美理加，分南北。今花旗，北亚美理加。以上一地球。”①

可见，第一次鸦片战争以后，李棠阶为代表的河南士绅阶层对世界地理有了初步了解，知道地球之上除中国之外尚存诸大陆国及金发碧眼之“夷人”。通过书院、信函、师友交游，有一部分敏感的士人透过理

① 李棠阶：《李文清公日记》，穆易，校点，岳麓书社，2010年，第505页。

学和制艺的重重迷雾，开始探求“经世”之学。如获嘉士绅王钊，“学无不窥”，而不死守先辈故辙，鸦片战争失败后，痛心疾首，苦寻救世良法，竟其所学，潜心撰《筹海（防）十三策》呈送统治当局。[①] 固始名士蒋湘南积极为国计民生出谋划策，提出驰鸦片之禁，课重税强国防等策，又用所学新知作《西法非中土所传论》等篇，指斥“陋儒夜郎自大之见”。其他如项城士子张安雅、王诜桂，封丘士子何天根，陕县士子张谐之，固始吴其濬等，也各有“经世”之作问世。

直到第二次鸦片战争以后，河南部分士绅对于西方才逐渐有了更深刻的认知，已经敏锐地意识到“天下从此多事矣”。同治二年，士子余本初在致李棠阶的书里，表达了对时局的担忧：

> 今何时哉？粤军纵横于东南，回氛猖獗于西北。云、贵、川、广无复完善之区。冀、豫、青、徐遍地戎马之地。而英、法诸强，近在辇毂，窥伺肘腋，包藏祸心。是诚千古一变，荟诸一时也。[②]

在“千古一变，荟诸一时”的紧要关头，余本初认为要大兴“务实之学”，培养选用人才的标准应随世情而变：

> 夫学术者，人才之本也，古者乐正崇四术，立四教，多方以成之，而措诸实用。而今不然也，太学之立，仅托空名。聚天下之才而俊者，充为翰院之选。询其所学？则曰法楷也，括帖也。无惑乎出而为政，心忙而手足乱也。是宜因其所性，易其所学。凡纲史、兵法、武略、农政、刑名、水利、郡国利病、六部例则之学，无不博学而详说。而要之以道，学之宗旨，程朱之心传。务其实，勿务其名。[③]

---

① 民国《获嘉县志》卷八，民国24年刊本，第20页。

② 余本初：《上李尚书书》，载王玉丰主编《重修正阳县志（点注本）》，中州古籍出版社，2015年，第495—496页。

③ 余本初：《上李尚书书》，载王玉丰主编《重修正阳县志（点注本）》，中州古籍出版社，2015年，第497页。

余氏对强敌入侵与国内之乱的平定方略，较能代表当时中原士绅的普遍看法:“自古为政，先治内而后治外，先正官而后正民也。[①]”依然脱离不开传统知识人士绅“攘外必先安内”的思想窠臼。对西方列强的认识，仍视同于历史上少数民族入侵的癣疥之疾：

“英、法诸强，窥伺虽切，然乘我全胜之时，而遇到不逊，曰吾有战而已。彼见吾有必克之权，无可胜之缝，当不难一介之使，驱逐境外也。[②]”

王兰广，修武人，道光十七年拔贡，曾在第一次鸦片战争中曾参与堵塞英军北上的海上防务，第二次鸦片战争中的天津防务和后来的天津教案谈判，其著《静涵书屋文集》及《王香圃先生年谱》中，有《壬寅夏日自曲阳调赴海疆防堵诸英夷秋杪旋役感事》《海疆三险记》《审理夷案纪略》等作品存世，在河南流传甚广，是河南绅学界观察中西战事及西方的一个窗口。《海疆三险记》中，王氏对英、法联军初入天津时这样记载：

“夷鬼旋即入城，填塞街衢，绿睛睒睒，攀堞登四城楼，图画全形。白日肩摩往来，人鬼同域；夜则夷角四起，如身至刹罗国，惊人心骨。如是者月余。然余车上拱手，彼亦脱帽致敬，各不相犯。如畏而避之，则窘辱立至，官弁被扑、被殴者，不可胜计。”

已在战争中见识西洋武器之利的王兰广，对洋兵称为“夷”尚不解气，又谓其为“鬼”，表达对英法联军侵略中国的愤懑不平。与曾国藩

① 余本初:《上李尚书书》，载王玉丰主编《重修正阳县志（点注本）》，中州古籍出版社，2015 年，第 9 页。

② 余本初:《上李尚书书》，载王玉丰主编《重修正阳县志（点注本）》，中州古籍出版社，2015 年，第 498—499 页。

对逆夷从“性同犬羊”[1] 到“西人素重信义”[2] 认识过程一样，王兰广的笔下既有“绿睛睒睒”“人鬼同域”的一面，也有“脱帽致敬，各不相犯”的一面，可见其观察和经历“夷务”之后的感受发生变化，具有多面性和矛盾性。这一类感受，都是用异族入侵的历史经验主义来比较西方人；用一种文化来体会另一种文化；用传统主义来理解西人和西方资本主义。就认识的真理性而言，未必有价值，但作为对西方认识的一个阶段却是开眼界的结果，可谓历史一进步。

他对《天津条约》签订前的中外谈判记载堪详：

> 英国全权大臣额尔金，坐八杠舆，蜂拥而来，护卫者皆手利剑洋枪等器，凌厉无前。……夷乐三十二人，先至阶下，分列四行，鼓吹不绝。额尔金竟不下舆，直至客筵之前，始出舆，一手脱帽，两眼观天，若不知国相在前者。身著五色金花衣，光彩夺目，而两脚著履不袜。待引至中座，前卫者用刀挑视桌裙及隐暗之处，分立四旁。桌之前后左右，鬼兵约二三百人，余均罗于四厢，竟似森罗宝殿马面牛头狰狞叱咤之状。中国大小官，自中堂、道府、镇台、中军及令、丞、佐、杂，十有六七来往奔走于霜锋雪刃之中，脱有意外，悉成碎粉矣。

战争引起的交涉在所难免，因战争的落败而导致的天朝大国的倨傲在谈判桌前变成低首折节的求全，西方人的出没纵横、横行无忌给中国人造成深重的灾难，又使中国人在亲临切近中目睹了他们的真面目。西人之傲慢、凶残的形象跃然纸上，极大地伤害了国人的民族自尊心，也埋下日后中州人士排洋、仇洋的伏笔。

洋务运动以前，河南绅学界对西洋的认识，还大致停留在“器物”之利上，对其制度之优、国体之便还没有更深的认识，这大体与国内一般士绅阶层无显著差别。

---

① 曾国藩：《曾文正公手书日记》，同治八年一月十七日；《曾文正公全集·书札》，卷三十三，《复李次青廉访》。

② 曾国藩：《曾国藩未刊信稿》，第 21、27 页。

相对于余本初“先内后外”和“肘腋之患”的西方观，大多数河南士绅对西方的认识是从鸦片开始的。因为鸦片给国家和人民带来巨大的祸患，所以林则徐领导的禁烟运动，得到河南民众的广泛支持。不少士绅已经认识到鸦片对中国的危害。洛阳士绅高祐认为“洋烟之祸中国，其惨甚于兵革也。”其在《远毒》这篇文章里面指出：

兵革可以敌可以救可以逃也，牙（鸦）片之贼人，即之者立入死路矣。何也，荣卫使灰，而元气使灭，虽偷活于旦夕之间，然其死亦不远也。高山之麓多煤矿，多者千余人，少者数百人，谚之嗤作徒也，以为瘗而未死者也。今洋烟之杀人，是令人胥死而未瘗也。呜呼，人无两目则不明，无两耳则不聪，无手足者不举不行，今有耳目手足而聪明举止自若也，而颓败疲瘵于一光之下，身家破而性命裂，酗焉而不返皆是也。[①]

太康王新桢在著述中阐释鸦片对个人、国家的危害，分析鸦片输入与鸦片战争之间的关系，告诫世人“洋人之病我中国，不啻烟瘾之害人终身，既不能拒之海外不与通商，又不能控驭有方使衔勒”的道理，对朝廷割地纳款深恶痛绝，认为朝廷议和派的一味求和，无异于饮鸩毒为晏安，提出“战或可安，和实难保”的主张。其以《断烟瘾论》为题的文章，颇为豫人传诵：

今日中国之脂膏已竭，则血气既衰之时也。然一息尚存，岂不望力起沉疴，况秦中四塞之国，进可以战，退可以守，乘舆播迁，驻跸于此，意必缮甲厉兵，分守要害，徐图进取，誓将恢复神京，重新庙社，而后稍释乃心之憾；不此之务，反为之罪王公，谴将帅，一意求和，城下之盟不以为耻。古人以晏安为鸩毒，今人以鸩毒为晏安，宜乎谋国者之恶夫言战，一如有瘾者之忌人劝其断烟也，人人共见之害，卒至老死弗悟，悲夫！[②]

① 高祐：《远毒》，高祐著，范西岳编：《嵩洛草堂遗编》，中州古籍出版社，2014年，第166页

② 王新桢：《断烟瘾论》，《两一子遗稿》，1931年铅印本；《王新桢文集》，河南大学出版社，1993年，第224页。

随鸦片一起输入中国的还有西方宗教，河南士绅利用自己在地方上的威望，动用地方资源积极反抗传教士的不法行为、抵制外来宗教的侵袭。19 世纪 40 年代以后，西方教会势力在河南的发展十分迅速，大批传教士涌入中国。来河南传教较早的是意大利米兰方外传教会在豫北卫辉府的传教活动。截止 1843 年 9 月的统计，河南省内已有教民 2000 余名。同年 11 月，法国天主教因河南教民渐增，特于南阳靳岗建立总堂，统管河南全省天主教传教事务（此前河南归南京教区监管），成为该教在华四教区之一。[①] 西方洋教士以不平等条约作为保护伞，无视中国主权，干涉地方政务，欺压百姓，一开始就受到士绅阶层的反对。同治二年（1863 年）6 月，桐柏官绅闯入当地天主教堂，并将其拆毁。1866 年 6 月，桐柏县平氏镇人民在天主教教民做礼拜时前往聚观，教士强令人民跪听宣讲，人民不服，教士竟然强拧村民耳朵逼令下跪。因前时有教士诱奸妇女者，绅民怒砸教堂，将其扒平。[②]

这些连续发动的“闹教反教”事件，虽以反对外国教会为具体目标，但矛头指向“国仇”——侵略中国的西方列强，具有民族自卫性质，参加的社会阶层也比较广泛，除作为主力的城乡群众外，士绅与儒生也投身其中，并往往成为倡导者。这些士绅以“大清子民”自居，主要从保卫传统“纲常伦理”、孔孟“圣教”出发，甚至视同基督教类同“发逆”，担心会危害中国的传统统治。即使下层群众也不同程度地受到河南“遇洋即反”的保守风习影响，存在着笼统的排外主义，不少人还被洋教堂拐卖儿童和“挖心剜目”等流言所耸动。这里面，有中国传统文化与西方基督教文化的碰撞，但主要是由洋教士、洋教堂的殖民主义活动激化而成，更是 19 世纪六十年代后全国性的民族矛盾——中国人民与西方列强资矛盾上升的一种反映。

① 王天奖、庞守信、王全营、冯文纲：《河南近代大事记 1840 ～ 1949 年》，河南人民出版社，1990 年，第 5 页。

② 王天奖、庞守信、王全营、冯文纲：《河南近代大事记 1840 ～ 1949 年》，河南人民出版社，1990 年，第 58 页。

台湾学者吕实强在分析一般官绅与知识人反教的原因时认为，一是不同思想和文明的冲突；二是西方传教的过程中侵略的特质；三是官绅对自己尊严与权力的维护。他同时指出，这三个原因相互关联，彼此混杂，没有任何人的反教，是为了某项单独的理由。有论者对河南士绅反教的原因进行分析指出："勒索房地产业、干涉行政和官员升迁、滥招无赖教民、强迫民众遵从宗教习俗"是其主要原因。[①] 据河南反教的情况考察，西方传教士的强势介入打破官绅共治的平衡，挑战士绅阶层在乡间的权利和权威应该是一个不容忽视的重要原因。

一般而言，地域政治与文化随着全国局势的"大环境"而变，但因关键人物、具体事件所推，亦能显露出其地域性特色，河南即是如此。自鸦片战争至英法联军之役，中国所发生的"三千年未有之变局"，河南人士多无动于衷。河南人的守旧态度，犹如一口古井，外在的风雨激荡，没有引起丝毫的涟漪。所以当自强运动在沿海地区高歌急进之时，河南人仍在酣睡之中。三十多年的自强运动（1860—1894），豫人几乎完全是陌生的。但是甲午之战与胶澳之割，河南人似乎由此惊醒，他们一旦醒来，感受较为深刻，认为中国要灭亡，华夏之地就要被列强瓜分。怎么办？只有亟待救国，否则只有束手就擒，亡国灭种一途。河南之变，始于此时。

1894 年，开封士绅刘曾禄曾在外地为官，感于时局之变，作《西法议》，主张仿行西法，鼓励发展实业，绅民合资组建公司。刘曾騄青年时代受进步思想家魏源影响，赞成"师夷长技以制夷"主张，抵御列强入侵。历任山东郓城、菏泽等县知县。任知县期间，兴办学校、培育人才、表彰节烈、平反冤狱、兴修先贤祠祀，为人称道。光绪二十年（1894 年）12 月，刘曾騄在顺天府致仕期间，觐见光绪皇帝，作《西法议》，主张仿行西方"重商"之政，勉励官士绅民合资办厂，组建工业矿业公司，或制轮船，或开诸矿，或办邮政、保险，凡轮船、枪炮、子

① 邱会、曹红杰：《非法传教活动与民众的反抗》，《忻州师范学院学报》2017 年第 6 期。

弹及各种机器，均准其制造、出售，提倡实业济民富国。[①] 因变革建议未被清廷重视，刘曾騄离任回到开封，主办瓣香、宛南两书院，门生众多，士多翕服。后来，刘曾騄出任河南大学堂编书处总纂等职，在地方教育、文化事业中度过余生，其向西方学习、重商思想具有一定的现实意义，是较早提倡实业救国、注重向西方学习的中州士绅之一。

1894 年 3 月，中日《马关条约》签订，遭到国内各界人民的激烈反对。光绪二十一年（1895 年），康有为等会集各省在京会试举人 1300 余人，发动“公车上书”，请拒和、迁都、变法。康有为在北京发起成立强学会，又在上海成立分会。时任浙江温处道，在天津练新军的袁世凯捐五千金[②]，都察院御史、商城人张孝谦捐银一百五十两。[③] 强学会以陈炽、丁立钧、沈曾植、张孝谦为总董，李鸿藻的得意门生河南人张孝谦主其事。河南祥符人顾璜[④] 亦参与强学会会务，赞成变法革新。康有为在其诗集中记载：“南还，与张孝达都部、黄漱兰侍郎及其子仲弢编修、梁星海太常、黄公度观察再开强学会，海内大夫若屠梅君侍御、陈伯潜阁学、顾渔溪通政先生咸应焉。”[⑤] 文中所言，“海内大夫之一的顾渔溪通政先生”，即为顾璜。他在上海强学会“列各会籍参与会务者”的二十四人之一，是唯一的河南籍人士。不久，强学会由于受御史杨崇伊等人弹劾而被封禁，顾璜便继续在家闲居。康有为在北京发起强学会及

---

① 王天奖、庞守信、王全营、冯文纲：《河南近代大事记（1840 ～ 1949 年）》，河南人民出版社，1990 年，第 93 页。

② 张玉法：《清季的立宪团体》，北京大学出版社，2011 年，第 135 页。

③ 河北省档案馆藏：《畿辅同官录》记载：张孝谦（1857—？）字恒斋，号巽之。河南商城人。光绪十五（1889 年）进士，授编修，二十一年发起北京强学会，后管理官书局局务。

④ 顾璜（1856—1927），字渔溪，开封人，光绪元年（1875 年）乡试中举，次年进京参加会试，中二甲第三名进士。光绪十九年（1893 年）癸巳恩科乡试，顾璜以正主考官主持广东乡试，南海康有为参加该科乡试并中举，故此对顾璜以恩师相称。

⑤ 康有为：《南海先生诗集》，卷二《汗漫舫诗集》。

戊戌变法期间，其门人弟子纷纷来汴，拜访顾璜，商讨时政。[①] 在京城，南阳裕州王贺等十余名河南应试的举人[②]，联名陈请都察院，痛斥李鸿章等奸邪误国，反对向日本屈服，要求抗敌图存，都察院代奏上陈。5月2日，步翔藻等六十余名河南在京应试的举人又联名陈奏，要求拒绝马关条约，全力抗敌。河南在京举人和候补教谕，亦再次要求都察院代奏，拒和抗敌。1895年四月初九日，都察院又代递河南举人步翔藻、王崇光、张之锐等人《都察院代递候补道易顺鼎等条陈时务呈文折》。[③] 四月十日，又有新野、唐河等地的河南在京举人及小京官联名呈请都察院代奏，要求大张挞伐，以伸国威而顺民情。[④]

河南举人王锡彤，参加了光绪二十一年的科举，他在日记中记载当时公车上书的情景：

> 当国家危乱时，士君子愤激击搏，不暇顾忌。识者虽危其身，然未尝不钦其忠也。清则不然，满京城上下充满求官待缺之人。忽焉黄报纸上载，谭嗣同、林旭、刘光第、杨锐参与新政矣，忽焉梁启超赏六品衔社译书局矣，忽焉御史杨深秀奏变法矣。于一班望官缺如，岁之万人中有三五人越格超升，且将其磕头请安得来之资格，有岌岌不保之势，舆论喧呶，丑言百出。[⑤]

王锡彤甫到京师，因为在乡中有相当影响力，被诸同乡约集上书，并被推为主稿人。王氏不得上书的要领，“问其预言何事，则以保守八比取士法对，余大笑不可仰。某日到某会馆，约人联名。其人曰：‘何事，妓馆打架耶’？满堂哄笑，此议遂罢。不久朝议忽变，康、梁遁逃，康有为

① 开封市地方史志编纂委员会编:《开封市志》第七册，北京燕山出版社，2004年，第27页。

② 刘卫东、高尚刚:《河南书院教育史》，中州古籍出版社，1991年，第308页。

③ 中国史学会主编:《中日战争：4》，新知识出版社，1956年，第68页

④ 王天奖、庞守信、王全营、冯文纲:《河南近代大事记1840～1949年》，河南人民出版社，1990年，第93页。

⑤ 王锡彤:《抑斋自述》，河南大学出版社，2001年，第58页。

弟广仁与谭、林、刘、二杨均问斩，因累降革者又数十人，八比法亦遂不废。”可见，河南籍人士对公车上书活动参与度不高，亦无相当有力之组织者。事过十年，王锡彤对当年的上书与变法事宜做了较为客观的分析：

> 戊戌政变使（慈禧）太后不为阻挠，中国果可坐致富强乎？曰：是未可知也。世界文明，曩例以赤铁得之。大陆国民又不比岛国富于冒险性者，凡祖宗家法、圣贤遗训，左右贞良直谏之臣，远近忠君爱上之民，举足阻新政之进行，不仅护持权利，决不稍让之宵小也。当日变法诸臣殆未足以语此。使光绪帝果一意孤行，纵无太后阻之，亦恐别生纷扰，甚至祸生肘腋，反较幽囚更甚者。果之生摘者不适于口，余盖从阅历中而深信不疑也。[①]

1898年4月，康有为等在京组织保国会以推进维新变法运动，一些豫籍官绅，如祥符顾璜、汲县何兰芳、固始秦树声等也参加在内，共商强国保种、变法图强之策。[②] 地方士绅中，孟津人王人杰曾赴京参与戊戌变法，后以变法失败匿居乡里，从山东东阿周世臣先生习考据学。[③] 但在河南省内，直到戊戌变法进入高潮，无论是官场还是士绅阶层，都没有什么反响。光绪二十四年（1898年）戊戌，清廷谕示各省办中学，河南巡抚遵照兴学诏书后，在开封宋门外大王庙后划出一片空地，于四界树立上几块“河南中学堂地界”的石条，借以应付差事，实际上并没有开办。[④] 这些，充分显示了河南的闭塞和后进。

---

① 王锡彤：《抑斋自述》，河南大学出版社，2001年，第140—141页。

② 王天奖、庞守信、王全营、冯文纲：《河南近代大事记（1840～1949年）》，河南人民出版社，1990年，第96页。

③ 赵长海主编《河南辛亥革命人物传略》，大象出版社，2012年，第384页；陆衣波：《王北方先生事略》，《洛阳文史资料》第11辑，1991年，第120—121页。

④ 《清季各省兴学史：十四·河南》，胡石青君（汝麟）复讯，《近代中国史料丛刊续编》第66辑，台湾文海出版社，1979年，第186页。

第二章　以新政之名：清末十年变革与绅权扩张

在清末新政中，河南士绅顺应时局，不但成为里社、乡团的首领，承担地方公共职能，并且在新政和地方自治的制度更易中，获得更大的权力空间、合法性基础和制度性保障。正如周锡瑞所论：“新政中地方自治会和较早的地方绅权设置之间，存在着意味深长的延续”。[①]清末十年变革中的绅权扩张之盛，也诚如郑起东所言：“明代绅权之盛令人咋舌，清季士绅似不如明代嚣张，然在后期，其专横拔扈实不让明代。”[②]

第一节　河南士绅与晚清新政

20世纪的河南，随着外国侵略势力的逐步深入，民众与侵华列强的矛盾日益突出起来，在此基础上发生的反封建和反侵略斗争成为清季河南社会的重要内容。光绪二十七年（1901年）一月，清政府下令实行“维新新政”，借以摆脱日益棘手的中外危局，维护和强化清王朝的专制统

① 周锡瑞：《改良与革命：辛亥革命在两湖》，中华书局，1982年，第111页。

② 郑起东：《转型期的华北农村社会》，上海书店出版社，2004年，第4页。

治。此后，“新政”的一些措施在河南持续展开，为绅权扩张提供了历史机遇和活动空间，也使河南士绅阶层在科举废除后实现前所未有的分化。

一、科考废除与河南士绅

光绪三十一年（1905年），清廷发出上谕，“著即自丙午科为始，所有乡、会试一律停止，各省、科考试亦即停止”[①]。科举停废是20世纪初年最震撼人心的事件之一，严复说：“此事乃吾国数千年中莫大之举动，言其重要，直无异古者之废传统，开阡陌。”[②]作为晚清新政的一项内容，废除科考引起中国社会一系列反应和变革，它的废除对近代河南社会，尤其是对士绅阶层带来深远影响。

从积极意义上而言，科举考试的废除，打破了传统儒学的一统天下，使西学得以广泛传播，改变了士绅阶层的知识结构，把他们从空疏无用的旧学中解放出来。河南耆儒李敏修，曾主张学术救国，且坚信六经可以救国。在科举废除前，他所谓学术主要是经史与理学。其在《毋自欺斋文字纪年》中说：“吾少时是从陆王入手，后读书多，方知其不如程朱，陆王是旁径”。科举废除后，李敏修开始接触西学，后对人说：“若深闭固拒，不屑采人之所长以补我之所短而坐以待瓜分之祸，智者不为也。不过不可以趋西人为止境而。”又说：“土地生材不以地限，欧美之间，日进文明，故常有豪杰者生于其间。余非醉心欧美，然中国先王之道百无一存，而欲闭目塞耳以为收息邪距诐之功。正当求其是而去其非，折衷以先王道耳。”[③]

科举废除，使不少士子从传统学术里面逃离出来，开始接触西方科学技术和文化。固始詹生堡在科举废除后，于南溪梅子河设“散馆”教学，不承袭旧塾师的做法，初一、十五不再强求学生拜孔子牌位，废除打戒尺、罚跪香等体罚方式，招生男女学生同馆读书，还邀请有西学基

① 《光绪政要》卷三，第57页。

② 严复：《论教育与国家之关系》，《东方杂志》，1905年第2卷，第3期。

③ 李敏修：《毋自欺斋文字纪年》，撰写日期及刊刻时间不详。

础的朋友来馆讲授自然科学知识。[①] 甲午一战，日本打败中国，给国人以强烈震撼。士绅刘家模写到："方今天下强邻虎视，中土已成积弱之势，人心激愤久矣。每言及中东一役，莫不怆然泪下。"[②] 由于"费省、路近、文同"等诸多因素，河南留日学生与日俱增。光绪三十一年，河南抚院拟"选派文学生二百人，武学生一百人分赴日本学习应用专门，及陆军、政治、师范速成各科，以五年、三年为毕业期限。二者兼营并进，庶终有学校如林，人才辈出之一日。"[③]

科举制的废除及近代教育的建立，促使河南士绅阶层关心国事，参与民族救亡运动高涨。1904 年 12 月，郑思贺在开封创办河南第一所私立中学——知新中学，除传习传统经儒之学外，对西洋之学亦有讲授。同月，河北道士绅开办中等实业学堂和沁阳蚕桑学校，倡导实业救国；1905 年 5 月，开封诸学堂士子聚会演讲，开展抵制美货运动，反对美国限制华工办法；1906 年 3 月，省内士绅李敏修等人筹划组建河南学会，招集同志，研讨改良新学及救亡图存之法；1907 年 1 月，留日豫籍学生撰文号召豫人自筹款项筑铁路，力保矿权；1908 年，河南绅界数千人在开封成立铁路议事会，筹备款项自办修筑铁路事宜；1909 年 5 月 15 日，绅学商界五千人在开封小行宫开会，商讨抵制英国福公司在内地专享卖煤权办法，省垣士绅李敏修等电豫籍京官，要求取消福公司在河南攫取的矿权。河南旅沪同乡会、河南留日同乡会、各县士绅代表群情激奋，在开封成立"国民协会"组织，力争利权，并选举评议员 12 人，致电省宪、外务部，竭力拒绝福公司内地售煤，联络各地新学堂学生集会演说

① 申志诚、孙增福、张振江、刘卫东：《河南近现代教育史稿》，河南大学出版社，1990 年，第 61 页。

② 刘家模：《刘楷堂卷移》，李敏修等纂《中州文献》，撰写日期及刊刻时间不详。

③《抚院部陈奏陈豫省扩充学校，派遣出洋，拟请变通效请奖章程，以助经费折》，《河南官报》，第 53 期，1905 年 8 月 15 日。

福公司在豫专擅之危害。[①]

从消极意义上讲，科举制度的废除带来几个严重的后果。一是科举制度废除，给社会带来严重的危机。当时，河南约有数万举贡生员，他们大多不工不农不商，不懂业生商贾。科举制废除，等于砸掉他们的饭碗，断绝他们的生路。许多下层士绅只有在乡间设帐授徒，舌耕度日。如学问、操守俱佳的河洛士绅杨伯峰，"故时伊洛师儒，其造就之广，无与抗衡者"。就是这样一位德高望重的乡间夫子，在得知科考即废以夷法试士后，喟然曰："吾不能也"。立遣诸生归，发愤郁郁，数年卒。[②]在一些贫困的山区更是如此，王锡彤在日记中写道："吾卫瘠区也，读书人多以教读糊口。自新学兴，而旧日之举贡生员顿失其业。[③]"

二是科举制度的废除，使士绅阶层失去对清朝王权的向心力。比如杜严、王敬芳等成立并领导立宪公会，以此作为河南立宪运动的发起和核心组织，上与袁世凯勾连互通，下与各县士绅集会商议，有力推动立宪运动的开展。士绅阶层中的一小部分人由于对清朝统治者失去信心，干脆投身民主革命。如杨勉斋进士及第后分发刑部不就，回乡兴办教育进而投身革命，其他如刘纯仁、任芝铭等均为有旧式功名的省内名绅。

三是科举制度的废除，促使士绅阶层文化心理发生转变。鸦片战争失败后，中国每一次与列强交锋，几乎都是以失败屈辱而告终，国人自信心由此一点一点崩塌。戊戌政变后，西方资本主义民主学说和科学书籍被大量译介。它们开阔了河南士绅的眼界，提供了改造河南的新式武器。王锡彤、李敏修在北京购得泰西译本约数十百种，捆载而归，遂成"经正书舍"，在河北三府绅学界影响颇大。[④]商丘井俊起，"于中西实务

① 王天奖、庞守信、王全营、冯文纲：《河南近代大事记（1840～1949年）》，河南人民出版社，1990年，第111—131页。

② 高祐：《黄先生杨先生传》，载《嵩洛草堂遗编：第一卷》，中州古籍出版社，2014年，第58页。

③ 王锡彤：《抑斋自述》，河南大学出版社，2001年，第126页。

④ 王锡彤：《抑斋自述》，河南大学出版社，2001年，第59页。

书，尽力搜求，尽力涉猎，不愿为旧学所束。”① 新蔡刘粹轩等人得西人笔算、化学、物理各书，研读最勤。于泰西宪法、外交、理财、哲学各书，无不博览。② 与此相对，传统学术在读书人心目中的地位一落千丈。李时灿在《来薰堂文钞》中说：“世风不古，后生小子能举一二新学名词，辄将其累世所守学粹介毛视之。”③ 多数士人夫引理学为耻，鄙视理学成为士林风气。洛阳高祐在写给友人的信中坦言：“新旧学之冰炭水火，执事所洞鉴。孔孟程张固旧学之渊海，而世之大诟病者。”④

四是科举制度的废除，导致传统文化资源与现实社会发生断裂。科举考试不但是传统中国的人才选拔制度，也是中国文化制度的核心所在。开科取士虽名额有限，然而绝大多数士人仍滞留在社会下层，成为文化的传播者，发挥文化普及的作用。不少士人在屡蹶科场后，以设馆授徒为业，在乡村束脩借口的同时亦广泛传播儒家文化。由于科举废除，士绅阶层在清末出现大规模分化，其方式、性质各不相同，呈现多元化的趋向。以中国四民社会的等级秩序而言，只有入仕为官才算是顺向流动，但在清末，更多的士子却是逆向而行，流向工、商、军、学等其他领域。从文化史的角度而言，它一方面反映儒学所维系的“四民社会”秩序正在解体，儒学已不能适应变革的时代；另一方面也意味着，随着士绅阶层的分化，儒家文化丧失自己的生命力，必将无可挽回地衰败下去。

当然，科举制度的废除，对中国社会造成的影响还在于士绅责任感缺失、社会道德风气的败坏、新老教育发展与衔接存在问题等⑤。但是，若从传统四民的结构而言，士绅群体无疑是受科举废除冲击最大的一个

---

① 井俊起：《雪苑憨叟忆往》，载《河南文史资料：第35辑》，1990年，第6页。

② 张山甫：《刘粹轩年谱》，载《河南文史资料：第39辑》，1991年，第6、7页。

③ 李时灿：《来薰堂文钞序》，陈铭鉴纂，李毓藻修：《西平县志》，1934年铅印本，第1238页。

④ 高祐：《黄先生杨先生传》，载《嵩洛草堂遗编：第一卷（散文）》，中州古籍出版社，2014年，第318页。

⑤ 张昭军、孙燕京主编《中国近代文化史》，中华书局，2012年，第139页。

阶层。有论者指出，由于科举制度在1905年的废止，从而使这一年成为新旧中国的分水岭。[①]对士绅阶层而言，科举废除可谓中国数千年来“前所未有，后无罔替”的大事件。它标志着一个旧时代的结束与另一个新时代的开始，美国学者罗兹曼甚至认为，废止科举考试的意义超过辛亥革命，其划时代的重要意义不亚于1861年沙皇政府的废除农奴和1868年日本明治维新后的废藩。[②]也有论者指出，其对中国社会的影响莫过于道统与政统的两分，人的上升性社会变动取向随之而深刻改变。读书人社群在边缘化，边缘知识人在兴起。[③]当然，对中国广大的乡村影响更加深远而广泛：办学主体由私向公的转变，减弱了民间办学和就学的积极性。新学制的弊端，导致读书人数量不断减少，拥有新知的学生群体已经不能融入乡村而流向城市，城乡差距逐步加大，留在城市的知识人和失去读书人的乡村都成为科举废除制度的受害者。[④]

二、民变、教案与河南士绅

鸦片战争以后，河南曾经涌现出两次民变的高潮：第一次出现在十九世纪五六十年代，即太平天国和捻军起义时期，后一次出现在20世纪开初的十年间，即辛亥革命前期。相关论著对第一次民变高潮作了较多的论述，但对后一次民变高潮却着墨不多，对河南士绅参与期间的活动也语焉不详，有进一步梳理分析之必要。[⑤]

此一阶段农民的反抗斗争绝大多数是围绕抗粮、抗捐，反映出义和团运动以后清王朝加重盘剥而引起人民群众与清王朝矛盾的激化。值得注意的是，民变参与者绝大多数是非武装的乡村民众，“聚众要挟”，或

① 萧功秦：《从科举制度的废除看近代以来的文化断裂》，《战略与管理》1996年第8期。

② [美]罗兹曼：《中国的现代化》，江苏人民出版社，2003年，第11页。

③ 罗志田：《清季科举制改革的社会影响》，《中国社会科学》1998年第4期。

④ 罗志田：《科举制废除在乡村中的社会后果》，《中国社会科学》2006年第1期。

⑤ 陈传海、徐有礼：《河南现代史》，河南大学出版社，1992年，第12页。

砸毁衙署局卡，并不包括拿起武器冲击半封建半殖民地统治基础的农民武装——也就是统治阶层所说的“匪”。与第一次民变高潮显著不同的是，农民首领在民变中一般担任发起和领导者，而士绅多在反对洋教或者争夺利权中充当主角。胡思庸的研究表明，南阳联庄会的首领，原来多为地主士绅阶层，随着斗争的高涨，已被农民控制。① 豫抚于荫霖在奏折中称：“近以比岁不登，饥困之余，刁徒煽诱，是以盗风更甚，劫案尤多……各省散兵溃勇，入境肆扰。”② 陈夔龙在1903年的奏议里亦称：“豫民托减粮以抗官，假联庄会以聚众。一邑如是，各邑因而生心；此处甫平，彼处效尤而起。”③ 他分析个中原因说：“豫省绾毂中原，五方杂处，外来会匪勾结地痞游民，平日伏莽甚多，民气已形不靖。”④ 地方志书对农民抗粮斗争也多有记载，1903年，清廷巧立名目，施行“钱粮改章”，郏县县城东部几十个村庄的民众到县衙进行“罢耕抗捐”斗争，迫使知县吕相增呈报上宪免去增加的赋税。⑤ 1907年，汝州乡民因“年景不好，收成不丰”，当局催纳租税甚急，乡民聚众万余在州衙骚然抗上。

这一时期河南“民变”的第二个特点是大多数民众提出“扫清灭洋、兴汉灭洋”等口号，把斗争矛头指向帝国主义及清朝政府。义和团运动初期，河南和山东、河北等毗邻省份一样，参加者大部分是青少年村民，斗争锋芒主要指向西方列强。与直、鲁比较而言，20世纪初期的河南义和团，有两点值得注意。一是组织成分上，成员比较单纯，基本上是乡村民众，士绅参加者寥寥，地方官府也力主镇压，拒绝与之联合。这是因为与河南相邻的江苏、山东、湖北等省，受到袁世凯、刘坤一、张之洞等的严密控制，并且是“东南互保”的省份。这些人秉承列强旨意，

① 胡思庸：《胡思庸学术文集》，河南大学出版社，2013年，第335页。

② 于荫霖：《悚斋奏议》卷8，第8—10页。

③ 陈夔龙：《庸庵尚书奏议》卷3，第4页。

④ 陈夔龙：《庸庵尚书奏议》卷3，第21页。

⑤ 中共平顶山市委党史研究室：《平顶山革命史概览》，中共党史出版社，2007年，第232页。

不断给豫抚施压，尤其是湖广总督张之洞，他接二连三地致电豫抚裕长，要求“严饬各属认真保护教堂，勿稍疏虞”[①]，且多次派兵迎接由豫入鄂避乱的外国传教士。王锡彤注意到：“南省督抚均先与各国立约画疆自保，而切近畿辅之三省，独山东为可恃。则以项城袁公方为巡抚，虽屡奉朝旨，奖励义和团，而一皆匿之，惟日以剿匪为事。洋人敬之，不入山东界。其连接直隶之村镇，均大书山东界三字，尝一日夜扩张百余里。”[②] 此言虽有畏洋谄袁之嫌，但大体反映华北直鲁交界义和团活动地区的基本态势。二是河南义和团组织上比较松散，自发性比较明显。一般无人专门传授，也很少士绅大户出而主持，多在社会底层民众中传播，其声势颇为迅猛，但是缺乏统领民众的首领。聚集起事的时候，往往潮涌而上，事毕离去并无逗留和大的联合，可谓旋起旋落，来去如潮。

西方列强与清政府的双重压迫，使得义和团以后的河南民变发生变化，民间对洋教的排斥有增无减，甚至发生较大的教案，全省教堂被毁者据云十之七八。起事乡民组织秘密会社，打出“灭洋”和“反清”旗号，反映出下层民众对政府的失望。1906 年西平、遂平一带，仁义会首苗金生号召乡民抗官府暴政，以“扫清灭洋”为旗帜，其首领于行等均自称大都督。所过村庄但索食物，不掠财物。邻邑郾城、舞阳、遂平、泌阳均大震动。[③] 西华群众捣毁境内耶稣教堂；汤阴教民由乡民自相揭发，脱离洋教，焚烧教堂；内黄乡民焚毁教堂，哄抢媚外教民财产；辉县教堂及器具被附近乡民毁损、分取。[④] 黄河以北诸县民风彪悍，一些低级功名的士绅也参与其中，会堂声势颇大，而且涉及到清廷所惧怕的“洋人”，故而清政府格外重视，特命直隶总督袁世凯查复有关情况，袁

① 1900 年 6 月 18 日致裕长电，张之洞：《张文襄公电稿》卷 36，全国图书馆文献微缩复制中心，2005。

② 王锡彤：《抑斋自述》，河南大学出版社，2001 年，第 80 页。

③ 李毓藻修，陈铭鉴纂：《西平县志》卷 38，1934 年北平文华斋铅印本，第 8—9 页。

④ 王天奖、庞守信、王全营、冯文纲：《河南近代大事记（1840 ～ 1949 年）》，河南人民出版社，1990 年，第 101-117 页。

氏回奏说："河北三府，彰德有在园会，怀庆有长毛教，卫辉有票匪，广散旗布，新乡尤盛，头目多生员通文理者充之，以能抗洋人为宗旨，人各有票，煽惑日众，武陟之东乡，安阳之东关，夜聚明散，辄数千人一节"。[①] 豫南正阳，光绪三十一年春，城关各店乡村有入大刀会一名在元会者，煽惑邑民，反抗官府，攫取富贵，昏狂士绅，有加入者。[②]

清末十年河南"民变"的第三个特点是它同晚清新政相互纠葛伴生，绅民冲突呈现出日益频繁和激烈的趋向。晚清新政尤其是地方自治推行中，士绅被推向社会权力重构的中心，并逐步形成绅权相对集中和扩张之势，而这种集中扩张构成民变中绅民冲突的制度性根源。

民变的主因是来自中央的摊派和省内筹办新政的经济压力。河南财政在 19 世纪七八十年代，基本上还能收支平衡，甲午战争后，局面丕变。每年协济甘肃军饷银 61 万两，协济京郊武卫军银 12 万两，摊交外债本息银 50 万两，致使河南财政捉襟见肘。20 世纪初，清廷命河南每年摊解银 90 万两以供赔款专用，后有加派分摊练兵经费年 40 万两（河南实际认解 30 万两）[③]。出洋考察经费 5 万两，海军开办经费银 64 万两（分四年解清），海军常年经费 8 万两。慈禧、光绪等一行庚子年 10 月底、11 月初至郑州，旋入开封，12 月 15 日离汴渡河北上，全省迎接"回銮"花费银 187 万余两。[④] 为支应上述强摊巨额财政支出，1903 年巡抚陈夔龙陈奏说："本省可筹之款，频年搜刮一空"。[⑤] 如今又开办各项新政，随后筹办预备立宪事宜，无论是兴建新学、劝办实业、派遣留学生，还是编练新军，购置新式军备，又增加巨额开销，光"练兵"一项，常

① 袁世凯：《养寿园奏议辑要》卷 31，《查复河朔会匪情形折》。

② 王玉丰主编《重修正阳县志（点注本）》，中州古籍出版社，2015 年，第 95 页。

③ 王天奖、庞守信、王全营、冯文纲：《河南近代大事记（1840 ～ 1949 年）》，河南人民出版社，1990 年，第 103 页。

④ 王天奖、庞守信、王全营、冯文纲：《河南近代大事记（1840 ～ 1949 年）》，河南人民出版社，1990 年，第 104 页。

⑤ 陈夔龙：《庸庵尚书奏议》卷三，第 16 页。

年军饷（不含创建费用）就需要银100万两，加上旧军军饷，年需190万两，“用款浩繁，实为向年所未有”。[①]

清季朝纲弭弛，羁縻既除，改良自治诸事宜，官员倚士绅为左右手，绅权大张而无所拘束，传统重义、轻利、乡情观念淡化，遂导致道德滑坡，士绅已有劣化之趋向。豫籍留日学生注意到，新政时期河南之绅，与十数年前之绅，即有很大不同。[②] 事实上，作为乡村社会的主导阶层，士绅在维护乡村秩序的过程中，关注更多的则是自身利益。1910年叶县因办新政无款，议定由各乡集款，主持筹款的士绅赴各乡劝导、演说自治裨益，另一些士绅则起来反对，后者用民众的实际处境进行比照，指出从前车马差使，连正项每亩钱才130文，今则每亩加至320文。从前不办新政，百姓尚可安身，而今办理自治、巡警、学堂，无一不在百姓身上设法。乡人大哗，立时聚集一二万人反对增加捐税。[③] 巩县（今巩义市）知县张书绅假少数士绅之手，将新旧提款一万六千余两意图吞蚀，新学堂学生纠集合州绅民哗然抵制，拦守衙署及城门十昼夜，几酿事变。[④]

还应该看到，民变以动乱的形式为资产阶级革命创造了条件。历史事件和群众运动常常互为因果，这些民变大都是清王朝为筹集新政费用、摊派捐税而引起的。历史的诡谲之处在于，参与民变的这一部分士绅多不同于受近代西方启蒙思想影响的激进革命党人，他们的思想和认知比较陈旧，其组织和策划的民变一般只是在体制内抗争，并非要推翻清朝统治。在革命与改良的对峙中，晚清豫绅和底层乡民一样以自己特有的方式作出选择。

① 甘厚慈：《北洋公牍类纂》续编，卷十一，1910年刊本，第31页。

② 袁世凯：《养寿园奏议辑要》卷31，《查复河朔会匪情形折》。

③ 王天奖、庞守信、王全营、冯文纲：《河南近代大事记（1840～1949年）》，河南人民出版社，1990年，第138页。

④ 陈善同：《奏参河南巩县知县张书绅片》，《陈侍郎奏稿》卷二。

三、士绅觉醒与晚清新政

道咸以后，外患日亟，对西学有所认识的少数豫绅，渐有觉醒态势。强敌环伺，外患日亟，是士绅觉醒的原因之一。汲县士绅王锡彤在京城听到甲午战败的消息，顿感“朝野有志之士群焉耻之。……当国家危难时，士君子愤激击搏，不暇顾忌”。遂于京城购得中西图书约数十百中，成立经正书舍，研读实学。[①] 豫东士子井俊起戊戌之后，“阅沪报无间断，对于时政异常注意，且时发言论，以抒意见，对于八股文集律赋、试贴诗，不愿多做”。辛丑条约后，“时邮政畅通，上海新出书报、杂志甚多，设法购求，与孙伯实、陈逊廷等协商分办，共同讨论，见闻日广。”[②] 激烈者如新蔡刘粹轩，本在乡设馆授徒，教学相长，“自戊戌政变、庚子联军而后，对外患深为痛心，以为奇耻大辱，国民急须自强。满清政治腐朽，且系异族，明季入关，窃据中国，为汉族公敌。戴满清为君，实认贼作父。中国者，中国人之中国。打破旧日君臣之说。改革思想，从此确定。”[③]

民权思想的鼓吹，为士绅觉醒的第二个原因。清季鼓吹民权的功臣首推梁启超，他所主办的《时务报》《政论》等报，不仅为西方民权思想介入的重要媒介，而且还成为当时国民行动的重要指针。河南的进步士绅阶层，很多人都受到他的影响。李时灿、王锡彤、高幼霞等汲县士绅创办读书学社，社员争相传阅《时务报》，对维新派的论文和主张、欧美政法、世界大事等方面的文章尤为注意。[④] 新蔡举人刘粹轩，读《饮冰室文集》及梁氏诸文后，认为“于一时开通河南风气亦有力”，尝自励曰：“西贤卢骚、葛苏士、华盛顿辈，以一布衣，志之所至，使民权伸

---

① 王锡彤：《抑斋自述》，河南大学出版社，2001 年，第 58 页。

② 井俊起：《雪苑憨叟忆往》，《河南文史资料：第 35 辑》，1990 年，第 9—10 页。

③ 张山甫：《刘粹轩年谱》，《河南文史资料：第 39 辑》，1991 年，第 6 页。

④ 申志诚、孙增福、张振江、刘卫东：《河南近现代教育史稿》，河南大学出版社，1990 年，第 27 页。

张。中原男儿何遽不渠若？”[1] 光绪三十三年（1907年）二月，开封士绅编印《与舍学报》。明确宗旨在提高“人民程度”，使达“民权立宪”。[2] 该报在第七期以后，增列“新闻门”，排在每期的第一页，在晚清言论控制严密的情形之下，对宣传民权宪政思想也起到一定作用。

士绅觉醒的原因之三是国外留学生的推动。河南士子海外游学，光绪三十一年（1905年）以前，数量还以零星的个位数出现。[3] 晚清十余年间，豫省官、自费留学生总数应超过200人。[4] 至于留学欧美，那是民国以后才有的事情。留学归来的学生，或主张共和，或鼓吹立宪，至少是对西方的民权政治有所认识。[5] 这些游学归来的学子，多数有传统的功名或新式学堂背景，[6] 学成回省后，颇受豫省抚院优待：“实缺调尤为繁要之缺，愿留本任者听。候补无论正署外奖，各就本班尽先委署，仍不积本班之缺。其有才学卓越者，届时指名详请破格补用。”[7] 归国后，无论供职于政府，还是从事新式教育、实业，还是其他新式职业，他们不仅对民间觉醒的士绅易表同情，而且常能左右主政者的视听。河南官绅学界的请开国会、请求预备立宪请愿活动，居间起核心作用的多是留日归国学生，谘议局议长杜严、副议长方贞等人即是清廷选派的官费生。1910年，河南士绅56人呈请资政院代奏，请求开放党禁，一时影响颇

① 张山甫：《刘粹轩年谱》，《河南文史资料：第39辑》，1991年，第7页。
② 《与舍学报公启》，《与舍学报》，1907年1月，第一期，第一版。
③ 杨晓军：《近代河南留学生群体特征探究》，《兰台世界》2015年第1期。
④ 王守谦：《血沃中原：辛亥革命在河南》，河南人民出版社，2011年，第42页。
⑤ 清季河南留日学生多习农、工、师范、法政等科目。见《选派正班官员赴东学习法政速成科文并章程》，《河南官报》，1905年6月25日，第43期。
⑥ 如巩县选派留学生四人赴日留学，其中王敬芳、张仲友、宋景裕为举人，张镜铭为秀才。见张静吾：《五十年沧桑录》，《河南文史资料：第21辑》，1987年，第54页。
⑦ 《河南课吏馆遵饬会议选派正班官员，赴东学习法政速成科文并章程》，《河南官报》，第四十三期，1905年6月25日。

大，士林哗然。[①] 为首者即为河南留日归国学生巩县人王敬芳。

士绅觉醒的第四个原因是教育的改良与普及。1902 年学堂章程颁布后，新式学堂教育逐渐得以扩展。作为首善之区的省垣开封，“在光绪二十八年（1902 年）夏间，时阅五周，而教育未甚推广，省城仅一仕学馆，有官无绅，殊甚缺略。非尽任事之不力，亦由民智锢蔽，开通较迟。盖自三十年颁定章程，停罢科举，创设学务处以为总汇之区，而后趋向始定。”[②] 1906 年，清廷下谕：各省督抚应督饬所属，速建学校。此谕导致河南城乡学校及学生人数直线上升。宣统元年（1909 年）已办至 80 余所，毕业学生 4800 余名，在校生尚有约 5000 名。各种小学前不过 200 余所，学生不过 6000 名，宣统元年业已办至 2400 余所，已毕业学生 1400 名。初等小学毕业，尚有学生 55000 余名。教育会、宣讲所、女学堂皆前所无者，至宣统元年均陆续办齐，逐渐推广。[③] 宣统元年，河南新式学堂学生人数与全省人口比较起来，比例为万分之二十四，[④] 远低于万分之三十九的全国比率，[⑤] 然而较之从前，已增加甚多，实属不易。

士绅觉醒的原因之五为民族思想的扩展。河南民族思想的萌发与蔓延，报纸的力量不容忽视。时人曾评价：“河南民情，很是古朴，大概深居内地，未能一律开通，上宪创办报纸，设立学堂，近来已有文明气象，然而还没有普及。要办一件最容易感化的事，想让河南全省的百姓一下子都成了明白人，你道用什么法子？我想没有第二个法子，还是办

① 《河南士绅呈请开释党禁书》，《时报》1910 年 12 月 1 日第 1 版。

② 《详报光绪三十二年年终豫省办理学堂情形文》，《河南教育官报》1907 年第 37 期。

③ 《详覆抚院宣统二年六月以前主管学务事项折呈请核文·折附》，《河南教育官报》1910 年第 75 期。

④ 根据侯杨方的统计，宣统河南总人口 26898430。见侯杨方《中国人口史》，第六卷，复旦大学出版社 2001 年，第 239、241 页。截至宣统元年，河南新学堂学生人数为 645709 人。见《河南教育官报》第 64 期，转引自河南省教育志编辑室编《河南教育资料汇编》（清代部分），河南师范大学印刷厂，1983 年，第 13、73 页。

⑤ 张玉法：《清季的立宪团体》，北京大学出版社，2011 年，第 61 页。

报。”[①] 论者呼吁热心士绅君子拿起报纸，赶紧尽义务对国民进行演说，劝得人人有奋发的心肝。只有懂得阅报的好处，“跟他讲忠君爱国的道理，实业的法子；将目下强邻四逼，内地人民，没有人知道。再不提醒他们，这就不堪设想。”

其他方面，如西方传教士的活动、学会社团的兴起等，对民智的启迪和民气的鼓吹，都有极大的贡献，不再一一赘述。士绅觉醒的原因至为复杂，前述种种，多因果交互影响，如有些人因觉醒而提倡新学，有些人因接受新学而觉醒，提倡新学为觉醒的结果，接受新学又可视为觉醒的原因。

觉醒以后的士绅阶层，积极参与到清末新政之中，成为这场由官方主导、自上而下改革的中坚力量。清末河南新政，由于主政者仿照他省者多，自我创新者少；被动执行朝廷旨意者多，主动开拓者进取者少，而饱受诟病。这场新政由于积压过久，来势太猛，在资金极度缺乏、人才极度匮乏之下，把大量的人力、物力、财力投入到非营利的新军、警察、官制、教育等方面，一方面经济建设缺乏必要的资金支持，经济发展受到极大限制，另一方面新政所需款项经官绅盘剥层层加码，且尽出于民间，竭泽而渔的结果反而加速统治者的灭亡。[②] 与巡抚在新政中被动执行不同，地方士绅在新政中的积极性明显高于前者。他们创办地方实业、新式学堂、报纸，参与地方自治、争夺路权、教育改革、社会改良，甚而通过参加谘议局和资政院的政治活动和国会请愿运动，在制度框架下攫取利益的同时，绅权扩张之势丝毫不输道咸甚而晚明时期。

作为清末新政的一部分，创办新学或厕身其中充当教席是河南士绅在科举停废后最为常见的选择。随着新政的推进，教育行政机构随即建立，这为士绅参与地方学务提供合法性基础和制度化平台。在省垣开封，

① 《河南白话演说报敬告演讲诸君子》，《河南白话演说报》1906 年第 1 期。

② 陈德鹏：《晚清河南巡抚研究》，中国社会科学出版社，2017 年，第 366 页。

设学务公所，为全省教育行政之总机关。[①] 延聘议长一人，议绅四人，皆仿直隶前例。李敏修为学务公所议长[②]，王静波为高等学堂监督。大抵由日本留学生推荐，又由同乡京官推荐。所荐者李敏修、王静波、史小周、张嘉谋四人。[③] 省级学绅一般为高级功名者，如上述学务公所四名议绅中，前三人为进士出身，张氏为举人。地方兴办新学者，则多为拥有低级功名的士绅或新学堂毕业生。新成立的河南学务公所还制定章程，对员司职任、办公时间、文牍经手、六课权限、月薪额数及支应、进退升黜等进行了严格规定。[④] 制度的建立、经费的保障，有利于河南近代教育的进步，促进了新式教育的发展和转型。

晚清新政的推行，还催生了河南绅商阶层的产生。此谓绅商，系指那些既有职衔或功名，同时又兼营工商矿业的社会阶层。他们集绅与商的双重身份于一身，上交官府，下通工商，成为官商之间的中介、联系城乡的桥梁，对河南经济社会发展起着一定举足轻重的作用，同时又是早期工商资产阶层的“原型”和“本态”。[⑤] 对绅商的研究，陈旭麓先生极为看重，认为“绅商和乡绅是官与民的中介，前者多在市镇，后者多在乡村；前者与工商结缘，后者与宗法、地租联姻。研究绅商可以捕捉到中国近代社会的脉络。[⑥]”晚清新政中，清政府提倡振兴商务，奖励实业，工商业者凭借资财即可获爵加官。随后，又饬谕各州县设实业学堂，组建公司，颁发《实业社会章程》，力促实业发展。其有关条令和举措虽说大多是“应付功令”的官样文章，或旨在筹裕银饷，但毕竟为河南各种“实业”的举办创造了较好的环境，一定程度上起到“开启民智，鼓舞商情”的作用。

---

① 《河南学务公所章程》，《河南教育官报》1907 年第 1 期。

② 王锡彤：《抑斋自述》，河南大学出版社，2001 年，第 125 页。

③ 王锡彤：《抑斋自述》，河南大学出版社，2001 年，第 125 页。

④ 《河南学务公所章程》，《河南教育官报》1907 年第 1 期。

⑤ 马敏：《晚清绅商与近代经济发展》，《中国经济史研究》1996 年第 3 期；《“绅商”词义及其内涵的几点讨论》，《历史研究》，2001 年第 2 期。

⑥ 陈旭麓：《陈旭麓文存》，上海人民出版社，1990 年，第 1378 页。

第二节　“预备立宪”与绅权扩张

河南士绅在清末立宪中的政治参与，集中反映了十九世纪下半叶以来地方绅权的变迁。这种变迁可以视为太平天国、捻军以后，借团练而起的地方绅权逐渐扩大的历史延续，也反映这一阶层随着二十世纪初年文化教育、经济地位等一系列变动而来的政治角色的转换。深入观察、剖析预备立宪与绅权之间的关系，可以更清晰地了解晚清新政中绅权的扩张轨迹、士绅群体的蜕变、分化及其局限。

一、立宪派的构成及立宪请愿活动

清末立宪思潮的影响所及，就河南而言，不只是局限于新兴的“改良派上流阶层”，而是波及城乡士绅群体。核心人物，有汲县进士李时灿、新乡进士王安澜、辉县进士史筱周、偃师进士杨勉斋、巩县举人王敬芳、新蔡举人刘粹轩、南阳举人张嘉谋、邓县（今邓州市）进士彭运斌、汜水进士魏联奎等诸先生，“皆一时人望所归”[①]。他们大都接受过系统的传统教育，且多获得进士、举人等较高功名，或兼有官与绅的双重身份，有较高的社会地位，与传统主义和清王朝各级官吏有密切的联系，有的正在积极筹办铁路和厂矿，向民族资产阶级转化。他们频繁与外省立宪派呼应联络，鼓吹和宣传立宪派的政治主张，[②]大多以新学、新政相号召，对动乱和暴力革命有着天然的恐惧和逃避心理，[③]希望通过温和改

① 嵇文甫：《毋自欺斋文字纪年》，《河南民报》1946年11月8日。

② 潘长顺主编《江流天地外：郭仲隗、郭海长纪念文集》，河南人民出版社，1996年，第17页。

③ 贺跃夫：《士绅与辛亥革命》，《逻辑学研究》，1992年第5期。

良、渐进有序地实现国家近代化。

相较他省而言，坚持排满的河南革命党人，大都受教于新式学堂，接受西方资产阶层思想文化较多，出身和社会地位较之前者比较低微，即使有着旧式功名，也不过是秀才、附生之类，与清王朝较少或没有道义情感关联。这两派分别代表河南新型士绅群体的左右两翼，但彼此多身处学、商两界，其核心人物之间素有交谊；在政治思想上虽有分歧，但是在省内开展活动时，通常多能协助，较少敌对。如中州公学，即为两派共同合作筹办而成，有以排满为职志的革命党，也有以立宪为要求，倡导“不废皇室之尊严，而人民权利一切以宪法定之，君主无上之权威不能施”的温和立宪派，皆河南学界翘楚。[①] 在兴学、振兴实业、收回利权运动、倡办地方自治等活动，也都能彼此协力。直到武昌起义爆发，全国性的革命高潮到来，各派政治力量争夺政权趋向白热化，这种和谐共处的态势才有所改变。翻阅地方史料可见，除少数同盟会员利用《河南》杂志对立宪派口诛笔伐外，[②] 立宪派的请愿活动并没有受到革命派的过多干扰和阻挠。

河南受欧风美雨的侵蚀较晚且浅，经济文化较为落后，在立宪思潮的影响下，省内的士绅名流大多倾向立宪。在省垣开封，杜严、张中孚等人成立和领导立宪公会，以此作为河南立宪运动的核心，与各县士绅集会商议，以法政学堂、优级师范学校为中心，推动立宪运动的开展。这些立宪派士绅，利用地方自治结构、谘议局和资政院等政治平台，积极投身到参政议政和地方治理活动，而且在一定程度上受到下层士绅和新学堂学生形成的政治势力的挑战。为了维护对地方事务的控制和影响，他们不得不在立宪的大旗下联合起来，因而与旧日的绅权有十分密切的联系，反映了传统绅权在晚清新政下得以续存和扩张。

晚清河南各州县的立宪团体，因大多数只是见于报章和方志的只言

① 王锡彤：《抑斋自述》，河南大学出版社，2001 年，第 132、134 页。

② 韩五峰：《韩五峰自述》，《河南文史资料：第 30 辑》，1989 年，第 65 页。

片语，无准确的资料可查，因而其成员构成与政治活动均语焉不详。河南省谘议局当选议员的背景资料均为完整，可为研究立宪派士绅的构成和活动提供一个相对清晰的视角。关于各省谘议局的议员，已有研究已证明绝大多数具有传统功名。[①] 张朋园收集15省谘议局议员名录，发现15省1288名议员中，具有传统功名者占比89.13%[②]。检阅河南省档案馆官方档案《选举议员》[③]、《河南官报》(宣统元年第48—52期所载河南谘议局议员名单)、《东方杂志》(第6卷第10期附录载有河南谘议局议员名单)、《最近官绅履历汇录》[④]、《旅平河南赈灾会征信录》[⑤]等史料发现，河南谘议局的96名议员中有举贡生员及进士等正途科举功名者91人(其中进士9人，举人26人，贡生19人，生员38人)，其他出身不明者5人。[⑥]

以谘议局议员为视角，对清末河南立宪派群体进行考察，可以管窥此一群体的基本特征。

---

① 张玉法:《清季的立宪团体》，北京大学出版社，2011年5月版；张朋园:《中国民主政治的困境(1909—1949)：晚清以来历届议会选举述论》，吉林出版集团有限责任公司2008；张朋园:《立宪派与辛亥革命》，吉林出版集团有限责任公司，2007。

② 张朋园:《立宪派与辛亥革命》，吉林出版集团有限责任公司，2007年，第249—254页。

③ 河南省档案馆馆藏档案:《选举议员》，编号M-18-832。

④《最近官绅履历汇录》，系北京敷文社1920年编辑，共收录4764人，整理统计了全国政治、军事、教育、科技、工商、新闻等各个领域知名人物简历。时间基点为辛亥革命到五四前后，其中共列入河南籍官绅129人，占总人数的2.7%。

⑤《旅平河南赈灾会移送灾民垦荒就食办理赈粜征信录》，为河南省档案馆馆藏文献，旅平河南赈灾会系民国十八年十二月旅居北平的河南士绅为救济家乡灾民而成立的组织，征信录中记有通信地址和个人简历，可以从一个侧面印证部分谘议局议员身份。

⑥ 河南省档案馆馆藏档案:《选举议员》，编号M-18-832；《河南官报》，1909第48—52期;《东方杂志》，第6卷第10期；北京敷文社编:《最近官绅履历汇录》(1920年)；河南省档案馆馆藏文献:《旅平河南赈灾会征信录》(1929年)等。

他们是出身旧科举制度下的士绅阶层。议员94.79%皆具有传统功名，只有5.21%不具有功名背景。若从出身观察，进士占比为9.37%，举人27.08%，贡生19.79%，生员39.58%。按照张仲礼的分法，上层士绅（包括进士、举人和贡生）的比例为56.25%，下层士绅的比例为39.58%，上层士绅的数量明显高于下层士绅。[①] 与张朋园统计的15省数据作对比，河南省谘议局议员中进士有9人，为全国之冠；上层士绅的占比较之平均数高出2个百分点（15省平均数为54.35%）；功名出身者高出平均数近5个百分点（15省的平均数为89.31%）[②]，可见士绅阶层在晚清河南政治营垒中势力及影响之强大。

议员中已有一定比例的接受新学教育者。新学教育的类型，或为留学日本归国人员，或为国内中等以上学堂毕业生，或在自治研究班接受过短期培训。具有此类新知背景的议员，在晚清乃至民国河南政治舞台上虽为重要人物，但要获得相对完整的统计数字却非易事。一方面是资料匮乏，另一方面是受过新式教育者，同时又兼有传统功名的士绅依然看重后者。[③] 议员登记出身科第时，大多只填写功名职衔，而淡化或忽略新学堂学习经历。资料显示，96人中，确知有9人接受新学教育，其中日本留学者6人。日人井一三朗对全国各省谘议局据时观察，河南议员96人中有新知者，应有“三分之一之普”。[④]

议员中不乏曾担任政府职官者。据不完全统计，豫籍议员中具有传统功名的比例为94.89%，担任过政府各级职官者有20余人。9名进士议员任职主事、知府、知州（县）者不乏其人；举人贡生中，亦有不少出任知县、教谕、县丞等中下级官阶者；唯其生员议员，由于资格上的限制，大多没有获得官职。前两任谘议局议长杜严、方贞，均为进士出身，

---

① 张仲礼著，李荣昌译：《中国士绅：关于其在19世纪中国社会中作用的研究》，李荣昌译，上海社会科学出版社，1991年，第136页。

② 张朋园：《立宪派与辛亥革命》，吉林出版集团有限责任公司，2007年，第23页。

③ 王伟泰：《汴梁卖书记》，海豚出版社，2015年，第53—54页。

④ 井一三朗：《谘议局开设之状况》，《日本外务省文书》，M. T. 1.6，1，37。

且留学日本法政学堂。副议长张坤为进士，杨凌阁、张嘉谋均为举人出身，在地方士绅中颇具人望。张坤曾担任河南高等学堂监督；杨氏曾任固始教谕、受聘明道书院任监院，是豫东著名教育家和理学家。[①]

议员年龄大多四十余岁，且多出身富庶之家。受资料所限，河南96名议员的年龄记载大多不详，但“民选”资政院议员及“钦选”议员的资料较为全面，从他们的年龄可以推知本省谘议局议员的年龄结构。前述八名议员的平均年龄为43.5岁，与其他省份议员的平均年龄43岁相差不大[②]，亦可知河南谘议局议员年龄应在四十余岁。谘议局议员的选举人资格，五项中具其一即可当选[③]，其中有“在本省地方有五千元以上之营业资本或不动产者”之规定。由于候选人大多不愿以资产登记，财富一项在资料中最为缺乏。河南谘议局议员既然大多出身士绅阶层，其富有和显贵，概不是虚言。

根据清廷《谘议局章程》之规定，河南把选民资格定于占人口为百分之0.42的少数士绅[④]、地主、商人、官僚以及一部分上层资产阶层、小资产阶层。加之各地士绅豪强把持舞弊，豫省历史上第一次“民主选举”显得差强人意。有报纸介绍豫南选举记曰：“商城将宣统元年五月初一定为初选期，复选期七月初一，初选应得十七人，以七十五票当选。共有选举权票二千七百余票。然大半浮报，实数不及一半。有六岁幼童占选举票者，有一商家店号、堂号分置各占选票者，有向嗜鸦片而得选票者。总之，公事向有士绅把持，此次调查，均听各董指挥，挟私浮报，罔顾定章，其浮冒之票收执分派私人投递，如周晋三一人挟票300余。初选定后之复选，须先行抓阄以定去留，此诚一创格耳。”[⑤]种种情弊，显违

---

① 王日新、蒋笃运主编《河南教育通史》，大象出版社，2004年，第322页。

② 张朋园:《立宪派与辛亥革命》，吉林出版集团有限责任公司，2007年，第27页。

③ 参见《清朝续文献通考》(宪政二)。

④ 张朋园:《中国民主政治的困境(1909—1949):晚清以来历届议会选举述论》，吉林出版集团有限责任公司，2008年，第53页。

⑤《选举之怪状》,《大公报》1909年7月5日。

定章。选举之谬误，一误于监察管理各员不谙定章，含混将事。二误于初选监督，当主事者在县发觉之日，查有证据，不立予撤销另行选举，乃持圆滑主义，含糊了事，致该县再选无期，遭此蹉跌，不能不为监督咎也阙。[①]

一般士人对谘议局议员选举颇为失望，官方档案即言："清光绪季年，设宪政编查馆、资政院，筹备立宪，各省人民代表亦请创建国会，而选举议员之制，于是乎出然普通人民尚不知选举为何事。故调查选民，率隐匿而不以实告，嗣以欲得比多，倾轧竞争，终乃出于市道，世风凋敝，夫岂立法比所计及乎。"[②] 但也有一些州县，在地方官绅戮力擘画下，选举得法，诸事有序，于地方大有功焉。曾任选举监察员的汲县士绅王锡彤认为河南"各县有联合投票者，然大致尚公允，足见人心之朴未散"。[③] 偃师籍选举监察员杨勉斋曾对清廷立宪寄予厚望，认为"谘议局为一省舆论之总汇，亦中央议会之基础，全国生死所系。凡属国民均当急起直追，竭力运动，促其成立，以尽个人职责。"[④]

应该指出的是，立宪派人士本有心扶持挽救当时的政府，因为请愿失望，遂失去大多数立宪派人的支持。立宪派"跪着造反"的结果，换来的却是实实在在的皇族内阁，不仅立宪派未能如愿参政，就连原先掌权的汉族官僚也多被排挤在外，致使"举国骚然，朝野上下，不啻加离心百倍"，驱动更多的豫籍士绅阶层放弃对清王朝的最后幻想，转而同情革命，甚而毅然决然站在革命的一边。[⑤] 在河南，具有资产阶层改良思想的立宪派士绅，主导和亲自参与清季国会请愿运动，具有思想启蒙

① 杨勉斋:《与谘议局选举筹备处书》,《杨勉斋先生纪念文集》, 河南大学出版社, 2006 年, 第 169 页。

② 河南省档案馆:《选举议员》, 编号 M-18-832。

③ 王锡彤:《抑斋自述》, 河南大学出版社, 2001 年, 第 148 页。

④ 杨勉斋:《与秦思堂书》,《杨勉斋先生纪念文集》, 河南大学出版社, 2006 年, 第 165 页。

⑤ 杨勉斋:《杨勉斋先生纪念文集》, 河南大学出版社, 2006 年。

作用，这场运动教育了民众，加速了士绅群体的分化，提高了豫人的民主觉悟和参政意识，推动了河南民主近代化迈开艰难的第一步。

二、由河南谘议局看士绅的地位和作用

根据清政府拟定的预备期内“九年筹备事宜清单”，各省应筹设谘议局。河南当局于1908年11月设置谘议局筹备处。次年秋季，经过纯由各府县官绅包办的所谓“选举”，全省共选出谘议局议员96名，各州县立宪派代表人物大体上均网罗在内，一时绅界精神为之一振，新政事务亦随之一新。

1909年10月14日，河南谘议局遵照清廷的统一规定，于是日开幕。公举杜严为议长、方贞、杨凌阁为副议长，田春荣等12人为常驻议员。① 谘议局开幕式上，豫抚吴重熹申明设立谘议局之目的所在，议长杜严致答谢词，对同人寄予厚望，对谘议局的职责亦作简单阐释。② 据《各省谘议局章程》所列，应办之事大体包括：议决本省应兴应革、岁收岁入决算、税法及公债、权利之废存、选举资政院议员、申复督抚咨询等具体事件。③ 作为民选代议机构，其参政议政的方式主要是通过讨论、议决地方事务，提出议案，从而对政策制定与实施予以影响。河南谘议局在1909年九月和1910年九月二次召开会议，共讨论议决案七十件，通过建议案一件，人民陈请案一件。④ 豫抚吴重熹莅会宣读朝廷上谕，遴派官员陈国祥、胡翔林、何廷俊、胡景彝到局督办，照章陈述细则，旁听规则均经各议员细心厘定呈报抚宪批准施行。

第一次常年会官绅合作较为愉快，地方督抚在上报朝廷的奏折中表示，“此次所选议员类皆公正绅民，咸能尊崇秩序，恪守会规，即该局提

---

① 《谘议局选举名单》，《河南官报》，1909年第56期。

② 《河南省谘议局议长杜严代表全体议员答谢行政主官及来宾词》，《河南官报》，1909年第59期。

③ 《清末筹备立宪档案史料》，中华书局，1979年，第676页。

④ 《谘议局议决案》，《河南官报》1909年第58—63期。

议事件亦均依据法理尚无逾越情事。”[①] 第二次常年会共提交议案一百零六件，其中抚院交议案十四件，复议一常会交存案二十六件，议员提交新议案四十三件，质问案三件，人民陈请案十四件。两次常年会议案、提案如表 2–1 所示。

① 《详报豫省谘议局照章选举议事折》，《河南官报》1910 年第 5 期。

表 2-1　河南省谘议局提案、议案分类统计表①

类别		行政监督	财政赋税	军警司法	教育	农业河防	实业交通	社会救济	地方自治	风俗改良	其他	合计
巡抚提案	一常会	0	5	3	11	6	3	0	1	1	2	32
	二常会	0	3	2	3	0	0	0	1	1	3	13
议员议案	一常会	8	6	1	8	0	5	2	3	3	1	37
	二常会	15	8	3	4	0	4	1	6	1	7	49
合计	一常会	8	11	4	19	6	8	2	4	4	3	69
	二常会	15	11	5	7	0	4	1	7	2	10	62

资料来源：1.《河南官报》，1909 年第 58—63 期。
2.《河南官报》，1910 年第 50—59 期。
3. 河南省档案馆：《河南谘议局宣统二年常年会及临时会公布议案》，编号：M18—832 选举第八。
4. 开封市图书馆：《河南省谘议局议案议员提议各案》（陈请建议案）铅印本，无编号。

① 霍晓玲：《清末民初河南地方自治》，硕士学位论文，河南大学历史文化学院，2005 年，第 25 页。

统计结果显示，议员对财政赋税、实业交通、教育改善等事项最为关注，认为通过谘议局这一平台，应对政府权力运作与政策制定进行必要干预、监督。与督抚提案中地方官员关注赋税征收、农业河防不同的是，议员提案则侧重地方财政的管理、地方自治的有效实施，以及谘议局权限的维护、保障问题。对教育的重视，是二者唯一能够形成共识的“交汇点”。通过两次常年会所提议案进行对比，可见议员对行政监督、财税征收与使用、司法诉讼与军警制度、地方自治权表现出浓厚的兴趣，而对教育、交通事业、社会救济、风俗改良等地方事务关注度有所下降，尤其对农业和河防可谓漠不关心。

总体来看，抚署交议事项基本上仍属中国传统社会“绅权”管辖范围之内。设立巡警、司法诉讼、监狱改良、自治办理等议案虽具新意，但根本上仍属清廷预备立宪限期办结的“规定动作”，提案之目的无非是为河南新政筹措经费。[①] 而从议员所提议案观察，厘定赋税法规、整肃吏治、扩大行政监督权限等条目均超出传统绅权之范围，具有难得的民主气息和宪政诉求，可谓古老中原政治近代化之萌芽。一常会被河南抚院否决交令复议的二十六件议案，从内容上看多涉及经费筹措、吏治整顿、政府监督、谘议局权限等方面，反映了二者的分歧和利权之争。本来，政府给这种作为“宪政之基础”的谘议局设定的职权是“为各省采取舆论之地，以指陈地方利病、筹计地方治安为宗旨”。[②] 时任豫抚吴重熹所要求谘议局的，也不过“备官府顾问之资”[③]，充其量不过是统治阶层挽救时局的“政治装潢”而已，与所谓“人民与闻政事”渺不相涉，议案的裁夺与施行，均受抚宪节制。[④]

由于时间节点、制度设计、实施效果等方面的原因，河南谘议局的

① 霍晓玲：《清末民初河南地方自治》，硕士学位论文，河南大学历史文化学，2005 年，第 26 页。

② 《清末筹备立宪档案史料》，中华书局，1979 年，第 676—678 页。

③ 《抚院吴重熹谘议局开会词》，《河南官报》1909 年第 56 期。

④ 《详报豫省谘议局照章选举开会议事折》，《河南官报》1910 年第 5 期。

价值与意义向为学界所诟。王天奖认为，“由于时处辛亥革命稍前，谘议局提出议案的实际效果自然等于零，仅仅是在河南历史上留下一笔记录而已。”[①] 程有为等认为，“立宪派是跪着造反的一群读书人，谘议局充其量也不过是清朝腐朽统治的宪政点缀”。[②] 但如果把历史的长镜头拉至近代以来，聚焦于河南民众的政治参与思想解放，就可以感知它的不同寻常。鸦片战争、洋务运动、戊戌变法，国内几乎听不到豫人的声音，更鲜见豫人之群体行动。依前述意义而言，河南谘议局的设立和活动，可谓豫人追求政治民主及宪政理想的第一次尝试和实践，具有里程碑性质。

当然，谘议局在晚清的短暂存在，有诸多局限性，学界对此已有相当研究成果。应当指出的是，清政府提倡立宪的目的是巩固自己的统治权，一方面通过标榜立宪，获取锐意革新、分权于地方的美名，一方面通过立宪的持续推进，试图把权力牢固控制于本阶层手里。清廷是统治阶级的代表，它立宪的根本意图是强化政权，显然不是顺应历史潮流的进步行为。立宪派为攫取参政权力而积极倡导政治改革、社会改良，有传统士人的入世情怀在里面。确言之，立宪派希望在不改变原有传统专制政体的基础上，移植、融入西方民主元素和宪政思想，建立一种新的政治制度，他们的参政要求和宪政理想顺应时代的发展，因而是进步的。[③]

然而，立宪派士绅既不打算推翻清朝统治而企图依附现有传统集团，同时又不打算让其他阶层参与政治权力的再分配。实践层面，立宪派仅仅依靠本阶层的力量而谋求政治参与，其结果是根本不可能达到本阶层的政治目的。立宪派为获得有限的参政权，开展有限度的舆论和政治斗争，其最暴烈的形式也不过是联名上书和请愿活动，并没有触及清政府的统治基础，也没有分得多少“政治残羹”。立宪派士绅得到的结果虽然差强人意，但是通过这种非暴力的合作和斗争，一方面促进立宪政治

① 王天奖:《河南辛亥革命史事长编：下卷》，河南人民出版社，1986 年，第 103 页。
② 王天奖主编:《河南通史：第四卷》，河南人民出版社，2005 年，第 141 页。
③ 梁景和:《清末国民意识与参政意识研究》，湖南教育出版社，1999 年，第 261 页。

的发展，同时促使一部分士绅能够认清清廷冥顽不化的本性，从而走上推翻清朝专制统治的民主革命道路，据此而言，不能不说确是豫人政治民主化进程中的一大亮色。

三、绅学商的联合与争夺利权运动

20世纪初，南北各省先后开展拒俄运动、抵制美货日货运动及收回权利运动，与此同时，清王朝也开始全面推行“预备立宪”运动。正在成长中的民族资产阶级和向资产阶级转化的士绅发起和领导了这些活动。省城开封及府、县学堂学生也一度被发动起来，成为争夺利权运动的重要力量。虽然他们参与多是被动性质，其组织力和动员力比较弱小，作为配角还多以绅商阶层的同盟者出现，且尚未达到全省性规模，但走出书斋参与社会活动，与绅商界形成初步的联合，对唤醒豫人利权思想、“省域”意识，具有启蒙意义。

1904年开始，南方省份掀起收回铁路修筑权的爱国运动。河南绅界在此形势的推动下，也起而谋求联合，企求自修境内铁路。他们联合豫籍京官，上书豫抚司道，“至洛潼铁路，虽道路崎岖，经费浩繁，兴工不易，而远通关陇，近达京津，必须首先绸缪，以杜外人窥伺。铁路为自有之利益，亟应统全省之力，自行筹办，藉挽路权。”[①] 在开封，绅界发起成立河南铁路研究会，暂借北三圣庙后街景宅为会所，定章程12条，宗旨为建筑河南全省铁路，以保利权。[②] 拟先后勘办四路，采现行办法：一是上书先达及京内外同乡各官，劝其力任路事；二是联合全省学界及东西洋留学生随时调查各国铁路办法及公司章程，俾得借资研究，以期有利无弊。将来之办法：一是纠合全体开大会议，公举总、协理，早立公司，俾股易集而事易举；二是劝谕父老子弟开铁路演讲会，出铁路白话报，使人人知铁路之利益，公司之完全，以期入股之踊跃。铁路研究

① 陈夔龙：《庸庵尚书奏议》第6卷，第46页。

② 王天奘、庞守信、王全营、冯文纲：《河南近代大事记（1840～1949年）》，河南人民出版社，1990年，第119页。

会以各级学堂为基础，选派教员及学生充任总会干事员，联络省垣绅商共商筑路事宜。在总会指导下，省属各府、县还成立分会，联络各地绅商集股议事，共襄路事。①

1906年秋，河南绅界在新式学堂相对集中的省城开封，“合城惊惶，已刊布传单，议死力抵制”。② 铁路研究会会长李比部敏修，刻以江浙路事日急，各省拒款者比比皆然，独汴省人士黯然无闻，特于十九日开临时大会议，协助该省集股之事，并布传单，称江浙为共所共有云，语极剀切。③ 在绅商界的倡导下，爱国学生也开始参与铁路拒款会活动。④ 1907年8月，河南绅、学、商各界成立河南铁路公所，推举总理、协理，力争筹款自办铁路。12月18日，河南绅学商界数千人为收回浦信铁路事，在开封召开大会，力筹集款自办，当日各界认股103万元。⑤ 王锡彤日记称：“洛潼铁路者，由河南士绅争归自办之路者。河南人决起自办，其勇诚不可及，徒以各省争矿、争路，云涌风驰，所断指流血以争者，不出二语：路存国存，路亡国亡。河南际此潮流，势难故落人后。连日与绍岩诸君，集议办法。”⑥

为了抵御外款修筑浦信路，除成立铁路公司加紧集股外，豫省铁路研究会还联合皖省路界中人，共同抵借外款。因刘绍岩、袁克定均未在籍，公推王祖同等为正副会长共商办法。⑦ 争得官府支持，拟定《河南自办铁路集股章程》，拟向全省绅民吸纳股金。绅、学、商界联系紧密，

① 王天奖、庞守信、王全营、冯文纲：《河南近代大事记（1840～1949年）》，河南人民出版社，1990年，第123页。
② 《河南开封之警电》，《大公报》1907年11月28日。
③ 《豫人集股修路》，《中西日报》1907年12月2日。
④ 王天奖、庞守信、王全营、冯文纲：《河南近代大事记（1840～1949年）》，河南人民出版社，1990年，第119—122页。
⑤ 王天奖、庞守信、王全营、冯文纲：《河南近代大事记（1840～1949年）》，河南人民出版社，1990年，第122—123页。
⑥ 王锡彤：《抑斋自述》，河南大学出版社，2001年，第134—135页。
⑦ 《记河南集议报路事》，《中西日报》1907年12月16日。

立宪派士绅较为集中的卫辉府，在成立本地铁路研究会的同时，制定草章七条，妥选干员赴各县演说劝股，以为省会之助。[①] 北洋师范学堂豫籍学生以留津全体学生名义上书外务部尚书袁世凯说，“路矿两项，中国命脉攸关，浦信铁路为我宫保桑梓之地。保浦信即以保河南，保河南即以保中国，断不至隔膜以待。至集股自办一节，为河南人应尽之义务，虽民间凋敝，亦应共为筹画，以兴大利。”[②]

河南绅民的招股活动，表面看起来如火如荼、煞有成效，实际效果却不尽人意。汉口一家报纸对此进行了报道：“河南铁路原由学界发起。当学界虽任发起，而在经济上殊无能力。每次集会，所报告之集股若干万，若干千者，大率徒托空言。官幕中所集者亦约两千余股。学界所任不过十分之一。可见官商之势力大于学界。”[③] 学界之人多私囊羞涩有心无力，而乡村野老混沌未解，不知集股为何事者不知凡几。“河南铁路公所成立以后，既在各州县设分所代招股份，踊跃之处固自不乏，而僻邑荒镇，风气不开，往往一文不舍。其故盖因不识铁路之利益，关系最大。现该所同人集议，拟举公所董事郑鬴门观察、王静波太史、王少岩部郎、李敏修主政、景仲升大令，分五路劝股，择荒僻县分开会演说，以鼓百姓急公之心，俾路事早收成效。”[④] 力保地方利益的绅学商界人士擎起地方主义的大旗，以“省”意识相号召，[⑤] 奔走呼告劝谕演说，颇存志在必得之决心。但招股的结果，所得仍十分有限。

一方面固然是由于“民穷财尽”，民间资本有限，地主绅商认股不

① 《河南卫辉府集股拒款会草章》，《大公报》1907年12月10日。

② 《北洋师范河南学生上外务部袁尚书禀》，《大公报》1907年12月5日。

③ 《豫省集股困难》，《江汉日报》1908年6月19日。

④ 《豫省士绅劝股筑路》，《江汉日报》1908年8月1日。

⑤ 河南民众“省”意识出现，绅学商界欲借此抵御西方经济渗透，唤起民众团结一致、强省保权，此可视为近代河南地方主义的萌发时期。关于晚清“省”意识的变化与社会变迁，参见刘伟：《晚清“省”意识的变化与社会变迁》，《史学月刊》1999年第5期。

积极所致[①]。1910年，河南全省铁路公司改称洛潼铁路公司。公司经理刘绍岩称，三年来共收优先股银四十一万元，普通股银五十余万元，未缴股银二百余万两。盐斤加价四十二万两，现实资金实收不足一百五十万元，未及预算总款数的十分之一[②]。另一方面争夺路矿活动缺乏核心人物，管理松散且人事变动频繁。铁路研究会时期的核心成员李敏修被委以省学务公所议长兼教育会长后，精力转向本省新学。中坚分子王安澜因病早逝，王锡彤被袁世凯收入麾下入京担任京师自来水公司董事。铁路公所总理刘绍岩不克来汴，袁云台声明不能就职，王肖庭已放缺，添举张光宇为总理，方芑南为协理，张为开缺广西藩司，方为江苏候补道，皆豫省仕于他省之有清名者。[③]自1908年到1912年，洛潼铁路总理变动三次，协理变动四次。从管理层的频繁变更不难看出，其内部派系争复杂，利益各方矛盾和争执不断。[④]

第三，受在京河南籍官僚的阻挠和破坏。有报纸披露："先是，汴绅有发起洛潼铁路者，京官多不赞同，盖以为万不可能办成也。汴绅进京数次，邀集开会筹商办法，至卒无应者。嗣汴绅已成立公司，渐有成效，京官始因忌成羞，因羞成恨，恒遇事反对，借图破坏。"[⑤]有论者指出，袁世凯、赵秉钧等直接插手洛潼铁路事，利用豫人集资困难，控制该路；并试图将此路出卖给日本。[⑥]宓汝成根据日本驻华公使伊集院给外相小

① 参与争夺利权运动的士绅王锡彤日记中，有多处记载会同知州、知县、士绅劝任铁路股，感叹集股之难的记录，见王锡彤：《抑斋自述》，河南大学出版社，2001年，第134—135、141页。

② 宓汝成：《中国近代铁路史资料》第3册，中华书局，1984年，第1132—1134页。

③ 王锡彤：《抑斋自述》，河南大学出版社，2001年，第145页。

④ 袁文科：《清末民初洛潼铁路研究》，《西南交通大学学报（社会科学版）》2017年第6期。

⑤ 《河南通信》，《民立报》1911年5月33日。

⑥ 王天奖：《河南辛亥革命史事长编（下卷）》，河南人民出版社，1986年，第27页。

村的报告，也侧面证实了这一观点。[①]

在争夺利权的运动中，学生群体的力量开始显现。随着新式教育的发展，河南规模可观的近代学生群体逐渐形成。科举考试虽停废数年，但在当时人的心目中，新学堂学生还非一般民众，是一帮有“资格”的人。[②] 据桑兵的统计，截止 1909 年河南新学堂数为 3773 个，职员数为 6591 人，教员数为 5196 人，学生数为 90824 人，学生总数位居全国第五名。[③] 1905 年以前，新学堂学生数量虽有增长，但不足以导致士绅群体的解体。而科举停废后，最直接的结果是学堂激增，它不仅具备直接吸收士绅主干与后备的容积，而且阻断它继续增补扩大的可能，使传统士绅阶层自然消亡。相对绅商群体而言，学生群体年龄较小，正处在 16 ~ 25 岁的青年时期，勇于接受新鲜事物，是社会变革的关键力量和主力军。

如前所论，清末河南正途士绅入学堂习新学者保守估计应不低于 10%，其余多为童生。学生群体在争夺利权活动中崭露头角，是一支相对活跃的力量。豫省争夺矿权运动，时间节点上略在争夺路权运动之后，且事关绅商及豫北民众切身利益，故规模和声势较后者为大。1909 年 3 月 26 日，开封各界在小行宫开会筹议抵制，到会者绅商学界人士五千余人；4 月 2 日，又在栗大王庙开会，到会者一万余人。1909 年 7 月 25 日，全省各州县到开封应试的各州县优、拔、贡生 3200 余人在火神庙集会，散发传单，发表演讲称：“福公司事为吾汴民生死之大关键，吾辈固求功名而来，倘汴地难存，得功名何益？所以保矿一事，犹重于求功名万亿倍之重也”。[④] 随后，福公司企图染指修武铁矿，河南绅商学界公电清政府外务部，表示坚决反对，并举王敬芳、杜严为入京代表力争。福公司

① 宓汝成：《中国近代铁路史资料（1863—1911）：第 3 册》，中华书局，1984 年，第 1132—1134 页。

② 冯友兰：《三松堂自序》，人民出版社，2008 年，第 23 页。

③ 桑兵：《晚清学堂学生与社会变迁》，广西师范大学出版社，2007 年，第 140 页。

④ 《豫人集会商议矿事》，《民立报》1909 年 7 月 27 日。

转请英国公使向外务部施压，河南复派杜友梅、葛德三等四人入京与外务部交涉。[①]

河南绅商学界发起的自保矿权运动，外务部颇感压力，在致河南巡抚吴重熹的电中称："近来河南绅民，开会聚众，著说发报，簧鼓沸腾，嚣张之气，日益加剧，又恐煽惑扰乱治安，大局所关，实非浅鲜。"[②]要求豫抚劝导弹压，妥善采取结束办法。在反复电商无果的情况下，外务部甚至撇开吴重熹自行向福公司妥协，直至将"坚执不允英商要求"的吴重熹调离河南。在这种形势下，河南保矿会的绅商仍执着于"文明抵制"，结果事与愿违，不仅废约的目标没有实现，连福公司就地售煤也未能阻止——不过限定华商购煤每次需在百吨以上，算是给地方煤窑主多少留点生存空间。

河南上层绅商发动与领导，学堂学生积极响应的争夺利权运动，受到主客观因素的制约，虽然未能获得具体成果，但毕竟从一个侧面反映出豫人的爱国传统和民族觉醒，在一定程度上遏制帝国主义对中原地区的侵略；促使绅、学、商界人士取得初步的联合，并显示出一定的力量；民众从斗争中切身体验到清政府卖国媚外的本质，从而使更多的新式士绅认识到，要爱国救亡，就必须推翻清政府的腐朽统治，促使他们汇入民主革命的洪流当中；清政府的倒行逆施，也致使立宪派士绅对政权感到彻底绝望，而谋求与革命派的联合行动，为辛亥革命的到来奠定了群众基础，使清朝统治者陷入空前孤立的境地。

① 王锡彤：《抑斋自述》，河南大学出版社，2001 年，第 146 页。
② 《豫省记事》，《东方杂志》1910 年第 6 卷第 9 期。

第三节　士绅阶层与河南辛亥革命

辛亥革命爆发后，南北革命党人纷纷响应，短短的一个多月中，除直隶、河南、甘肃和东北三省外，先后摆脱清政府统治宣告独立的省份“三分天下有其二”。在这场革命风暴中，河南革命党人在极端困难的条件下，进行多次夺取政权的尝试，虽然受各方面条件的制约而未能获得独立，但其不甘人后、前仆后继、不怕牺牲的气概，“锲而不舍，失败而志愈坚”的精神，较独立省份毫不逊色。

一、“留学东洋”与革命改良之争

甲午战争清廷战败的消息，引发举国震惊。彼时在豫北乡下设帐授徒的塾师王锡彤发出“胡黄海一役斩然夷灭，竟贻国人以奇耻大辱乎”[①]的感叹，颇能代表豫人心态。随后，中国掀起负笈游学，寻求救国救民之策的浪潮。终清一代，河南赴日留学生人数应该有数百人。就留学生的年龄结构和身份而言，豫籍留日学生主要由中低职衔官员和新式学堂学生组成。[②]以留学生较多、档案资料详尽的1906年留学生为例，年龄最小的为16岁，最大的为41岁。就留学费别而言，以官费为主，自费生比例较小。从学科而论，河南官派留学生，“除师范、法政外，主要是学军事，以适应本省组建一镇新军的需要”。[③]就立场而言，时在日本陆

① 王锡彤:《抑斋自述》，河南人民出版社，2001年，第44页。

② 《河南课吏馆遵饬会议选派正班官员，赴东学习法政速成科文并章程》，《河南官报》第四十三期，1905年6月25日。

③ 《府部院陈奏豫省扩充学校，派遣出洋，拟请变通报效章程，以助经费折》，《河南官报》，1905年8月15日。

军士官学校就学的韩五峰发现，豫省留日学生150人中，大体分为三派，一为出身官宦之家的贵族派；二为拥有功名的混世派；三为出身寒微的革命派，此派人数最少。[①] 赴日前，豫人痛感国事日衰，列强凌辱之苦，到日本后，又受日人的歧视，加之经历、出身等的不同，豫籍留学生中，形成革命与改良两大阵营，二者以报纸为阵地展开论争，对河南经济社会变迁及政治生态带来深刻影响。

河南留日学生同乡会于1906年底集资创办《豫报》。主持人和赞助者有同盟会员，有进步学生，还有资产阶层立宪派士绅和地主阶层反满分子，内有不少改良派和保皇分子。[②] 撰稿和发行人多为豫人，其中不乏主张排满的革命派，他们对帝国主义的侵略和民族危亡有初步的认识。有论者认为西方列强修筑铁路是"剥肤之灾，剖腹之创"，十九世纪末期的河南还是一片净土，而京汉铁路将之东西一刨为二，汴洛铁路将之一刨为四，横竖两刀，恰如十字，"大河以北之矿产捧献于英商，此权利如大失，吾豫民生计不宁，再若十年，我河南将如何现状已属不可设想"。[③] 有论者对清政府卖国苟存，出卖民族利益有一定程度的认识，痛批政府庸劣，官吏腐朽的现实，署名补天的作者把出卖矿权的汉奸视为"非牛非马如鬼如蜮"，没有"庸恶陋劣质之督抚"支持，汉奸们挟私卖国的行径就不会得逞，指出各级官员与出卖国家利益的宵小之徒狼狈勾结，是一切卖国勾当的总根源。[④]

《豫报》抨击传统君主专制之弊，宣扬资产阶层民权思想。明确提出国家主权独立、民权平等的关系，以及制定资产阶级宪法，建立资产阶级共和国中的意义。这些观点的提出，正处于《民报》与《新民丛报》论战之时，据陈伯昂回忆："河南留日学生中的革命派在东京参加了支援

① 韩五峰：《韩五峰自述》，《河南文史资料：第30辑》，1989年，第65页。

② 王晓华：《豫报杂志述略》，载河南省新闻史志编辑室编《河南新闻史志参考资料：第二辑》，内部发行，出版社及出版日期不详，第47页。

③ 仗剑：《豫报之原因及其宗旨》，《豫报》第一号，1906年12月，第8页。

④ 补天：《说矿祸》，《豫报》第二号，1907年1月14日，第27页。

《民报》笔战，大家筹集和劝募，先出《豫报》期刊，以助《民报》声威”。[①] 有论者对帝国主义充满恐惧，认为人民的反抗只能导致列强侵略加深，“刀把子既拿在人家手里，无论怎么闹也是不中的。闹的很了，不容说政府不答应，就是那洋人也是不依的。不知道又得多少钱赔给洋人，你说冤不冤。”[②] 对于省内群众的反对横征暴敛的抗捐斗争，有人撰文指出，“今则内政外交，千头万绪，实有不得不箕敛地方之势。督抚承政府之命令，摊派若干万两，解库若干万两，彼督抚何能抗拒耶？争之不胜，则倡首者被刑，协从者波及，无情桎梏在所难逃。”[③]《豫报》中此类文章表明立宪派士绅的社会改良思想，揭示他们作为既得利益者对外妥协，对内羁縻压制，害怕社会动乱，极力维持现状的阶级立场。

由于《豫报》撰稿人及受众多为豫人，且发行多在河南一省之内，在“唤醒桑梓，启迪民智”方面起到一定作用。细致梳理可见，《豫报》中改良派的主张是主流，革命的文字屈指可数。[④] 改良派要求政府改革，地方自治，反对传统专制。认为只有实现立宪改良，国家才能基础稳固，富强进步，这种观点对于反对传统主义，推动民主革命运动，有一定的进步意义。以孙中山为代表的早期志士仁人也有过变法改良，地方自治的思想。问题的关键时是立宪豫人发表此类文章的时间在 1907 年底，当时改良和革命的论战基本结束，革命派明显占据上风，革命思想已经深入人心，武装起义风起云涌。在此形势下依然鼓吹立宪改良，说明《豫报》主流思想由革命转向保守，明显的逆潮流而动，同时也说明豫人士绅知识人中守旧势力的强大。

1907 年 12 月 20 日，《河南》杂志在东京创刊。它旗帜鲜明地鼓吹

---

① 陈伯昂：《辛亥革命前后回忆片断》，《河南文史资料》，1981 年。

② 梦南：《说气》，《豫报》第一号，1906 年 12 月，第 1 页。

③ 粗莽夫：《对于洛阳聚众抗捐之感情》，《豫报》第二号，1907 年 1 月 14 日，第 60 页。

④ 王晓华：《从改良到革命：〈豫报〉与〈河南〉杂志比较论》，《民国档案》，1991 年第 3 期。

反清革命，反对虚假的预备立宪，宣传三民主义，号召用武装革命推翻清王朝，揭露资产阶层立宪派的反动本质，为酣梦中之国人敲响警钟。《河南》负责人刘积学撰写《河南留日学生讨满清政府檄》在东京同盟会出版的《天讨》专号上发表，指出清政府“西败于英，东败于日。八国联军，入京为继，割地赔款，接踵而至，丧权辱国，一非一日，昏聩腐败，至于斯极。全国同胞，愤恨不已。打倒满清，推翻专制。建立民国，欢乐无极。”[①] 在《平民的国家》一文章里，作者指出：“今日之国家非君主的国家……政府以虐待平民为上策……平民既思自全，当与此恶劣政府势不两立为第一要义。”[②] 明确指出，在西方殖民者一齐涌来的危急时刻，清政府与民众之间的矛盾尖锐不可调和，只有推翻传统专制政府，建立资产阶层民主共和制度，百姓才能得到解脱。

针对《豫报》一些文章主张立宪、改良救国的思想主张，《河南》载文进行驳斥，具有鲜明的资产阶层革命立场。署名鸿飞的作者写道，“误解国家为君主私有物，遂以保全此国家者，唯君主方可能而其余则无责任，且无能为力”等观点，提出“今日之国家非君主之国家，政府之国家，乃平民之国家”[③] 的论断。这些论断与《豫报》第二期署名“粗莽夫”等人的观点针锋相对，发人深省。署名不白的作者更是一针见血地指出，“中国政府已非同胞之政府，乃列强假说之政府也”。他号召豫人，“欲推到列强假说之政府，非付诸于铁血不可……地方自治之问题，须移成联络各省之问题，士与士联，商与商联，工于工联，或罢市示威，或抗税运动，众心如一，可贯金石，岂惧专制之政府耶。”[④]

《河南》对清政府的立宪国会进行揭露，倡导武装起义和暴力革命。面对立宪派鼓吹国会的蛊惑，革命派撰写长文进行批判。根据西方

① 刘积学：《河南留日学生讨满清政府檄》，载赵长海主编《河南辛亥革命人物传略》，大象出版社，2012 年，第 380 页。

② 鸿飞：《平民的国家》，1907 年《河南》第 1 期。

③ 鸿飞：《平民的国家》，《河南》第 1 期。

④ 不白：《警告同胞勿受要求立宪者之毒论》，1907 年《河南》1908 年第 5 期。

资产阶级的“天赋民权”之说，申述了人都是平等的，都有不可剥夺的权利，君王、官吏不过是社会和民众的公仆而已。作者驳斥了倡导“和平而不偾事”的资产阶层改良派，指出他们貌似持重老成，实则贪腐误国。倘若上了这些人的当，国家和人民就永无脱离苦海之日。在进一步阐述其资产阶层民主观点后，对立宪派进行无情评判。论者力斥立宪派士绅“惑世殃民”的谬论及徒劳有害的国会请愿活动，特别指出“排满”不是宗族主义，不是单纯排拒满族，而是推翻卖国政府。所谓中国人无“民权性”之怪论，强调中国人民完全由能力建设“平民的国家”。作者辛辣嘲笑立宪派和平请愿的立场和主张，是彻头彻尾的虚假立宪，民众要求真正的民主权利，“舍革命军外无他道以处此也。”[1] 这些革命言论，对于启迪成长中的资产阶层、小资产阶层士绅知识人的民主觉悟有较大帮助。

《河南》创刊主旨为“牖启民智，阐扬公理”。在深刻揭露抨击腐朽传统专制制度的同时，主张精神自由与个性解放。杂志刊行后，在东京、国内特别是河南引起了巨大反响，冯自由曾赞誉它“鼓吹民族、民权二主义，鸿文伟论可与《民报》相伯仲”[2]。《河南》杂志每期销售达几千份，豫籍同盟会员在省垣开封创建了大河书社，作为总发行机关，省内通关大邑均有兜售，其输入本省者占半数。为唤醒民众，传播新思想，豫籍留日学生在孙中山和同盟会总部的指导下，在日本还相继创办《中国新女界》《武学杂志》等进步刊物。[3] 在国内，同盟会1908年派杜潜回豫筹组省内支部，在汴秘密翻印孙中山所著《急救中国策》，广为散发，秘密联络同志，策划起事，进行革命宣传。

1912年4月10日，同盟会河南支部在同盟会总部授意下于开封创刊《大中民报》，社址在旗纛街路西。该报言论激昂，多有反抗河南都

① 鸿飞:《对要求开国会者之感喟》,《河南》1908年第4期。

② 冯自由:《冯自由回忆录：上》，东方出版社，2011年，第501页。

③ 河南省地方史志编纂委员会主编:《辛亥革命河南史事长编：上》，河南人民出版社，1986年，第269页。

督张镇芳的内容。1912 年 10 月，中国同盟会河南支部按照孙中山先生的函示，成立国民党河南支部，并创办《开封民立报》作为国民党河南支部的机关报。《开封民立报》继承《河南》杂志的战斗精神，对袁世凯专制、卖国、独裁进行了全面的批判。[①] 1913 年 2 月 9 日，国民党河南支部创办进步报纸《临时记闻》，揭露袁世凯倒行逆施，抨击河南黑暗统治。发行人为国民党人陈伯昂，办报宗旨是孙中山提出“恢复中华，创立民国”，政治上主张“宣布共和，南北统一”[②]。时有粤籍党人评价：“河南人士革命思想之开发，报纸杂志之力为多焉。”[③]

二、立宪派士绅与“请愿共和不独立”

20 世纪初期，河南士绅主要由思想守旧的立宪派士绅构成。他们大多栖身学界或从事新政实务，两派人本来就有各种各样的关系和往来，私交笃厚、渊源颇深，师友、乡谊使然，他们通常能够和平相处，遇事襄助，共同携手同政府争夺利益。光宣以降，留日归豫学生增多，无论官费私费，回省后待遇相差无异，他们担任公职、办报办学、地方自治、倡办实业无所不至。如在省城成立不久的法政专门学校，其前后校长葛成修、方贞，教员时经润、祝撰生、王传琳等人均是留日归国士绅，在学员中深孚众望。[④] 留学生多鼓吹革命，守旧派和立宪派士绅渐有分野，但他们并不像江南士绅那样壁垒森严，互有攻讦，而是相安无事中多有默契之举。

立宪派主要活动在新知识群体和开明士绅中间，他们大多是资产阶层民主革命的同情者，有些还是直接参与者或领导者，以至于张朋园认

---

① 李国强、胡茵：《坚持共和反袁专制：开封民立报评析》，《中州今古》1996 年 6 期。

② 邓天觉、段铁安：《介绍辛亥革命时期有关河南的革命文物和先烈事迹》，《中原文物》1981 年 4 期。

③ 冯自由：《冯自由回忆录：上》，东方出版社，2011 年，第 501 页。

④ 河南省教育志编辑室：《河南教育资料汇编》（清代部分），河南师范大学印刷厂印制，1983 年，第 245 页。

为河南立宪派和革命党难以辨别。[①] 1907年，时任河南学务公所议长的李时灿创办中州公学，并兼任校长。同时，他还兼任河南优级师范学堂校长和河南法政学堂总办，暗中支持同盟会河南分会在开封的一切活动。李时灿还邀请杨勉斋充任中州公学监督，并邀请杨汉光、韩警亚等同盟会员在该校任教。据张山甫记载："1907年4月，公学以南关外明道书院旧址为校舍。聘民党富于学识者充管教员。举定李时灿、王静波为学董。学生皆两河优秀。名为办学，实则同盟会秘密运动机关，联络海内外同志，通消息，结团结，为日后举事预备"。[②] 在同盟会河南支部的领导下，进步师生在中州公学秘密成立同盟会河南支部分会，师生几乎全是同盟会会员，法政学堂和优级学堂的不少师生也参加了同盟会。王锡彤发现，"留学日本归来之豫籍学生殆无一不主张革命者；学堂中懵懂少年亦多大言革命者。"[③] 在河南，革命与教育就这样结下了不解之缘。[④]

1907年开始，通过全省规模的集会活动，河南绅界的"群体"意识增强，与商学界的联合不断加大，对官府、民众的影响也日益加大[⑤]。武昌首义成功的消息传到河南后，立宪派士绅逐渐摆脱传统专制的束缚，他们或发动学生，或联络绿林和会党，发起举事活动，以求实现河南的独立。在争取清吏反正不成后，他们遂决定到外府县活动，组织东、南、西、北四路武装起义，以开封居中策应，里应外合夺取省城军政大权，实现独立。从四路起义军的领导者来看，均为绅学界人士。这些思想激进的革命党人，大多数也是由改良派转变而来。如士林领袖、甲辰科进士杨勉斋，在京目之所及，"政界无甚变动，京官饮酒看戏，沉沉如故。间有一二开通者，亦运动当道，攫取金钱而已，他无建白也。来京求官者如蚁如鲫，大有在坑满坑，在谷满谷之势"。杨勉斋所在的典狱司，

① 张朋园:《立宪派与辛亥革命》，吉林出版集团有限责任公司，2007年，第158页。
② 张山甫:《刘粹轩年谱》，载《河南文史资料：第39辑》，1991年，第11页。
③ 王锡彤:《抑斋自述》，河南人民出版社，2001年，第175页。
④ 王日新等编:《河南教育通史》，大象出版社，2004年，第52页。
⑤ 《河南失败痛史（自汴逃死者述稿）》，《民立报》，1912年1月13日。

“各司员均袖手闲谈度日而已”。[①] 1907 年出京时，杨氏立志，“拼此臭皮囊为桑梓谋幸福，树立自治规模，培养宪政萌芽，鞠躬尽瘁，死而后已，未见必难有济也”“为立宪国会之议员，不能为专制政府之奴隶。”[②]

辛亥前后，像杨勉斋这样由立宪转向革命的河南士绅，有姓名事迹可考者有一百余人。[③] 作为传统社会的特权阶层，此时竟成为传统专制制度的反叛者，成为传统王朝的掘墓人，这的确有点耐人寻味。士绅阶层起而“革命”[④]，大多出于日益严重的民族和社会危机的刺激。清政府对外割地赔款、卖国求全，对内吏治不修、治乱无方，满腔热忱参与政治改良和争取地方利益均无果的立宪派士绅，与政府的离心力在加速。王锡彤注意到，“庚子乱后，清廷怵与外邦之不可侮而隐忍图存，士民鉴于朝廷之不可恃而忿耻求雪。”[⑤] 杨勉斋游学京津，“眼见洋兵之顽横，巡捕之欺侮同胞，更使我怒发上指。吾国苟不自振拔坐，听异族之实逼……而黄帝子孙或成为阶下囚，或为沟中脊。”有鉴于“内地人士犹沉沉长睡，漠不为意，视种姓之蹂躏、国势之局促，若未足扰其清梦者。”不少力主立宪救国的士绅，逐步认识到“谓国体究以民主为是，君主为非理；政体究以共和为是，专制为非理”。[⑥] 张钫回顾士绅的这一转变时说：“谘议局由于屡次遭到拒绝申斥，激起他们的愤怒，不知不觉从和缓

① 杨勉斋：《上父禀》，载《杨勉斋先生纪念文集》，河南大学出版社，2006 年，第 131 页。

② 杨勉斋：《与戴惕庵任砥庵书》，载《杨勉斋先生纪念文集》，河南大学出版社，2006 年，第 153 页。

③ 赵长海主编《河南辛亥革命人物传略》，大象出版社，2012 年，第 465—511 页。

④ 阳信生认为士绅参与革命虽然推动了辛亥革命的发展，但消极影响也显而易见，它极大地制约了辛亥革命的深度和广度。见阳信生：《“士绅革命”现象探析》，《船山学刊》2010 年第 2 期。

⑤ 王锡彤：《抑斋自述》，河南人民出版社，2001 年，第 134 页。

⑥ 张山甫：《刘粹轩年谱》，《河南文史资料：第 39 辑》，1991 年，第 7 页。

的立宪里扭转而走向激烈的革命途径，"[①] 向革命党人靠拢，积极参与河南独立的筹划。

武昌国民军起事后，由于同盟会居间奔走，河南革命党人、谘议局结成半公开的联合，计划9月20日响应起义。河南谘议局内巨绅还与在沪的同盟会领导人黄兴、宋教仁联络甚殷，以至南省绅学界"有河南谘议局独立之传言"。他们这样做，固然不无投机取巧之嫌，意图抢得控驭局势的主动权，在独立后的权力格局中争取最大的份额，但毕竟壮大了革命的声势，在客观上有利于孤立河南当局，使后者在镇压革命的过程中不得不有所忌惮。以绅学界为班底的革命党人与谘议局中倾向革命的士绅迅速"合流"，群谋以谘议局为中心，酝酿独立。[②]

身处学界的革命党人缺乏斗争经验，在与绅商学界"非同盟会员"作"半公开的大联合"的情况下，其起事计划，立宪派和谘议局固然知晓，以豫抚宝棻为首的统治当局也很快掌握。一面调柴得贵所统巡防营十三营尽入开封防变，四处扑杀革命党人。宝棻遂与谘议局中的坚持立宪改良的士绅串通，利用革命党人的幼稚，通过陈国祥、王敬芳、胡汝麟等与学界关系密切的"宪政党"，"扬言巡抚宝棻请愿卸任北上，许以独立，不必再用兵使秩序扰乱，学界信以为实。"[③] 起事准备工作遂因此放松和延缓。在宝棻的授意下，宪政党士绅联合组织了一个"爱国公会"，宣布该会纲领为"化除种见、统一政治、维护秩序、崇尚武功"四条。该组织名曰"爱国"，无甚原则标准，"盖革命成功则指所爱者未中国，事败则所指爱者为清国"[④]，左右逢源，差可搪塞，但首先致力的则是维持现有统治秩序、保全现有政权格局，用"武功"来消除革命。因此，宝棻被推为会长，藩、臬和道、府、县及"高官大绅"为主体。

① 张钫：《河南辛亥革命的回忆》，《辛亥革命回忆录（八）》，文史资料出版社，1982年，第358页。

② 井俊起：《雪苑憨叟忆往》，《河南文史资料：第35辑》，1990年，第28页。

③ 开封《自由报》，1912年12月22日；上海《民立报》1912年1月13日。

④ 《汴省宪政党左右逢源》，《民立报》1911年11月30日。

轻率上当的党人由此大愤，于是吸取教训，以做再次起义的准备。

1911年九月二十日（11月10日）的起事计划虽然失败，却引起河南政局的突变。巡抚宝棻因惧怕革命党人而辞官北上，袁世凯力保齐耀琳充任豫抚。同情革命的谘议局议长杜严、副议长杨凌阁惧祸及己，潜逃归里。谘议局另举接近革命党的方贞为正议长、张坤、张嘉谋为副议长。[①] 齐耀琳采取严厉镇压独立的手段，方贞与张嘉谋等则进一步与革命党商议暗中进行第二次举事。十月中旬，他们与教育界李古民、王印川等联络巡防营统领柴得贵，欲利用其军队发动，不幸因柴告密于新任巡抚，起事再次失败。其后，方贞等转而支持革命党人张钟端于十一月初三（12月22日）的起义。同样为柴得贵揭发，数十名革命党被捕，谘议局出面保释，大多获免，唯张钟端等十一人死难。[②]

河南谘议局内部情况比较复杂，成员的政治态度并不一致。张钟端起义失败被镇压，时有"谘议局内立宪派告密"之说。[③] 武昌首义发生后，"数日间，黎、宋通告举义之电十余至，谘议局秘而不宣，乃使吾豫革命健男儿罹于锋镝者益多。"[④] 二次起事失败后，河南士绅分化更为明显，反对革命者惶惶不可终日，群议保全之法；反清独立者意志欲加弥坚，发誓"在即汉人存亡之关键时刻，惟取义成仁，方能不朽"。[⑤] 本来，立宪派大多由有一定功名的传统士子、官僚知识人和小资产阶层构成，他们所委身的谘议局组织涣散，派系复杂。科举虽废，但他们在政治上的依附和妥协特性尚未改变。当革命形势向前发展走向高潮时，他们会支持革命；当革命形发展趋于低潮时，他们可能背叛革命。十一月中旬以后，国内形势急转直下，"摄政王已革去始终摄政名义，政权一归

① 《中原何时澄清》，《民立报》1911年11月30日。
② 邹鲁：《中国国民党史稿》，（台北）商务印书馆，1970年，第921页。
③ 《常石翘对于某运动家之宣言》，《大中民报》1912年7月6日。
④ 《嵩山芒雨》，《民立报》1912年5月1日。
⑤ 《河南死义十一烈士传记》，《自由报》1912年12月22日。

内阁，英使朱尔典实助袁公以成之，中国国运旋转之始机也。[①]”立宪派士绅对河南乃至全国的局势洞若观火，豫省革命党二次起事失败和袁世凯出山是重要的转捩点，他们起事谋求河南独立产生动摇，把自己的赌注押在袁世凯一边。[②]

执掌内阁之后，游宦于鲁、直、京、津等地的袁世凯对桑梓绅界颇有联络之意。宣统元年，袁世凯被清廷开缺回籍“养疴”。省内的立宪派士绅就如众星捧月似的环聚在袁的周围，视袁为“收拾中国最适宜之人”[③]。袁世凯在汲县小住，汲县名士李敏修、王筱汀于宣统元年元月初四日谒袁于马市街寓邸。据王筱汀回忆，当时“袁公方五十一岁，须发尽白，俨然六、七十岁，唯两目炯炯，精光射人。”[④]袁世凯寓居卫辉期间，除与王祖同、何兰芬、谢仲琴、李敏修、王筱汀相从甚密外，还结识不少豫籍士绅，这些豫籍士绅，大部分效力袁世凯矢志不移。[⑤]

1911年11月28日，武昌战事稍歇，袁世凯亲信张馨庵主后路粮台驻卫辉，王祖同助之。河南一帮士绅集聚张、王周围，日夜过从，亟论河南局势。王锡彤主张独立，李敏修和之。刚被革命军遣回的王祖同对江西独立心有余悸，力陈革命之弊。[⑥]众绅议论数日不决，最后乃思及“请愿共和而不独立”之法。先是授意海上报纸鼓吹之，继令同志往来奔走活动，参与者为胡石青、王抟沙等。12月12日，王锡彤面见袁世凯报告豫绅议定“请愿共和而不独立”之法。袁大称赞，委王锡彤、王祖同全权负责河南“请愿共和而不独立”事宜。豫抚齐耀琳、前谘议局议

① 王锡彤著，郑永福、吕美颐点注：《抑斋自述》，河南人民出版社，2001年，第176页。

② 张朋园：《立宪派与辛亥革命》，吉林出版集团，2007年，第161页。

③ 王锡彤著，郑永福、吕美颐点注：《抑斋自述》，河南人民出版社，2001年，第142页。

④ 王锡彤：《抑斋自述》，河南人民出版社，2001年，第144页。

⑤ 耿玉儒：《袁世凯在卫辉》，《汲县文史资料》，第1辑，1988年，第32页。

⑥ 王锡彤：《抑斋自述》，河南人民出版社，2001年，第177页。

长杜严、现议长方贞，副议长张嘉谋，议员胡汝麟、王敬芳等给二王的活动以极大帮助。立宪派重要成员、绅学界巨擘李敏修发起创办《时事记实报》，向开封城内的市民逐户发放，极力“反对共和”。[①] 12月17日，王锡彤召集在汴的大绅，说明请愿共和不独立之理，众皆“欣然而去”。以为宗旨既定，祸乱可弭。谘议局议长，先前力主共和的方贞告诉王锡彤：“幸而吾辈适来，若再迟几日，张钟端之祸不知又演几次矣”[②]。自此，保守势力在绅界日趋活跃，激进派谘议局议员畏于官府严密防范，“出走汴垣回乡趋避，莫敢再提独立”。

概言之，河南的立宪派士绅[③]，由于早年与革命党不分彼此，所以在独立风潮广被全国之际，接触频繁，多有合作，中间共同策划两次起事，企图谋求河南独立。及至袁世凯出山，随即转向。他们有利己的私意，有出于地位身家、既得利益和权力归属等方面的考量，更有维护桑梓的责任心，思考是现实的。[④] 辛亥前后，立宪派士绅转向之主因，除狭隘的地域观念作祟外，显然还与民国成立之初，全国弥漫的“非袁不可”的政治空气有关。诚如梁漱溟氏所言，“袁氏之狡诈，国人多目为罪人。无论革命派、维新派、保守派都厌恶他。但民国肇始，国民却亟求一个稳定大局的汉人出来。对此种似是矛盾的现象的解释无他，即承认现实。孙中山先生就任临时大总统旋即让位于袁，即是承认此一现实。清室退位以前袁之势力已成，清室退位之后中国几无不希望出现一全国政府、出现一可以维持大局不至更趋恶化的人物。国人望治，而袁世凯不仅窃

---

① 《河南省议会弹劾都督张镇芳》，《民约报》1912年5月20、21日；王守谦：《血沃中原：辛亥革命在河南》，河南人民出版社，2011年，第144页。

② 王锡彤：《抑斋自述》，河南人民出版社，2001年，第179页。

③ 此处考察对象多为省垣士绅，那些在州、县或者乡村有着广泛影响力的士绅，因受限于资料无法悉知，且各地情况千差万别，也不可能一一查访落实。一般而言，士绅是一个“自在”阶层，也是一个“利己”群体，他们的行为要依照自身利益而定，看不出革命对自己有什么明显好处的，大多反对革命或对革命冷淡或本能抵制。

④ 张朋园：《立宪派与辛亥革命》，吉林出版集团，2007年，第161页。

取权力还包藏着更大的祸心，事先谁又能料想得到呢？”[①] 梁漱溟对袁氏素无好感，持论尚且如此，被梁启超极看重的民初舆论娇子黄远生眼界甚高，在其文章中尚谓袁“并非不可与为善之人”，且列举袁氏“五点长处”，认为放眼全国，袁氏或可担当大任，此即代表当时大多数知识分子士绅的认识和心理。可见，国人望治、汉人主政和强人当国，应是包括立宪派士绅在内的民初国人的终极关怀和政治选项。

① 梁漱溟：《怀黄远庸》，载《梁漱溟全集有限责任公司》第七卷，山东人民出版社，1993 年，第 627 页。

第三章　挟自治之风：军阀当政与绅权再度膨胀

随着清朝的覆亡，传统士绅不可避免地走向衰落。与此同时，有着新学教育背景的士绅群体随着北洋政府的建立，在地方自治的过程中逐渐崭露头角并不断壮大。这个阶层与地方大小军事集团结合，形成北洋军阀时期独特的军——绅政权体系[①]，对近代中国产生深远影响。彼时的士绅虽屈服于军权之下，但是由于二者有着不可分离的彼此依存的关系，在“豫人治豫”和“地方自治”的风潮下，或充任公职，或为公众代表，出而任事，活跃城乡，在社会变革中利用体制之利使绅权再度膨胀，且使这一阶层呈现出组织化、劣质化、武装化的新面向。

第一节　河南士绅与民初公共权利网络的重构

20 世纪初年，清政府在西方政治思潮的冲击及国内士绅、新知识群体的要求下，将府厅州县划为自治单位，期图将自治组织与地方行政及公益事业结为一体。民国肇建，地方自治因循未改，其间虽遭袁世凯之

① 陈志让：《军绅政权：近代中国的军阀时期》，三联书店，1980 年，第 4 页。

摧残与军阀政权之抑制而告朔饩羊，但形式犹存，在民初公共权力网络的重构中，绅权跋扈张扬更甚于晚清。

一、地方自治与“绅权”的组织化

光绪三十二年（1906年），清政府下诏预备立宪，确立地方自治为“立宪根本”[①]。府厅州县“上级”自治的开办，于宣统二年（1910年）9月展开。卒因政局动荡，一再迁延，直到清廷覆亡前夕，河南各地自治告成者，不过20余处。[②] 多数州县迟至民国初年，才完成议事会及参事会的组建。

河南府州县议事会议员的出身背景，已无从全知，沈松侨根据汝南、滑县、汜水三县的资料考察，发现以科举出身的传统士绅所占比例较大。如三县议会97人中，已知教育背景者39人，其中拥有生员以上功名者达25人，纯粹出身新式教育者仅14人。此外，议员所具功名，绝大部分系生、贡等低级功名，具有举人以上功名者仅有1人。他据此判断，河南各州县的上级自治机关大体由低级士绅所控制。史料显示，两县60名议员中有传统低级功名的人数为40人，比例为66.7%；有举人功名的共3人，且2名是参事会会长（县知事兼任）；有2名留日学生，接受过新学教育的议员共13人，占比21.6%。正阳县的40名议员中，有12人在省、县自治研究所中接受过培训，比例为30%。上述分析表明，作为民初州县自治机关的议会，传统士绅的力量虽然还较为强大，但在新老士绅的嬗递中，系统接受过新式教育的新型士绅正在集聚力量并崭露头角。在州县这一层级，传统士绅的影响力和话语权正在向新生力量作出适当的让渡，拥有新学背景的士绅在地方自治中的参与度明显高于传统功名者，前者对革新政务和兴利除弊的热情明显高于后者。[③]

① 史宝安：《大清宣统政纪：第5卷》，凤凰出版社，2013年，第35页。
② 《政治官报》，宣统三年2月3日；《顺天时报》，民国二年7月12日。
③ 井俊起：《雪苑憨叟忆往》，载《河南文史资料：第35辑》，1990年，第35—36页。

州县议参两会本质上是带有浓厚地方色彩的代议机构，其议事范围大抵局限于本邑地方事务。整体而言，由于存在时间过于短暂，议员素质参差不齐，河南各州县议会真能发挥作用，大肆兴革者，并不普遍。但在自治浪潮高涨，民气舒张的时代背景下，部分州县议会，确有相当突出的表现。例如汝南参议两会在革命事起，政局飘摇之际，“每乡镇选举议员四人，全县共举四十人组织成立，公推李怀允、李应庚为正副议长，依法开会，议决全县兴革事宜颇多。同时参事会亦设于内，全体议员公推徐鸿翔等八人为参事。是年武昌民军起义，汝南居南北间，谣言繁兴，幸议参会从中调停，官民相安，地方粗定。[①]”再如信阳，民国成立后“地方议事会、参事会、劝学所、公款局及镇乡自治会，官私各校职教员，十有九皆为国民党人，声势之盛大，为官府所忌。参、议两会尤努力于剔除衙署积弊，搜挤吏胥赃私，以及厉行剪发、禁烟、取缔私塾、抑制土豪、查公款种种兴革事宜。间有因操切而招反感者，污吏劣绅，遂利用为之倾轧之计。于是讦告朋兴，而党人团结益坚，卒不稍慑。[②]”光绪三十四年（1908年），正阳县知县委袁绅丕行等筹办自治，划分区乡，调查户口。宣统元年（1909年），选举省谘议局议员1人，民治始现一斑。民国纪元1月间，国民党正阳县党部初筹。6月县议事会、参事会、公款局同时成立。一时百度维新，是为正阳民治幼稚时代。[③]

州县议会的活动固属地方自治之一环，但从权力运作和参与主体而言，则又关系到地方权力结构的改组。基于此，河南州县议会自筹设以来，风潮迭起，龃龉不断。宣统二年，河南府城选举自治会长，该城巨绅杨、庄、马三姓，以会长一职为他姓所得，愤而迁怒议会中学界中人，令巡警前往学堂寻衅殴闹，致使学生负伤者多人。[④]民国元年（1912年）

① 陈伯嘉修，李成均纂：《重修汝南县志·自治》，1938年石印本，第363页。

② 方廷汉、谢隋安修，陈善同纂：《重修信阳县志》，卷31大事记，1936年铅印本影印。

③ 王玉丰主编：《重修正阳县志（点注本）》，中州古籍出版社，2015年，第80页。

④ 《豫省绅界冲突》，《顺天时报》1910年4月2日。

五月，汜水县议会选举，由魏祖旭、梅春台等新派人物主持，调查选人时，竟将县内老派士绅赵国光、梅发魁等多人剥夺选权。赵、梅徒众勾结河北小刀会隐匿城厢，险致“持枪械劫狱劫仓，抢掠商民，戕害新派士绅”之惨祸。[①] 睢县选举议、参两议员，五城首事蒋某选举失利，纠集亲族百余人，捣毁票箱，殴辱当选议员，勾结县内差役并扬言起事。地方官苦劝无效，赴汴垣请兵三营弹压。[②] 类似事件，在河南宁陵、汝州、洛阳、西华也有发生，一时之间，风雨满城，人心惶惶。一些地方组建议会，推行自治甚至与革命党起事联系起来，受到守旧势力的抵制和打压。[③]

清末民初的地方自治，依照最初预期及最终成效而言，无疑是失败的。其中原因，学者多有讨论，如沈松侨先生从制度、经费及人民程度等方面进行分析，持论较为公允，为学界所瞩目。应该指出的是，彼时的地方自治，并不是中国政治、经济、文化及国民素质发展成熟后的必然产物，而是依照人为设计，自上而下，依靠社会精英推进的一项旨在扩大社会动员、整合社会资源、自我造血和修复的改革运动。自治施行的结果之一，是地方士绅假借自治之名，益形扩张其势力，使绅权在体制内得以扩张。

经组织化、科层化的乡村基层政权，无论是区、乡、保、甲，还是都、团、约，名称不一，内容相同，主事者无一不是地方上的头面人物。这些区长或团总，与军阀、官府有着千丝万缕的联系，后者是前者的代表，前者是后者的基础。北洋政府统治时期，河南基层政权组织，名义纷更，变化多端，究其实际，仍为前述区长、局长、首事等地方士绅所操纵，且其权势，更因政局混乱与社会军事化的加深，而益形扩张。政府当局虽行自治之名，却始终未能制定一套有效的社会动员系统，使

① 井俊起：《雪苑憨叟忆往》，载《河南文史资料：第35辑》，1990年，第36页。

② 《睢县殴辱议员》，《民立报》1912年8月4日。

③ 孟广文：《五四前后安阳社会概况》，载《安阳文史资料：第5辑》，1989年，第93页。

地方精英甘为公众利益效力。在此情况下，河南的广袤乡野，完全成为“土豪劣绅”剥削搜刮之对象。据调查，国民政府势力未介入前，河南各地士绅气焰顽盛，不但控制民团，拥有私人武装，还左右地方财政和司法，在乡间作威作福，为所欲为。[①]

郭廷以先生回忆，其家乡舞阳县把总总董赵振海异常跋扈，手下统有三四十名亡命之徒，平时吃拿强索，欺压百姓，且常常殴打巡警，连县长都怕他，常受他的欺凌。某日，赵向某士绅要索不遂，诬指为匪，送县府究办，县府查无实据，拟将士绅释放。赵率领十余名亲兵，至县府将犯人劫走，非刑拷打，县知事无如之何。[②] 民国十三年（1924 年），偃师县城乡士绅为挽留知事刘懋绍，号令县民封闭城关四门不许新任知事入城，迫使上峰将新知事调往他县。[③] 民国十四年（1925 年），荥泽县长因公款局账目不清，将局董收押查办，其子纠集一万三千余红枪会众攻入县城，劫狱放粮，并放火焚烧县长私宅及物品，驻防军队及警察亦无可奈何。豫省学者刘景向论及本省政局时说：“清沿明制，河南各县行政，数百年来大率无甚变更。光绪季年，创行新政，县署外之绅办机关，如劝学所、小学之校长、学董，虽有增设，而于县署之职权无所损益也。民国肇兴，绅权渐重，改革愈多。然如县署之吏胥差异，改充科员、法警，仍不能尽革其不良习惯。”[④] 所评虽为县政，但从一个侧面反映出河南地方自治之消极影响，亦可管窥民初河南士绅利用制度和体制之便，确实嚣张跋扈，无所不用其极。

二、民初河南士绅的“组党”热潮

政党、社团组织、利益集团都是随着民主政治的发展而出现，其之

---

① 行政院农村复兴委员会:《河南省农村调查》，商务印书馆，1934 年，第 98 页。

② 张朋园等整理:《郭廷以口述自传》，中国大百科全书出版社，2009 年，第 40 页。

③ 刘兆祥:《被民众爱戴的县知事刘懋昭》,《偃师文史资料：第 3 辑》，1988 年，第 110 页。

④ 刘景向:《河南新志：中册》，1929 年印行，第 894—895 页。

间既有联系又有本质的区别。自清廷开放党禁以来，特别是辛亥革命胜利后，河南各种党、会、团体如纷纷建立，在此过程中，作为“一邑之望、四民之首”的士绅阶层无疑充当着组党、建党的主体。民国初年的组党热潮，集中反映了河南绅民参政议政的要求和热情，促进了民主、共和思潮的进一步传播，具有进步意义。

民初河南到底有多少政治团体，现在已很难统计。据当时记者对省城的观察，“共和成立以来，汴垣一隅公共团体出于五色旗下着以十数计。[①]”开封报纸《时事豫报》，于1913年4月中旬对共和以来的政治团体进行统计，省城计有共和党、民主党、统一党及革命党等党派团体共40余个。[②] 除开封外，郑州党会也颇为发达，彼邦人士之入党会者，总数已接近二千员，风气之开，大有一日千里之势。[③] 另外，各府州不以政治目标，仅以地域不同而组合的团体亦属不少，汉口的报纸报道称：“河南自确定共和国体以来，除政党各树一帜外，更有各乡联络成会者。大抵每府或直隶州各设一会，即为某府某州同志会。一会甫立，各地竞相效仿。霎时，八府一厅五直隶州先后成立。会员大抵绅界、学界为多云。”[④] 民初的省城开封是全省的政治、经济、文化中心。海外留学归来的学子多在这里或政或学或商，一半以上的河南中等以上学堂建立在此，闻名于省、无意于州县的士绅知识人在这里聚集议政，讨论省是。宣布共和国体后，政治高压气氛有所减弱，革命党人也可以在这里公开的活动。当席卷全国的“组党”之风莅汴之时，50多个党派团体[⑤] 在这里诞生，并开展相应活动。

从地域分布上看，省垣开封是政党云集之地，除了同盟会河南支部、

① 《汴省共和新团体》，《大中民报》1912年5月21日。

② 《河南省城各团体表》，《时事豫报》1913年4月13日。

③ 《郑州党务发达》，《自由报》1912年10月9日。

④ 《汴省政党新景》，《强国公报》1912年4月8日。

⑤ 徐有礼：《动荡与嬗变：民国时期河南社会研究》，大象出版社，2013年，第14页。

统一党等少数几个党派发起声明或政团名称外，其他基本上未有完整的记录存世。从中可看出河南新派士绅对西方政党政治的理解及仿行，亦可解读出民众企图以政党监督政府，实现良善政府的憧憬和期待。

从时间上看，1912 年 2 到 3 月，是河南政党的萌发和快速发展时期，到 1912 年秋，各种党、会成员总数已近 2000 人。到 1913 年春，先后成立的政团和各种名目的会社、团所，总数已达 40 多个。这里面，最重要也最为引人注目的是同盟会支部，它于 4 月下旬成立，9 月 4 日改组为国民党。接着成立的有统一党支部（4 月下旬）、民社分社（5 月下旬，旋改为共和党河南支部）、国民共和会河南分会（5 月下旬）、社会党支部（5 月下旬）、统一共和党支部（7 月中旬）、工党支部（7 月下旬）、大同民党支部（10 月中旬）、自由党支部。其中的一部分为革命党人所组建（常有同盟会数人发起、一人参加数个政团者），以建成真正的资产阶层共和国为目标。此类政团的杂然并起，是各种政治力量都想染指政权的反映，虽品类不齐，但对民国初年的民主潮流也起到促进作用。

从阶层基础进行分析，河南热衷于“组党”的大体有三类群体构成。一为革命派，主体是同盟会员（国民党）；二为改良派，由原立宪派士绅构成；三为青年学生和工人阶层为主体的自由派。在当时，认为革命已经成功，“破坏时期”已经结束，工作应转移至“新的建设时期”，是当时同盟会河南支部的主导思想[①]。至于“新的建设”由何处着手，工作重点放在何处，如何参与政事，以及对政府的监督形式等问题则是争论的焦点。1912 年 9 月 18 日，一同盟会员在题为《整理河南财政之商榷》的社论中，即认为：“今大乱之后，萑苻遍地，兵骄将横，”故亟应推广巡警；“人民愚陋、绝无共和知识”，故教育推行有亟不容缓之势；河南实业一无可言，农林之事不讲，故亟应兴实业；此三者为促进共和之要政，且为国民之命脉。这种思想在当时河南革命党人中是有代表性的。

河南上层士绅也积极加入各种党派和团体，除民社、统一党外，他

① 李金河：《中国政党政治研究 1905—1949》，中央编译出版社，2007 年，第 129 页。

们多参加梁启超组织的民主党。因内部矛盾，直至1913年春民主党河南支部方才在开封成立。3月12日的《时事豫报》报导称：民主党于去岁十月间派员来汴组织支部，遂因共和统一会与共和建设讨论会中之一小会员意见不合，事遂中止。本年正月，该党北京总部电邀王君北方（河南早期同盟会员）入都筹商一切。王君回汴后与方君干周（晚清进士、前河南谘议局议长）竭力使两方面会员消除意见，遂于日前开成立大会。设支部事务所于旗纛街。公推方贞（干周）、王人杰（北方）为正、副部长。夏汝宪为基金监，万自逸等六绅为基金干事。常务干事王敬芳、胡汝麟、张坤、张嘉谋、余炳文等15人均为省内名宿。[①] 该党成立较晚，成员多为官僚士绅，政治倾向多趋于保守，参政议政的积极性不高，与官厅行走较近，为民众视为"守旧党"，建树不多，影响力有限。

在复杂的党争中，统一党和同盟会的斗争最令人瞩目。有报人指出，"民元，河南党派林立，分道扬镳。除共和、自由等党初与民党接近，旋即投降袁氏外，其余与同盟会对抗。而压迫最力者，厥为袁氏卵翼下之统一党，幕势官僚争趋之。国民党河南支部成立后，各县分部依次成立。名义上与各党合并而实际以薰莸不同之故，鸿沟难泯，对峙依然。豫督张镇芳尤袁氏死党，左袒统一党。民党持正，时起龃龉。[②]"内含大量豪绅和旧官僚的统一党，他们积极帮助袁世凯、张镇芳击败革命党。在信阳，"王、姚等劣绅，邀集该州议事会筹办员陈廷赞、董锡庚将议事会办事所设于统一党分部事务所内，日日秘议此次选举必然排去同盟会人，凡属统一党籍者，无论好坏均可当选云云"。[③] 但是，辛亥革命的影响在河南较为深广，无论是国会议员还是省议员选举的结果，国民党的优势依然相当突出。一百多名省议会议员中，国民党议员占七十多名。当选

① 吴志勋：《河南》，中华书局，1927年，第39页；王怡柯《农村自卫研究》，开封村治学院学生会编印，1932年，第100页。

② 《河南通志稿·中国国民党河南党务记》，转引自王天奖编：《河南辛亥革命史事长编》，河南人民出版社，1986年，第254页。

③ 《信阳统一党支部之辣手段》，《自由报》1913年7月14日。

的十名参议员中国民党六人，统一党三人，共和党一人。《自由报》等报纸，连日刊载国民党在各选区获胜的消息，一时间投机政客纷纷声明退出共和、统一等党而转入国民党。表面上，国民党获得选举胜利，声势颇为兴盛。

民初河南各州县的“组党”情况，受限于资料，确之较难。幸有南京二档的《河南全省各项党会总表》存世，系河南巡按使 1914 年 11 月 27 日致内务部的咨陈及所附名录。从《河南全省各项党会总表》来看，民初各党在县里的组织架构，有的较为健全，如统一党方城分部，除按章程规定设立分部长及干事等职员之外，“设政务调查会，调查政治”，又“设讲演会，派人在各区讲演政治。”又如进步党新蔡分部“甚形发达，与国民党竞争剧烈”。但有些分部组织，或因经费困难而陷于瘫痪，如统一党潢川分部，因“经济支绌，业已停办”。或因其他种种原因，商徒有其名；如统一党武安分部“有结社之名，无履行党纲之实，虽形式粗具，毫无实际”；或因成员大批脱离而呈现土崩瓦解之势，如进步党获嘉分部。1914 年 3 月 2 日袁世凯政府公布《治安警察条例》，严禁学生参加任何“政治结社”，而“自奉令取缔，学生入党俱已脱离，所余人数无几”，自学生脱党后，人数锐减，办理毫无兴致，大有无形消灭之势。[①]

民国初年，形形色色的政党、政团和议会的设立，在河南这个内陆省份是前所未有的政治现象，也是民国时期唯一的一次“多党制”的“试验”。由于中国小农社会经济基础的薄弱和传统文化的根深蒂固，这场试验很不完善且很快归于失败，但却或多或少地向社会各界传递出民主思想和政党观念，集中反映包括士绅在内的各阶层民众参加政治生活、改善自己政治和经济地位的要求。总体来看，民国初年河南组党热潮多局限于省城开封，局限于上层知识人和士绅的圈子里，存在这样那样的

① 陈长河：《统一共和党在河南》，载《河南文史资料：第 44 辑》，1997 年，第 83 页。

瑕疵与问题，如政纲不明（或者大同小异，或根本没有什么政纲）、许多党派是临时凑合的思想散乱的小团体、党员缺乏政治纪律和政党常识、官绅政客充斥其间牟取私利等。民众希望通过组建政党，利用团体的力量，要求当局改革弊端，甚至“平时官吏之不合予心者，皆毛举细故，列款呈控，要求撤换”，[①] 这种参政议政、监督行政的行为形成一股民主潮流，有利于河南社会的进步和发展。

光怪陆离的党争，表面是各党派的对垒和角逐，其实质则是官权与绅权的斗争。正如冯友兰所言，民初乱局正表现出官绅、新旧士绅内部的矛盾。辛亥革命一起来，大多数新式士绅便自然成为革命的一个同盟军，一起反对当权的旧官绅阶层，即以清朝皇帝为代表的地主阶层的统治。等到清朝被推翻以后，原来参加革命的那一部分士绅，就又同掌握族权、政权的士绅发生了矛盾和斗争，这种斗争披上了民主的外衣，以党争的形式展开，最终还是不能解决问题。因此，资产阶层发动个“二次革命”。其结果，还是失败了，以袁世凯为代表的官僚阶层篡夺革命的果实，在中国开始了北洋军阀的统治。[②]

三、昙花一现的民主与新旧士绅的博弈

民国创建，以孙中山为首的革命派力图扩大辛亥革命的成果，巩固和健全民主制度，通过“政党政治”和“议会道路”，把国家权力夺归到自己手中，完成辛亥革命未竟之业，将国家建成资产阶级民主共和国；袁世凯则力图破坏辛亥革命的民主成果，削弱以至消灭以孙中山为首的资产阶级革命派，将全国“统一”到北洋军阀的统治当中。在此种环境之下，以豫督张镇芳为代表的守旧势力与具有资产阶层民主共和思想的新绅之间的斗争也随之产生并不断激化。

河南在辛亥期间未获“独立”，社会秩序受到的冲击相对较小，但

① 《豫省通讯》，《国民新报》1912 年 5 月 3 日。

② 冯友兰:《三松堂自序》，人民出版社，2008 年，第 30—31 页。

“革命”对河南社会和政治生活却产生广泛而深远的影响。随着民国的建立，河南人民爱国热情空前高涨，热切希望国家能够迅速改变积弱的地位，“俾我中华民国龙行虎步，高掌远跖，辉耀东亚大陆。”[①] 1913年的第一个元旦到来时，开封大小街道都挂起五色旗，张灯结彩，“共和万岁”“开国纪念”“民国万岁”等匾额条幅随处可见。新郑一名士子满怀豪情地写道：“一声霹雳，黄鹤楼前，雷奔电掣。看热心光复，拼掷头颅；誓扫胡氛，横飞铁血。枪林影里，弹雨声中，苍生惨历红洋劫。倖满廷，遥颁退位诏，和平解决。化专制为民国，五族共和旗联五色。但维持现状，虽仗伟人；追论首功，应推先烈。生呼万岁，死壮千秋，生荣死哀光史册。祝民国，长此亿万年，办香争艺。”[②] 人们相见、彼此互贺新年，行鞠躬礼，而不再叩首作揖。破旧俗，立新风，一时成为城乡风尚。

民国肇始，各州县的民主势力与守旧势力之间也围绕着州县议事会，乡镇自治会而开展斗争。1912年春夏，各地临时议事会先后建立。与民主势力厚集的省城开封不同，各州县在力量对比上民主势力更处于劣势。许多地方的议事会、自治会一开始就被地方传统势力所把持。如罗山旧官僚刘家模，拉拢地方传统势力，窃据了县议事会议长务，“把持公事，报怨徇弘”。[③] 南阳城厢自治会“至今拖豚尾者犹列满于席，忝不为怪。刻下议员互相攻讦，大起风潮，各以吞食公款多寡为未分余润者所告发。”[④]。类似情况，在当时省内是常见的。好在辛亥革命过去还不久，有一部分州县和乡镇的民主势力借助空前高涨的民主溯流，经过斗争，仍得以在“自治”结构中一度占据主导地位。如信阳县议事会组织

① 《自由报发刊辞》，《自由报》1912年7月2日。

② 李颖：《民国二年国庆日祝词·调寄沁园春》见周秉彝等修，刘瑞璘等纂：《郑县志》，民国二十年铅印本，第1596页。

③ 《旧官绅把持县议会》，《自由报》1912年7月30日。

④ 《南阳城乡自治会大冲突》，《自由报》1912年9月18日。

时，反动势曾力图把持，除劣绅王永钦“垂涎议长，百方运动”外[①]，“向来末得志之廪、秀生员及卑鄙不堪之腐败士绅，都打动做官念头，群起运动”，[②] 但仍被国民党击败。

新派士绅在冲刷政治积诟、抵制传统积弊方面也做出了一定努力。1912 年 4 月 10 日，河南召开临时省议会，受到民主潮流的推动，通过一些除旧立新的决议案，诸如裁减官吏、公所，剪除发辫、清理公款、严禁官吏兼职牟私、裁撤州县旧胥吏等，还为张仲端等辛亥十一烈士平反、抚恤等。在县一级，新成立的议事会，议员虽多为举、贡、生、监，而且多为地方传统势力所把持，但仍有少数议事会在民主势力的推动下，反对传统弊政，且部分见诸实行。如永宁县议事会议员十八人，十六人系旧贡、廪、监生，不过其中有七人又接受了新式教育，他们集议论政，共同控告县知事“滥刑苛罚，纵匪殃民”。[③] 阌乡议事会除通过划一钱粮征收以减轻绅轻民重的积弊外，对于诸多弊政，亦颇有厘正……多经施行。[④]

民国以来的吏治清新之气，很快被前清守旧官绅所败。开封报人注意到：“省外士绅热衷功名者，皆奔省营谋，无微不至。都督、藩司署中，终日高朋满座，纷纷禀见。有为一己求事者，亦有代他人求官者。终日应接，殆无办公之闲暇。在他省之豫籍官僚，亦皆回省谋职。一若前清之官吏资格，一回本省，即属有效者。”[⑤] 张督喜用旧人：“一司道也，非前清之翰林，即前清之主事；一政府也，非前清之进士，即前清之中书。除此之外，虽有若何才能，若何理论，皆不得与被选之列。……若辈平日之行为，非反对共和，即残杀民党；非品行恶劣，即营利小人。”[⑥]

---

① 《劣绅运动议事会》，《自由报》1912 年 7 月 26 日。

② 《士绅运动议席》，《自由报》1912 年 8 月 6 日。

③ 贾毓鹗修，王凤翔纂：《洛宁县志》卷 31，1917 年铅印本，第 32 页。

④ 黄觉修，韩嘉会纂：《阌乡县志 · 通记》1933 年铅印本，第 12 页。

⑤ 《中州政界现形记》，《国民新报》1912 年 4 月 24 日。

⑥ 《河南破坏问题》，《大中民报》1912 年 7 月 19 日。

张镇芳"用人行政"的初衷，即为消除辛亥以来的积极影响，恢复晚清旧秩序。在张镇芳盘踞的都督府里，所有当差人员仍拖着长辫，前抚署所设礼、户、吏各房依然保存。旧衙门书吏依热充塞其中，衙署外面一对旗杆，两部锣也依然如故，大堂上照挂清朝帝后颁赐的福寿匾额，印架之上仍然"高捧圣旨"。各州县官吏也仍多穿着旧衣褂，且捕杀剪辫之人，所出告示上仍加"钦命"，"巴图鲁"等字样。张镇芳以河南都督名义咨湖北的文书中，依然恪遵清朝定例，遇有"国史馆"，"奉旨依议"，"钦命大臣"等字样时，均照旧单抬或双抬书写。正如当时报纸讥讽之言："豫省官员多身任民国官吏，犹恋恋不忘故主。"[①]

张镇芳履职未及一年，豫人即发表社论抨其弊政。一曰滥用不才。"用人行政，纯以私意出之。无论才与不才，钻营之术巧，运动之力大，则委任独速焉，不然亦必旧日之私人也。虽各州县有以经弹劾而撤换者，然前门拒虎，后门进狼，人民姓名财产受保护者几哉？二曰玩忽财政。于贪官污吏有极厚之感情，不肯自薄同类也。论者指斥张氏，""不知河南之宜改革，是为不智；知其宜改革而有意不改革，是为不仁；知其宜改革而复有意改革，而惟以畏袁大总统故，不敢言改革，是为不勇。不智不仁不勇之张氏，乃贻害河南无形之祸"。[②]上海《民立报》1913年7月11日一篇文章报道张治下河南说："举凡前清蟊贼，民国败类，一经钻营，即膺民社。以故吏治败劣，实为专制时代所未有。"新派士绅受到排挤和打压，求告无门，不少人把希望寄予黎元洪，"黎副总统以豫省系未经破坏之区，一切内政腐败不堪，实由满清锢吏盘踞要津，横施其专制惯伎，致汴民仍居水深火热之中，来鄂求救者，络绎不绝于道。"[③]

地方守旧官员，极端仇视革命党，大肆捕杀党人及开明士绅。"新蔡令某，翎顶辉煌，时缉无发辫之人，剖心抉目，惨无人理，并杀拿主

---

① 《豫省行政犹如前朝》，《大中民报》1912年7月24日。

② 《诘问张镇芳》，《自由报》1912年7月11日。

③ 《汴省赴鄂求救》，《民约报》1912年6月7日。

张共和者数十人，所焚掠者四十三家，受勒索者八十余户。”[①] 1913年12月，张镇芳为加强对民众特别是国民党的镇压，特通令观察使兼军法课课长衔，各县知事兼军法课科员衔，准其获“土匪”以后“以军法从事”大权。[②] 张镇芳治下的民初河南，屠杀革命党人和青年学生及无辜群众，有说数千人，有说有一万多人。[③] 到段祺瑞接任河南都督时，军警联合会狱中还押着两千余人。共杀戮之惨，株连之多，可以想见。

省城开封是民党活动的主要基地，又是“文明”荟萃之地，新绅力量尚处于劣势，历来由地主豪绅把持的地方州县，这种劣势更加明显。洛阳一般劣绅，百方夤缘，盘踞重要机关，每遇公事，则非二三人把持不行。[④] 确山恶绅王士重等人利用大刀会，公然宣称：清朝江山未尽。五月初九日开全体大会，到会五千余人，类多衙署差役以及下等无赖之徒。阴以留辫为名，诵口诀，图谋不轨，其大谬者，公然定期开会，研究民政、财政、顺关安民之道。[⑤] 宁陵劣绅受归德束发会之影响，故意创作谣言，谓盗贼之祸皆由学界剪发酿成，不久即应遍地杀秃驴之兆。城乡劣绅之诡诈百出者，一面勾结差役，一面煽惑乡民，决意与新学界为敌。[⑥] 河南城乡局面，如报纸所载，“各县知事，强半为运动所得，出其手段笼络旧绅，藉旧绅以愚民，而专与新绅为敌。”[⑦] 在这样严重的情势下，新绅群体的处境和斗争更加艰难，只能在所谓“地方自治”的范围内同守旧势力（官吏和豪绅）进行一些角逐。

---

① 《记商城客谈》，《强国公报》1912年3月31日。

② 王天奖、庞守信、王全营、冯文纲：《河南近代大事记（1840～1949年）》，河南人民出版社，1990年，第160页。

③ 王克明：《任芝铭存稿》，河南人民出版社，2013年，第31、214页；徐乐三、尹文堂：《张镇芳屠杀河南革命党之惨状》，载《河南文史资料：第8辑》，1983年，第194—197页。

④ 《洛阳劣绅猖獗》，《自由报》1912年9月26日。

⑤ 《确山恶绅组织大刀会》，《大中民报》1912年7月2日。

⑥ 《宁陵劣绅与学界为敌》，《大中民报》1912年7月27日。

⑦ 《河南县政黑暗》，《大中民报》1912年7月4日。

由于守旧势力过于强大，不少新派士绅或逃匿省外，或隐于乡野一些革命志士，像唐县刘峨卿、古建安，固始张选青、张幼亭，新蔡阎子固等，均因“宣传共和”“倡言独立”以革命党的罪名惨遭杀害，学堂毕业剪除发辫的青年，也多被迫亡命。“各省皆盛民主自由之风，独我河南大谬不然。草野之间，则怨声载道，官场之中，则臭气冲天。不特无共和之实，并且无共和之名。”[①] 1912年，同盟会河南机关刊物《大中民报》发表《哀河南》以诗句，诗中写道：“大局纷纭若逝波，男儿爱国竟如何？同胞颠沛伊谁救，羞向人前说共和。堂堂贵戚莅中州，亡国余威使人愁。大陆依然崇专制，共和若付水东流。言论纷纷崇自由，互相倾轧是吾忧。休夸我国人民好，总比邻邦逊一筹。”[②] 凡此种种，充分表明为民主、共和而奋斗的革命党人对现实的不满与愤慨，也反映出在旧官绅压制下，河南进步力量的悲怆与无奈。

第二节　士绅参政议政实践与议会之争

民国初建，河南士绅阶层参政议政热情空前高涨，对议会政治亦作三次努力和尝试。民国元年末、民国二年（1913年）初进行第一届议会及国会议员的选举，并在随后五年间数度集会，议决省是。第二、三届河南省议会也分别于1918年和1922年在开封召开。[③] 三届议会的召开是地方政治精英追求“代议制民主”大胆实践，但在军阀专制统治下，民主人士屡遭打击压制，进步势力日益萎缩并边缘化，保守势力变党为

① 《中原何时得民主》，《大中民报》1912年7月14日。

② 《哀河南》，《大中民报》1912年5月10日。

③ 时人有“第二届选举安福系操纵于内，十一年第三届选举当轴者之操纵如故”之评，见河南省档案馆：档号：M-18-832。

朋、依投政府谋求私利的现象日甚一日，实际效果更是差强人意，议会连同议会政治一道名存实亡，最终被豫人所弃。

一、士绅阶层与第一届国会及省议会

进入民国后，根据形势的发展，按照民主共和精神建立代议机构就成了河南的当务之急。在议员人选上，各县热衷于名位的士绅，趋之若鹜，认为这是一条出头捷径，纷纷参加竞选。新旧士绅龃龉骤起，有报纸披露说："原谘议局议员大抵耆旧，拟就谘议局略为变通。青年党因旧谘议局人员尸位滥竽向不问事，斥其不合，多不赞成，发起组织临时省议会代表团，议定每州县各举议员一人，用互选法将议员举定，欲于议会中占势。不图选举之后，又有告白出现，斥其选举为少数意见，所举省人绝不承认。"[①] 经豫督张镇芳居中斡旋，并经袁世凯干预，旧谘议局解散，各州县各出一名代表组成的新的临时省议会于4月10日召开。议员中，一部分是同盟会员，一部分是统一党员，少数是共和党员。选举杨源懋为议长（进士、同盟会后改入统一党），王杰（日本帝国大学毕业、先同盟会后国民党），张嘉谋（举人、谘议局副议长、同盟会改入民主党）。从议会领导层来看，体现了省内各党派之间的均势和平衡。

议会期间，议员们根据自己所理解的民主精神，表达各自政见和主张，形式上看起来热烈且庄重。张胪卿回忆："省临时议会阳历四月初开会，先议本会组织法及议事规则；次议议员薪俸。前清谘议局议员，月薪五十两，兹值民国肇始，百废待举，议会为民选机关，宜首先减俸以为各机关倡，卒以月俸三十两定案。余提肃清鸦片及八旗生计两案，虽经通过，政府终未实行。是时议员分激进和平两派。激进者概青壮，和平者率老成，有关重要案件争执尤甚。"[②] 有记者注意到，豫省议员"有主张一切官吏由各县选举者，有主张将现任州县悉数撤回，另以新学界

① 《临时省议会之波折》，《大中民报》，1912年4月8、11日。

② 张胪卿：《双柳老人年谱》，载《修武文史资料：第5辑》，1989年，第15页。

人组织，有主张部分官绅，必须严格考试而后任者，各持一见，互相反对，老拳抵几，争议不决。”[①] 议会中的民主势力向张镇芳提议，为辛亥烈士张仲端等十一人平反，且敦促省府即为查明，分别优恤，所需款项，由藩库拨给。张镇芳拨银11200两，抚恤张仲端等11烈士家属，通过后实行。[②] 议员们在刷新吏治，淘汰贪吏方面亦有所作为：纠查中牟知事李景，浮收国课，吞蚀公款；河内县令陶洪，假传宪谕，伪造电文，诈取民财，携款私逃。其他如长葛县潘守廉之贪婪，上蔡吴道友之吞款，商城汪鸿遇之违法加粮，扶沟县（今长葛市）武培元之贪赃违法，洛阳陶炯照、鲁山县田务本之残杀民军，要求省宪既有民政大权，查吏自其专责，不能概置不问，纵容非法。[③]

与晚清谘议局相比，河南省议会的组织与规模明显有所扩大。此前的谘议局议员为96人，省议会为128人。国会分参众两院，参议院每省代表10人，由省议会推选。众议院按人口比例产生，每80万人选出代表1人，河南有代表32人。第一届河南省议会依照《省议会议员选举法》《省议会暂行法》等规章，落实对选民与被选举人的规定，与清季谘议局相比，略有不同：选民从25岁降低到21岁。不动产方面，由五千元降到五百元，仅为之前的十分之一。教育程度方面，清季要求中学毕业，现在小学毕业即可。凡此种种，可以视为一种进步。[④] 关于议员的人选，省署尚不敢明目张胆地任意指定，只能暗中支持其拥护者。大部分议员是因土豪劣绅、地主市侩对选民进行胁迫、贿买而当选的，所以真正在地方上孚众望、堪以代表民意的人则为数寥寥。如统一党党员韩胪云为竞选议员，“遣人赴巩县、偃师一带打探国会初选当选人，每人送点心一

① 《议员选举各执一词》，《国民新报》1912年5月7日。

② 王天奖、庞守信、王全营、冯文纲：《河南近代大事记（1840～1949年）》，河南人民出版社，1990年，第148页。

③ 《省议员大有作为》，《民约报》1912年5月20—21日。

④ 张朋园：《湖南现代化的早期进展（1860—1916）》，岳麓书社，2002年，第160页。

盒。殆投票期，每票送银二三十元不等，再有许以皮袄者。……韩氏终以 26 票当选。被人戏称皮袄议员”。[①] 这样的例子，报纸多有披露，开封一家报纸评曰：“议员之选举，组织国会，制定宪法，监督政府，代表民意，其责任为重大，其选举更为宝贵，凡具有选举权者宜如何慎重，投票必视其人之学问、德望真可以谋民利，然后得投票选举。今之神圣选举权，吾民不知爱护，或以金钱而贿买之，或以情面要求之，或以威力而胁迫之，致使国、省选举不能正式投票，而社会蟊贼、人中败类皆得滥竽立法机关，其真正伟人十不一焉。”[②]

河南第一届省议会及国会议员选举，虽有统一党借袁世凯金钱势力之竞争、张镇芳之拼命打压，结果国民党犹能占据相当议席。在 128 名省议会议员中，国民党议员占 73 名。当选的十名参议员中国民党 6 人，统一党 3 人，共和党 2 人（其中一人为跨党）。32 名众议员中，国民党籍议员有 15 名。结合史料，与清季河南谘议局进行对比，可以发现作为士绅代表的河南议员的基本特征。

传统功名：两院议员 42 人中，有功名者共 12 人（进士 2 名，举人、廪生 10 人），比例为 28%，国民党籍议员占了半数。与谘议局比较，其具有传统功名者在民国之政治参与中，已不是有力的竞争条件。根据张朋园先生所作全国性研究，传统功名在两院议员中的比例仍高达51%。[③] 在官本位思想根深蒂固的河南，解释此种现象，大概是因为民初民主风气较为滋盛，军阀势力对地方议会和政党控制较为有限的缘故，[④] 同时也说明豫人对革命派流血牺牲缔造民国之功的认可。从事革命者年事较轻，两会议员中国民党籍议员的平均年龄为 33 岁。年岁既轻，时代变迁，已不再为科举功名所禁锢，何况科举功名之废止已有 7 年之久，同时也说

① 《黑箧议员之秽史》,《自由报》1913 年 1 月 18 日。

② 《国、省议员开票后之痛言》,《自由报》1913 年 1 月 14 日。

③ 张朋园:《从民国国会选举看政治参与》,《台湾师范大学历史学报》1979 年第 7 期。

④ 张永:《民国初年的进步党与议会政党政治》，北京大学出版社，2008 年，第 30 页。

明河南传统士绅阶层逐渐在衰微之中。

新式教育：河南42名两会议员中，有14人曾经留学日本，比例为33%。留学之外，尚有15人为国内新式学堂出身者，比例为36%。两者相加，高达69%。此一比例，不仅足以证明传统功名出身者比例在消减，同时亦可以看出精英人士在迅速蜕变之中——新士绅取代旧士绅。更值得注意的是，有11人具有传统功名者，有7人已经自动转变，或曾入新式学堂，求自我之改造与进步。谘议局时代仅有5.21%的新式教育成分，第一届国会却高达69%，尤其可见蜕变之迅速。

社会背景：如第一章所述，具有传统功名者家道多殷实小康。在晚清民初的河南，能负笈海外留学者几为官商绅矜之家特权。若家无恒产，留学或进入新学堂研习，对一般中等家庭而言尚属奢望，遑论贫寒子弟。[①] 因此可以大致推论民国之议员大多出身显贵之家，其情形与谘议局议员并没有太大出入。

经历：当选议员之前的经历，有官吏8人（19%）、谘议局或临时省议会议员13人（31%）、老同盟会员12人（29%）、国民党员21人（50%）、统一党员20人（48%）、共和党员11人（26%）。新学堂教职或创办教育者12人（29%）、报馆主笔3人（7%）。官吏比例较谘议局时期明显降低，且多为低级官治，只有2名进士有省外任职经历。所有议员均有加入政党经历，且有11人存在跨党现象（其中4人加入了三个党派）。国民党在青年议员和学界中影响较大，[②] 在旧士绅和一般绅商中，统一党的影响依然不小，这些显然是该党受袁世凯、张镇芳扶持的结果。[③] 从职业和经历来看，议员中创办学校，或担任教员的比例最大，有谘议局或议员经历的人数超过三分之一强。

以上对议员的背景分析，与谘议局比较，已有明显的改变。一是功

① 张朋园：《郭廷以口述自传》，中国大百科全书出版社，2009年，第22—27页。

② 信阳同盟会改为国民党以后，教育会、劝学所、官私各校教职员十有九为国民党人，声势盛大，为官府所忌。见《癸丑党狱》，《重修信阳县志》卷31，第3页。

③ 《信阳统一党支部之辣手段》，《自由报》，1912年7月14日。

名一项，拥有旧功名的议员比例下降，受到新学教育的议员人数大幅提升，进取的成分有所增强。二是议员年龄普遍年轻。两会议员的平均年龄为 33 岁，正是积极进取的阶段，进取中有激进的因素，唯有家道殷富可能会趋向保守。[①] 三是所有议员均加入了民初的各种政党，希望能够通过党派的力量来实现政治目标，虽然对本党章程、纪律、目标等尚无明晰认识，但政党政治的模糊观念似已渐入人心。四是对袁氏主政的北洋军阀政权已有理性的判断，能够突破狭隘的乡谊观念，强调议会政治和责任内阁重要地位，以宪法精神限制袁世凯的权利，对国政、省政积弊亦有抨击并要求弹劾查办豫省要员。

根据北洋政府《省议会暂行法》规定，省议会的职责主要是监督政府行政和立法，议会通过议决单行条例、年内预决算、质询政府行政、受理人民行政请愿事件等方式实现监督和立法职责。[②] 按照规定，省议会的职权主要有审议权和监督权。监督方面，包括本省人民关于行政诉愿事件；对行政事项有疑义，10 人以上联署，向行政长官提出质问，并限期答复。如认为答复不满意，可要求行政长官自行到会或派员到会答辩；议会三分之二多数同意时，可弹劾行政长官，经内务总长提交国务会议惩办。由此可以看出，省议会的权力仅仅限于咨询，与真正的民意、权力机关相距甚远。按照规定，第一届省议会召开常年会三次，对资料较为全面的第一、二次常年会议案（表 3–1、表 3–2）进行考察，可以发现河南议员参政的旨趣和议政的重点所在。

① 张朋园：《湖南现代化的早期进展（1860—1916）》，岳麓书社，2002 年，第 169 页。

② 《公布省议会暂行法》，《东方杂志》1913 年，第 9 卷第 11 号。

表 3-1　河南第一届省议会第一次常会议案表

数量 类别	都督交办案						议员提议案						人民陈请案					
	政治	社会	教育	经济	司法	其他	政治	社会	教育	经济	司法	其他	政治	社会	教育	经济	司法	其他
205	4	6	4	1	0	0	30	25	4	3	8	1	70	16	12	19	1	2
	15						71						120					

资料来源：河南省档案馆：《河南省议会决议案》，检索号 AB—264。

表 3-2　河南第一届省议会第二次常会议案表

数量 类别	都督交办案						议员提议案						人民陈请案					
	政治	社会	教育	经济	司法	其他	政治	社会	教育	经济	司法	其他	政治	社会	教育	经济	司法	其他
56	1	0	3	0	0	0	14	5	2	16	1	0	3	1	2	7	0	0
	4						39						13					

资料来源：河南省档案馆：《河南省议会第二次开会议决案》，检索号 AB—275。

从统计结果来看，河南第一次常年会的议案有205件，“人民陈请案”共120件，超过总数的一半还多，这其中政治类呈请案又占绝大多数，反映出地方属民对“共和国家”改革和建设充满期待；都督交办议案有限，15项议案中社会类、政治类和教育类比重较大，显示出省级行政官员对议会政治的保守态度，他们似乎更愿意对清季的规章旧制进行继承而非打破和革新。71项议员提议案中，政治和社会类有55项，比例超过77%，这充分说明议员们对省内政治变革和社会改良的高度关注，同时也说明他们对现行政体和社会积弊的不满，迫切希望通过政治、社会的变革和重组来获得利益再分配。

第一次常年会议员所提议案，无论同谘议局时期，还是此后的历次常会议案相比，数量都是最多的。反映出久处黑暗和专制环境里的河南民众对议会这一新生事物的憧憬和期望，希望通过议会监督官员及行政机关、革除传统腐朽统治。但是，以张镇芳为首的守旧势力对“损害官权”的“议会政治”极力抵制和破坏。如议会决定裁减各衙署经费，张镇芳即驳斥不准；议会决定不更换牙贴以免增加商民负担，但是民政长王祖同却通令更换；议会决议各衙署裁兼差，减薪金，张镇芳置之不理，后来几经议会质问，方才向各衙署发札文搪塞，实际上是做表面文章概不执行。有些旧官僚甚至公开告诉下属：“诸公不必害怕，仍可兼差，不减薪，都督札文不过官样文章，议会无能为力。”[①] 省府对省议会不屑一顾，不仅“不交一议案，亦不派员陈述政见”，甚至于自行颁布立法，“俨然专制帝政，以行政大权压制一切”。[②] 如此政治生态下，河南议会民主政治可谓起步维艰，效果令人大失所望。

第二次常年会，召开时间在洪宪帝制之后，议案数量是第一次常年会数量的27%，从议员提出的议案来看，关注重点已经从政治、社会方面转移到经济领域。其中原因，一是激进议员受到官方的压制和打击，

① 《议会形同虚设》，《自由报》，1912年8月7日。

② 《河南省议会弹劾都督张镇芳案》，《民约报》，1912年5月20日。

有的死于非命，有的逃亡外地，更多的是噤若寒蝉，不敢对政治改良和社会弊端有过多建言，只能托言经济改良，敷衍塞责而已。二是经过二次革命的洗礼，部分议员被追缴证书，省议会被张镇芳解散，议员们思想涣散，精神低迷，议会政治广受诟病，失去了民众的信任，士绅参政议政积极性严重受挫。三是洪宪前后河南社会动荡，官员频繁更换，省议会缺少稳定的社会环境。再加上议员们派系纷争、地域纷扰、利益纷争趋于白热化，冲突不断，动辄用武，仇恨日深，不能一致行动、监督省署，只是终日争吵不休罢了。[①]

与晚清谘议局相比，民初议会时期的士绅阶层显然是一个与时俱进的群体。在第一届国会、省议会的实践中，他们表现得更为积极主动、对政策的理解和把握能力更强，所提议案也更加切中时弊，对袁世凯、张镇芳为代表的守旧反动势力也有不同程度的攻讦和揭露，部分议案颇能代表民意，亦有一定的社会进步性，无论在国会还是在省议会，议员们的表现也更加理性、从容和自信。由于以袁世凯为首的北洋集团势力较为强大，在趋利避害思想的主导下，议员们的反抗和斗争又相当有限，其软弱涣散和易于妥协的“双重性格”在议会纷争中表现得尤为突出。这固然与他们所处的时代、个人经历、思维模式、接受教育等相关，但最主要的还是受限于自身阶层立场与利益考量，这些在第二、三届议会中表现得更为明显。

二、民初二、三届省议会的派系纷争

议会在民初被国人视为西方民主政治的一部分，在士绅阶层的宣传推介下，豫人曾寄予莫大期望。待到第一届国会、省议会结束，发现议会不过是点缀“民主”的门面，丝毫不能代表民意，而沦为统治者的御用工具。民众对议会不免大为失望，对议员的行为做派也极度不满起来。

① 井俊起：《雪苑憨叟忆往》，载《河南文史资料》，1990年，第56页；魏少游：《北京政府时期河南省议会的形形色色》，载《河南文史资料：第90辑》，2004年，第65页。

修武士绅笔下的国会议员，“日夕奔走，花天酒地，殊感悲观”。[①] 在省城开封，处于特殊阶层者，除官吏外，则是省议员，“彼辈平日各居本籍，结官虐民，无恶不作，开会时聚集省垣，豪赌狂嫖，恣意行乐，人民心中，早已视若辈与贪官污吏同为人群之害矣”。[②] 各级议员，虽为士林所不齿，反倒成为仕进的资格，且可以在本省任职，一班热衷名位的士绅趋之若鹜，也加剧了议会中的派系之争。

第一届省议会原有议员120余名，经三次常会的纷争组合，已明显分成三派：一是高等学堂派（新绅），以高等学堂教务长胡石青为首，胡是拥护议长杨绍中的一派，与张镇芳关系较为紧密；二是国民党派，当时被称为敌党，遭到张镇芳的除名和逮捕；三是无党派议员（旧绅），大多数系清末科举出身，有广泛的社会基础，摇摆于以上两派之间。[③] 当解散省议会时，国民党派已远逃省外，无党派议员或出而任职或回乡作士绅。高等学堂派胡石青、王抟沙掌握着焦作中原煤矿股份公司，并与上海吴淞中国公学联系密切。[④] 因而议员们多投靠中国公学校长王抟沙，一求人身上的安全，二求经济上的接济。此时在上海流亡的河南省议员不下六七十人，由于利害一致，各派之间逐渐消除了分歧，对袁世凯背叛民国，恢复帝制，取得较为一致的反对意见。

1916年秋冬之间，议员们疏通赵倜的关系方才返回河南并逐步恢复活动。第一个重要议案就是“改两征元”案。当时河南财政因军阀拉用，入不敷出，行政经费积欠累累，教育经费甚至省议会的开支也受到影响。赵倜为增加财政收入，督促省财政厅援照以往改两征元的例子，编制议案，提交省议会审议。议案列举了河南银额征收数目，经费实支数目，收支相较实际亏欠数目，根据各数目，每丁银一两，改征银圆二元二角，

---

① 张胪卿：《双柳老人年谱》，载《修武文史资料：第5辑》，1989年，第17页。

② 河南自治学社编印：《河南自治史略》，1931年铅印本，第196页。

③ 赵时行：《赵倜恢复和控制河南省议会及其他》，载《河南文史资料》，1989年，第56页。

④ 张晓东：《开拓者的足迹：王敬芳与中国公学》，《江汉论坛》2019年第8期。

方可弥补亏空。省议会审查提案时，议员们认为每两实际只合银圆一元四角二分，现在每两改征二元两角，较原税增加三分之一还强，未免过重。纷纷提出质问，要求减少。[①] 在省署和省议会的坚持下，终未能阻止改两征元的施行。由此略见，在缺乏民主和制度保障的环境里，士绅阶层只是一个由利益链条构成的松散群体，当上层士绅与省级军政当局因利益关系形成某种耦合时，下层士绅会以民众代言人的身份出现，对前者予以挑战，由于力量的悬殊，其结果多以失败而告终。

1918 年春，进行第二届省议会议员选举，安福系派王印川到河南经营选举[②]。河南地方实力派赵倜居于直皖两大派系之间，不愿意得罪任一方，对王印川到河南办理选举极表支持。王印川挟中央政府的声势与地方政府的协助，加以金钱收买士绅议员，终获全胜。选举揭晓后，绝大多数议席，为安福系所占据。参议员由省议会选举产生，全省共选出四人，每道各占一席。豫东道为王祖同，豫南道为毕太昌，豫西道为史保安，豫北道为李时灿（四人均为晚清进士）。众议院议员是由各县初选，然后由初选产生的候选人进行复选，全省共选出三十余人，这些议员均与督军赵倜、统一党要员王印川有密切的关系。[③]

1918 年 9 月，河南省第二届省议会正式成立，赵倜身兼军、政两长，大权在握。他以为，只要能控制住省议会，就可以为所欲为，毫无顾忌。凡当选为第二届河南省议会议员者，基本上要得到赵倜的首肯，否则即使有多数选票也要受到种种限制。被指定当选的人，均由赵倜秘密授意各县知事帮助他们当选，以便使他们成为自己的工具。赵倜为加强对议会的控制，就让议员选举其同乡康世华为议长，开封人孙正宇、安阳人

① 王天奖、庞守信、王全营、冯文纲：《河南近代大事记（1840～1949 年）》，河南人民出版社，1990 年，第 174 页。

② 萧国桢，李礼耕修；焦封桐、孙尚仁纂：《修武县志·人物》，1931 年铅印本，328 页。

③ 张润三：《我所知道的王印川》，载《河南文史资料：第 15 辑》，1985 年，第 107 页。

王树玉为副议长。[①] 第二届河南省议会自1918年9月1日成立，至1921年9月结束，共举行正式会议3次，临时会议5次。期间虽能按期开会，但只是议决一些照例交议的无足轻重的议案，以敷衍门面，并未做任何代表民众利益的大事。偶有弹劾官吏情事，亦大多不了了之，或旋即异地为官。[②] 有报人曾论曰："议会亦有弹劾权，而查明撤省，旋又挂牌，其说不可解也。"[③]

议员们留守省垣，终日无所事事，打牌听戏之余渐养谒官长之风，或私事说项，或求差缺荐人。议员吴宝炜代人营谋的事成功后，对方拒付前议之资。吴就向陈留知事控告此人欠钱未还，请该知事为他讨债。诸如此类，不胜枚举。报纸就此评论说："禹县某人以五千元得县缺，统计此一百零八县，半属请托，半属金钱，而金钱与请托互为消长。尤可疑者，乾休一项，本前清之恶习，近则豫省此风又大复炽，凡本年所挂之牌，自省长以至本道，无一处而不荐人，县署公费，只有此数，长官所荐之人，却之则不敢，用之则无法位置。县知事果能毁家而养此等人才乎？否则必有所取矣。"[④]

1921年9月开始的第三届省议会议员选举，完全被赵倜所控制。选举胡鼎元为议长，常三省、张樾台为副议长。此届议会指定之议员，以旧议员占三分之二，新议员仅三、四十人。许多议员不但无政治常识，甚至文墨不通，其贿选丑剧令人侧目，开封人讥讽其为"猪仔议员"。少数自好之士，当选后多抱消极主义。[⑤] 各县初选人，以所指之人不洽舆情，多数不愿投票，县知事有至下跪向初选人乞怜者，有以武力威迫初选人书票者，有全体送票由知事代为投票者，有私开票箱，抽梁换柱

---

① 邵文杰主编:《河南省志·人民代表大会志》，河南人民出版社，1993年，211页。

② 《省议会弹劾高等、审查两厅长案》，《新中州报》1918年1月13日；《弹劾邓知事记闻》，《新中州报》1918年1月18—22日。

③ 《汴梁旅游记：军政与民政》，《申报》1920年7月23日。

④ 《河南官界之黑暗》，上海《民国日报》1916年8月30日。

⑤ 《河南省议会前途悲观》，《晨报》1921年9月29日。

者。其中黑幕，不可胜指。而当选人则已得意扬扬，居然以省议会议员身份自豪矣。[①] 每次开会为凑足法定人数，凡参加会议的议员除正薪每月 100 元外，每开一次会均有出席费 10 ~ 20 元。当选议员争相向赵倜献媚，曾有议员 10 多人为赵倜生病幼子许愿，自愿减寿 5 年为赵公子添寿后来赵氏小儿痊愈，赵倜去庙内演戏酬神，胡鼎元又约集议员“备礼谢神”（河南民俗谓之帮助酬神）[②]；赵氏小儿患病，有议员伏地作马，令骑以欢之。赵督与西屋太太鼓掌大笑，自此某每来，必骑一次，游行院中以为乐；为赵倜小妾做二十大寿，用金线织成大红缎鞋并写上某某谨呈字样等丑剧，成为民国政坛的笑谈。[③]

彼时张凤台接任王印川成为河南省省长。省议员虽为清一色的拥赵派，但由于张凤台出身进士，为豫籍老辈官绅，赵倜为博得清名，在一些事情上也乐作适当让步。利益和立场使然，议员们遂分作三派：一是以胡鼎元为首的督军派死党（多为旧士绅）；另外一派（聚会处称为雪苑寄庐），虽也拥护赵倜，但与省长也有着千丝万缕的联系，起到调节督军和省长关系的作用，以副议长张樾台（张凤台之弟）为首（多为豫北士绅）；此外，尚有中间派（聚会之处名为壬戌俱乐部），以王幼侨、魏少游、郭平等为中坚人物（多为新学堂毕业之新绅），他们有时发表些不同于上两派的言论，而最后通过的仍是督军的意见。[④]

1926 年 2 月，寇英杰入豫，国民军二军退却，自治筹备处长张善与，以民党关系，不安于位，请假出省。河南省省长凡三换，张英华、熊炳琦、陈善同三人均短期长豫。三省长均出自军阀门下，对自治素无好感，民党精英倡导的“民主自治”代替“传统绅治”的谋划最终搁浅，而被保甲所代。随着保甲的推行，议会政治也随之退出历史舞台。自民初以

① 《河南省议会改选之丑态百出》，《晨报》1921 年 9 月 30 日。

② 许奇平：《河南省议长胡鼎元》，载《汝南文史资料：第 5 辑》，1990 年，第 117 页。

③ 河南自治学社：《河南自治史略》，1931 年铅印本，第 201 页。

④ 李炘：《张凤台事迹片断》，载《河南文史资料：第 15 辑》，1985 年，第 126 页。

来，豫人对议会民主的追求犹如黄粱一梦，终无一得。河南士绅发起的三届议会实践，亦因“先天发育不良，后天营养失调”而夭折，其畸形发展表明军绅政权下的议会民主只是军阀玩弄于股掌之中的专制工具。士绅屈伏军阀权柄之下，欲实现哪怕是最有限度的民主也只能是一种奢望。也正如当时省内一开明豫绅所言：“民国肇兴，军权为重，以都督继巡抚之任，统治军权，而民政亦隶属之，已失为民之意。……豫省十余年来事变迭更，迄无宁岁，民不堪命，呼吁无门。传国家之败，由官邪也。质诸今日，岂不信乎！”[①]

第三节 士绅的武化、劣化及其“地方自治”

民国建元到1927年武汉国民革命军入境，河南均为北洋军阀的天下，战争频仍，政局波谲云诡。十五六年间，全省各阶层处在“武人政治”之下，其残暴和黑暗，为他省所少有。军阀征战，兵匪横行无忌，乡村市镇破败不堪，城乡人民生灵涂炭。为维护本省利益，豫绅屡有“豫人治豫”之倡，但多为军阀破坏。为保卫身家，苟活于乱世，公正士绅纷纷避乱入城，留守乡村的士绅则渐趋武化和劣化。

一、兵匪扰乡与乡村士绅

自1913年张镇芳借镇压“二次革命”之名在全省实施戒严令后，十余年来延续不废。与极端残暴的“武人专政”紧紧伴随的，是军绅共同主导下异乎寻常的经济盘剥。由于军阀的无端敲诈，无论正、杂各税，都较晚清加重许多。“自兵源及其生活之所需，病、伤、死亡之所用，物

① 刘景向：《河南新志（中）》，民国十八年版，卷14职官，第841页。

无大小，事无巨细，几无一不取之于民”。[①] 自辛亥到北伐，河南各县常年大兵云集，粮草多出民间，军阀部队每日派兵骚扰已成惯例，而且预征钱粮，滥发军用票，导致全省富庶之地“小康自给之家，逐渐变为赤贫；衣食不能自给，流而为匪的良民，以极大的速度增加”[②]。

张钫在其回忆录中记载：“豫省军费开支在1923年度就达到了1155万元以上，居于全国各省首位。1925年，全省军队达到25万之众，加上各种杂牌军队和地方武装，总数不下百万人。”军队既多，过往又频，民众负担不起就四散逃亡，造成田地荒芜。军队调防或开拔，“要车，要粮，要民夫，要牲口，农民、牲口都得自备口粮和草料，大小军官还要预备公馆，连酱油都得农民供应”。[③] 1926年春，吴佩孚战败国民二军后再次入豫，河南当时有驻军40万人，一年军费需要接近两千万余元，而当年全省省库收入尚不到两千万元，还不够支军饷，此外40万人的衣食供应，全靠鹑衣百结、数米而炊的民众供给，本来民穷财尽的河南更被搜刮无遗。[④]

士绅向被乡民视为乡村秩序维护者，被学者视为官府与村民之间的“减压阀”，素有护佑桑梓、保境安民之责，但在兵匪面前几乎斯文扫地、不名一文。1927年，镇嵩军第二师张治公部借口剿灭红枪会在洛河南北抢掠。士绅李肯堂在反清起义时曾和张治公有过联系；白村的白光华任商会会长，与张治公颇有交情。村民请求李肯堂出面说合，情愿管“二师”吃饭，请勿进村，官军统领勉强答应不惹百姓。村民倾其所有款待大兵，怎奈尔等饭后仍旧匪性难改，强掠村民贵重物品方才离去。村民们纷纷上门责问，李绅一时气急休克在床；白村虽有白光华再三向带队官长说情，洗劫亦不得免除，连白家也被抢掠一空。两村仅遭抢劫，

① 《河南通志稿·徭役志》，河南省档案馆藏，档号：M18—162。

② 《民国日报》，1927年3月19日。

③ 张钫：《风雨漫漫四十年》，中国文史出版社，1986年，第266—267页。

④ 阮啸仙：《全国农民运动形式以及在国民革命中的地位》，《中国农民》1926年第2卷第10期。

没有烧房，没有人命死伤，算是给了士绅们请托留下情面，而“加意保护”的恩德。官兵如此，土匪更是不留情面，士绅在村中权威消减殆尽，自身安危亦毫无保障，洛河两岸的乡绅纷纷逃离故土，到城市寓居避祸，直到中原大战结束后，不少人才陆续归乡。[①]

陈志让通过对四川军阀、团阀和高利贷者构成的“新”地主的研究，发现这些新兴群体人数上与旧士绅相差无几，但是却占有 87% 的土地，而旧士绅占有的耕地则不超过 10%。[②] 在河南，土地的拥有者也在悄然发生变化。清末项城有袁、张、高、刘、郭、欧阳、阎“七大家”，共计占地一万七千四百亩。刘新庄刘少庆，清末身居督军，一家占地 2 千余亩；郭平楼郭二少，其祖父身居候位，父为省参议，本人为当地豪绅恶霸，一家占地五千余亩。入民国，传统士绅家族式微，有军阀背景的新发户崛起，有李鸣钟、田镇南等“九大户”之说，共计占有土地一万五千五百亩。如李鸣钟为冯玉祥手下高级将领，曾任三省督办，一户占有土地两千五百余亩。官僚士绅田作霖，曾任南阳镇守使、陆军中将，其子田镇南，曾任陆军上将，田家在原籍有良田数千亩，当地曾流传“有银子有钱，不胜姓田。大杆不敢拉，小杆不敢缠”的说法。[③] 清季民国，河南境内大官僚必是大地主，有的大地主虽非大官僚，但二者必有盘根错节的关系，这是传统社会土地关系的突出特点，也是近代河南上层建筑和经济基础的真实反映。

兵匪扰乡愈演愈烈，在乡士绅越来越看重“枪杆子”的力量。在中国传统社会里，士绅具有绝对的权威，是乡村中文化知识、权利权威的化身，是乡村秩序的维护者和分歧的仲裁者，深受乡民尊崇和仰望。而在北洋时期充满杀戮和血腥的兵匪世界里，士绅的主要功能是保护乡民

① 李振山：《镇嵩军“二师”剿灭红枪会在洛河抢掠纪实》，载《河南文史资料》，1990 年，第 136 页。

② 陈志让：《军绅政权》，三联书店，1980 年，第 137 页，附表 1A。

③ 李相宾：《旧社会项城县土地占有状态及经营方式》，载《项城文史资料》，第 2 辑，1987 年，第 65 页。

免受侵害和欺凌，他们不得不依附于军绅政权之间，谁的势力大就倒向谁一边，已全然淡化了道德的约束，失去了乡土社会固有的文化亲和力，对于道德调控社会矛盾的依赖大大减弱，而对武力的依赖性变强，对“枪杆子”的极端重要性感同身受。1925 年 4 月，镇嵩军首领刘镇华兵败下野，其业师王敬芳邀他北上，欲在京城临时执政府谋一要职，竟被刘一口拒绝，他的话颇能代表地方士绅的心态：“现在有人找我们说话，还不是因为我们有几支枪。一旦丢掉这几支枪，恐怕我们去找人家，人家也不会理睬我们的。”① 枪杆子与地方政权之间的关系，被这些武装化的士绅看的分外清楚，武装力量成为士绅统治地方的前提和保障。

黄宗智在研究近代华北农村时发现：在这些大大小小的村落村里，下层和在野的士绅在地方政权之下，发挥着重要的领导责任。② 当北伐军进驻河南时，政工及宣传人员也发现，“枪会组织已普遍全省，人数不下七八百万。各地土豪劣绅既知红枪会势力之伟大，若受农民协会之指挥，于自己不利，几欲收买，当时有半数以上操于土豪劣绅手里”③。受其首领影响，全省红枪会各自为战，立场迥异，有向奉军攻击者，如黄河北岸各县红枪会；有帮助国民军攻刘镇华者，如陕州洛阳等处红枪会；有帮助张作霖以攻国民军者，如信阳柳林等地红枪会；有被吴佩孚收买者，如遂平红枪会；有帮助樊钟秀向吴佩孚进攻者，如南阳等地红枪会。这些情况表明，随着局势的变化，红枪会的领导权和性质也在发生改变：“最初的情形，完全是发生于自卫的需要，但始终是一种地方宗族的结合，很容易受地方土豪或宗族的首长利用，供军阀的驱使，成为野心家升官发财的工具，反而增加了自己的痛苦。”④

有鉴于此，北伐军对武装民众进行宣传发动，沿途散贴标语、小册、传单，召开各种纪念大会、欢迎大会等，帮助民众认清一切军阀的反动

① 张修斋：《我所知道的刘镇华》，《河南文史资料：第 2 辑》1985 年，第 79 页。
② 黄宗智：《华北的小农经济与社会变迁》，中华书局，2000 年，第 241 页。
③ 《罗绍徽续告河南慰劳士兵大会近况》，《民国日报》1927 年 5 月 5 日。
④ 《河南农民状况报告》，《民国日报》1927 年 3 月 19 日。

面目，接受国民党的主张，打倒军阀，实行党建的国民政府，实行全省农民的大联合，建立党（国民党）领导的农民协会。在农民协会的指导下，成立大规模的农民自卫军。对河南武装枪会，武汉国民政府先是利用农会进行“夺权”运动，农会领导层由执行委员构成，“除秘书于必要时由县农会派员充当外，均应以自耕农以下而不受劣绅土豪支配者充当之。”此外，制定《河南农民代表大会政治决议案》，其主要内容是：地主不得无故辞佃；严惩土豪劣绅贪官污吏（按照湖北惩办土豪劣绅暂行条例办理）；驱逐贪官污吏，由人民组织县政府；取消军阀豪绅组织之保卫联合会及民治社；农民协会得向劣绅清算过去勒派账目等。①

然而，“夺权”运动和惩治土劣的计划遇到了不小的阻力，对枪会的政策很快被“动员和转化枪会首领”代替。令人遗憾的是，这种“枪会接头运动”政策的成效同样令人失望。到7月初，北伐军在河南经过的地方，“枪会组织，大部分仍被土豪劣绅所把持，只求其表同情于本军，亦不能为积极的援助。”② 北伐军政治部与士绅在对地方武装的争夺中，明显处于劣势。信阳因土豪劣绅极力破坏，党务进行颇为迟钝，受土豪劣绅之怂恿挑拨者，对党的枪会政策怀疑如故；汝南枪会“无论大小村庄均有，极为普遍。原为御匪武装，然大抵为土豪劣绅所把持，此组织可以说是传统势力之结嗣，常有反动之危险”；商水县武装团体共分四区，据云主持者强半为土豪劣绅；周家口为豫中商业最繁盛之地，武装团体掌握在南北寨工局之手，完全为小军阀劣绅土豪把持。③ 尉氏红枪会，由会首绅户把持公务，借端敛财，危害地方。④

为了对付土匪溃兵，乡村士绅组织地方民团武装，造成了北洋时期河南乡村的武装化。但是因为装备、训练都不成，不能防兵，也不能御

① 《信阳农民代表大会各项决议案》，《民国日报》1927年5月17日。

② 《国民革命军第十一军政治部在豫工作之报告》，《民国日报》1927年6月18日。

③ 《国民革命军第十一军政治部在豫工作之报告》，《民国日报》1927年6月18至7月4日。

④ 《省军民两长布告禁习红枪会》，《新中州报》1923年2月7日。

匪，很多武装组织反而被野心家所利用，与军绅政权相勾结，变成士绅镇压农民的工具[1]。大小军阀与地方士绅沆瀣一气，逐步形成割据一方的土著势力，军阀占据省内军事重镇或铁路交通枢纽，而乡绅占据一县、一乡甚而一堡寨，阳以御溃兵抗盗匪，实则拒纳赋税徭役，形成拥兵自重的独立王国。[2] 这些武化的士绅，与北洋时期的军阀、土匪、溃兵一样，成为阻碍河南发展的一支力量，虽打出自治、自卫、保境安民等旗帜来号召民众的参与，初期也确实起到一定的作用，但这种反体制武力的存在，毕竟是非政府的，其在河南的普遍存在，实际上也预示着中国农村进入了普遍的反叛的边缘状态。

二、正绅离乡与留守士绅的劣化

传统社会中士绅为四民之首，在官民中间发挥着不可替代的纽带作用。他们在野，充当官民之间的媒介，对乡村进行实质性控制，很多时候或明或暗地影响地方政权。按其行为流品，大体可分正绅、劣绅两大类。清前中期，官绅、士林曾以“卧碑禁例八条”作为判断士绅优劣标准[3]。一般而言，士绅在乡村的职责是维护家族、里社利益，还要与官府保持最低限度的平衡。即使官民之间偶有矛盾和冲突，在他们的调和平衡下，基本也在可控范围之内。劣绅与“正绅”相对，是绅界之伪劣、异化者，向为官士绅林、乡间百姓所不齿。素有劣生、刁生、华士、竖矜、劣监等别称。

城乡劣绅的斑斑劣迹，不一而足。清末民初的苏北劣绅多表现在勾结胥吏、包揽词讼、聚众抗粮、欺压百姓和强抗官府者。肖宗志把劣绅行径加以总结，列为数端：一是要挟官府，包揽大小词讼，干预地方政

① 裴宜理对华北地区的枪会组织的研究表明：地方士绅主导下的这种武装力量，政治上多倾向保守，它们实际上形成阻碍共产党领导的阶层斗争的一股力量。见裴宜理：《华北的叛乱者与革命者》，商务印书馆，2007年，第198页。

② 方策、王幼侨修，裴希度、董作宾纂：《续安阳县志》，1933年铅印本，第657页。

③ 柳诒徵：《中国文化史：下册》，中国大百科全书出版社，1988年，第673页。

权。二是强取豪夺，武断乡曲，欺压良善，品质低劣。三是鼓动领导民变，离经作乱，甚而列名、接纳会匪。四是皈依洋教，恃洋逞强，作恶乡里。[①] 20世纪初，河南劣绅之恶行，时人也多有记载。如王锡彤笔下毁新学攻击正绅之汲县劣绅[②]；张胪卿笔下挥霍官绅集资款项，以举办实业贪墨枉法之修武劣绅[③]；井俊起笔下干预政事，压制新绅，强行拉人入党之豫东劣绅[④]。但是，总体而言，由于理学浸润日久、淳朴的民风、相对封闭的地理环境、积极向上的士绅风尚、好名而重于好利的历史传统，直至清末民初，河南士绅群体并没有完全失节，劣质化的倾向尚不明显，绅界主体仍为“朴茂介直”之士，其群体素质毋庸置疑。[⑤] 有学者注意到：豫北汲县，清末民初的士绅结社风气浓厚，绅众相互砥砺，群策群力造福桑梓的古道热肠依然高涨。[⑥] 入民国后，河南士绅在建立过渡政权、稳定秩序、文化教育、创办新式工商业等方面发挥着不可替代的作用，相关记载不绝于书，声誉不让明清志书所载正绅宿儒。

劣绅取代正绅在乡村恃强坐大，这在1920年代后的河南表现得尤为突出。彼时豫督赵倜地位岌岌可危，直系内部觊觎其位者不乏其人，土客军阀征战加剧，赋税摊派急如星火。兵差支应及军队强索，一般委以当地士绅来完成，量大索急，民间无以完成，士绅垫付无力，复杂而残酷的环境，使得那些民间素以呵乡护民为职志的“正绅”，纷纷逃离家园，寄寓城市，不再也无力过问乡事。加之旱灾范围不断扩大，饥民为匪者日众。他们各据一方，逐官破寨，占地征粮，焚抢抬架，绑票所

① 肖宗志：《清末民初的士绅“劣质化”》，《贵州师范大学学报》2004年第6期。
② 王锡彤：《抑斋自述》，河南大学出版社，2001年，第126页。
③ 张胪卿：载《双柳老人年谱》，《修武文史资料：第35辑》，1989年，第22页。
④ 井俊起：载《雪苑憨叟忆往》，《河南文史资料：第35辑》，1990年，第56页。
⑤ 苏全有、张鱼伟：《对近代中国士绅劣质化问题的质疑：以河南省汲县士绅群体为个案》，《鲁东大学学报（哲学社会科学版）》2013年第30卷第2期。
⑥ 张鱼伟：《清末民初汲县士绅群体作用研究》，硕士学位论文，河南师范大学，2009。

赎，肆无忌惮。纵有被害士绅之家，指摘事实，呈请昭雪，而该管官署装聋作哑，充耳不闻。各县绅民以官兵不足御匪，具各逃进省城，以避其锋。[①]

孟津名绅许石衡居乡授徒，先是被兵差所扰，后二次被土匪绑票，“幸得豫、秦两省省长、督军皆出力相救，方才脱祸，不得已逃至陕西求生计”。[②] 汜水正绅魏联奎，归里后，侨居于郑。1922年后，河南多故，郑首当其冲，寓宅时有军人往占，日有兵差相扰，乃渡河迁居平陆。[③] 晚清拔贡栗敬六入民国后居乡，先在开封报社工作，成为省议会会员，充任县长数载，为县中名宿。因乡中兵连祸结，遂于1920年将全家从原籍西平迁往郑州，后来又迁往开封。[④] 1926年新蔡县城被兵匪攻破，城中绅矜之族张家，被拉票5人，受祸最巨，人亡家破，惨不忍言。虽路人闻之，亦当陨涕。经此事变，县中士绅多迁避入城。如任芝铭、张仲甫携家眷居开封、刘芬佛举家迁至潢川。[⑤] 据不完全统计，仅1922年秋季至1923年春季，短短数月，各县士绅富户到开封定居者就超过2万人。[⑥] 辛亥革命以来还相对比较平静的农村社会雪崩似的瓦解了。

传统士绅向以收族赈济、为民请命、扶危救困等“软实力”立于乡间，恒以护佑乡民、报效桑梓为职志。在乱世，也多有隐逸不出，明哲保身的传统。北洋军阀乱政祸民，正绅不堪屈服其暴政，价值观念根植于传统社会的老一代士绅更不愿在乡村与中央之间受“夹板气”，惹得两头皆怨，逐步从乡村权利网络中退却出来，代之而起的劣绅们则更看

① 《河南土匪之声势与组织》，《晨报》1921年12月23日。

② 高祐：《许石衡先生墓表》，《嵩洛草堂遗编》，中州古籍出版社，2014年，第525页。

③ 魏祖旭、魏祖瑞：《清授通议大夫晋封资政大夫法部左丞汜水魏府君行述》，陈万卿《荥阳先贤年谱》，大象出版社，2006年，第99页。

④ 栗继馨：《忆先父栗敬六》，《河南文史资料：第29辑》，1989年，第147页。

⑤ 王克明：《任芝铭存稿》，河南人民出版社，2013年，第94、102页。

⑥ 河南省档案馆藏：《河南革命历史文件汇集》，甲1，第2页，M18—92。

重利益，乡里乡情观念比较淡薄。“正绅”的避走和让渡，乡间基层政权出现“权力真空”，为一些劣绅甚至土痞掌控乡村政权提供了可能，士绅群体由传统的“保护型经纪人”变成了“盈利型经纪人”。[①]”老一辈士绅大多数德高望重，此刻已经退避三舍，为劣绅占据乡村领导的位置提供了机会和空间。正绅离乡，造成乡村奸邪横生，正气不存，农村社会、经济、文化凋敝不堪。

官（军）匪两欺，天灾濒临，留守乡村的乡绅苦不堪言，大多数由富转贫、非劣即贫。1921年初，河南赈灾处委员赴豫西调查灾情，发现陕县、渑池两县乡绅饭食粗粝，度日仅果腹而已。石糠面和石榆面均可烙饼，或作汤。以上各种干饼，犹系陆续得之于陕、渑两县富裕绅户。若贫户之得干食者，且不多也，只得争取一些树叶野菜，作为稀饭，以苟延旦夕耳。[②]地方县志也多有相似记载，如安阳城内因宴起关系，日祗二饭，乡间因劳作则每日三餐。而至冬季，农家十之八九，均以两顿菜汤充饥，生活非常艰苦。食品以米麦为主，能常年食麦者必上层绅矜之家，余均以红粮、萝卜、蔓菁、菜糠为食。[③]

在劣绅主导的传统地租和高利贷盘剥下，许多农民失去土地、农具、生产资金，进而沦为雇农，只有靠出卖自己的劳动力给地主当雇工来养家糊口。地主士绅对农民的剥削还有劳役。地主给佃户规定：佃户除正常劳动外，还要给地主修房、架屋、种菜、养猪等；遇到地主家有婚丧嫁娶、红白喜事等，佃户要给地主赶车、抬轿、挑担送行。[④]光山士绅彭颂臣，每年入冬都要征收小稞，项目包括：山上的新茶油，园里的蔬菜，池塘里的鱼类，母鸡、鲜蛋、板栗、木炭等，路上送小稞的人，来

① 杜赞奇著：《文化、权力与国家：1900—1942年的华北农村》，王福明译，江苏人民出版社，2010年，第67页。

② 《豫西一带的农民生活》，《民国日报》1921年1月5日。

③ 方策、王幼侨修，裴希度、董作宾纂：《续安阳县志·民生》，1933年铅印本，第236页。

④ 唐仲飞：《概说汝南四大家族》，载《汝南县文史资料选编》，2002年，第815页。

往如织。[①] 临汝豪绅阎日礼攫取地方权力，以绅商身份办惠民煤矿，附近各村谁家树木长成，可以用作坑木，闫家即用刀砍上记号，树木的主家就必须自动伐下送往矿上，拉点煤作为代价。阎氏还用私制的“转窑票”发工资，工人持票只能在闫家所开的食堂、商店、赌场上使用，在矿区以外，等于废纸。方城豪绅周炳轩、周南波，立字画押要求佃户“早喊早到，晚喊晚到，一次不到，锅碗瓢勺齐撂倒”。[②] 一些地方佃户每逢节日，还必须给地主送上鸡鸭鱼肉。豫东南各县包括豫西卢氏、陕县也较为盛行。而每次送礼均要耗费穷苦佃户数月口粮。在豫南光山等县，佃户不仅要纳贡，还要帮助主家械斗，“山区械斗之风未除，每遇两姓动武，其中异姓帮手，必是其中一地主之佃户。”[③]

劣绅不但勾结军阀祸害乡民，还拉帮结派，沆瀣一气，为害地方。汝南劣绅闫子正，霸占城东土地1200多亩，在孟庄盖有接官厅、后花园，终日与县中一班劣绅吃喝玩乐，盘剥乡民。河南督军赵倜的二弟赵俊结交本地劣绅作为盟兄弟，仅在汝南城东、城西两处就霸占了3万多亩土地。官庄镇的邓仲威、罗茂斋、张慎如等劣绅组织起“四霸天”“八大金钢”“十八兄弟”等残酷压榨乡民。老君庙乡的温警吾依仗其兄温汉卿（国民党中将）势力，任乡长10余年，豢养打手，杀人抢劫，手上命案就有几十条。人称“三光乡长”。在老君庙集上有店铺门房150多间，占有土地450多亩。[④] 息县劣绅为了对抗农民运动，由劣绅首领“八大联盟”牵头，秘密组织息县民治社，专门破坏县党部的工作。[⑤]

---

① 彭古林：《彭颂臣的发家始末及其下场》，载《新县文史资料：第1辑》，1986年，第79页。

②《周维青、周汝贤与南北石头寨》，载《方城文史资料：第8辑》，1991年，第138页。

③ 曾鉴泉：《河南省光山县》，《东方杂志》1927年第24卷第16号。

④ 唐仲飞：《概说汝南四大家族》，载《汝南文史资料选编：第1卷》，2002年，第815页。

⑤《中国青年》，第7卷17号，第403页，1927年6月30日。

劣绅与土匪结合，加速农村的衰败和破产。在军阀统治的炉膛里绅、匪交熔在一起，使得各地杆匪不仅从数量上与日俱增，而且从性质上也日趋复杂——其中一部分是破产农民的武装力量，从事“劫富济贫”的活动，具有一定正当性，但是大部分却不同程度地被野心家和土劣所掌握，成了货真价实的土匪。正阳人袁英就是其中典型，袁英之父袁乃宽曾为袁世凯大管家，袁英于1917年散财聚兵参加护法战争，始有武装。而治兵不严，御下无方，渐成以信阳、正阳为中心的土匪。至1926年，袁英已拥兵万余，以革命军自诩。当年秋，声称响应北伐，破项城、新蔡、正阳，烧杀抢掳，劫掠钱财。其部公然架票，规定赎金以家中土地面积计算，每亩十银圆。由于吸食鸦片者众多，又发明烟土折合银圆法，一两烟土折两银圆。9月攻破新蔡县城，烧杀掳掠七日方去，全城妇女多数被匪奸污。①

士绅的武化、劣化日甚一日，在20世纪的二三十年代达到高潮，劣绅取代正绅在乡村占据主导地位，成为军阀统治河南的工具和帮凶。农民的生活，“象十八层地狱之下过日子，连大声都不敢出，连大气都不敢哈。一出声一哈气，军阀和贪官污吏、土豪劣绅等，就都出来，吞咬我们，枪毙的枪毙，下狱的下狱，哪里许我们动一动呢？”② 武汉国民政府在北伐中，期图挟军事之威力，通过发起农民运动（枪会运动）来控制基层政权和武装力量，但事与愿违，枪会首领反而被土豪劣绅抓得更紧，“其领导权完全操在土劣手中。”③ 中共河南省委在分析农民运动工作失误时认识到：“反奉、反吴、打倒土豪劣绅、打倒贪官污吏、反抗苛捐杂税等不兑现的口号，所以农民不十分信仰我们。目前枪会的领导权仍操在土豪劣绅手中，及农民之无知识，所以时被土劣利用，而做出反革命之

---

① 王克明：《任芝铭存稿》，河南人民出版社，2013年，第94、102页。

② 《河南全省武装农民代表大会宣言议决案及报告》，《民国日报》1927年3月24日。

③ 《河南农运报告：对枪会运动之分析》，载《河南革命历史文件汇集（1925—1927）》，第78页。

举动。[①]”

1927年7月，冯玉祥附和蒋介石、汪精卫“清党”反共，在洛阳宣布实行“清党”。河南局势骤然紧张，待到宁汉合流以后，乡村劣绅愈加猖獗。信阳、黄河以北各县学生不敢下乡，貌似学生者看见都要被杀掉，劣绅以为革命就是学生搬弄出来的。[②]很多地方，劣绅大肆向革命进攻，中共在农村的群众工作大受打击。一份来自河南省委的报告不无沮丧地讲道：“豫省简直谈不到农民有什么组织，有多少群众，农民工作简直要重新做起。”[③]由于河南“乡间神权、绅权影响较大，民众阶层意识模糊，传统根基异常巩固，又带有许多的地方色彩，所以行动起来，总是代表豪绅地主的利益。”正如北伐军政治部在河南农村的调查所言：“河南农民运动，只能按最低的口号宣传，播点种子，组织起来，尚未能做得到。河南各县的政治，当然是土豪劣绅贪官污吏勾结起来弄的把戏，而且后面还有大小军阀分邑割据，如若在整个河南政治问题未解决之前，我们经过的地方政治，实在不能有单独改造之可能。”[④]以至于随后在豫南坚持斗争的中共武装力量，不得不采取“为绅不劣和有土不豪者不杀”的政策，对中小士绅地主利益暂不触动，以孤立少数顽固派士绅，借此形成较为巩固和稳定的武装革命区域。这些都从一个侧面显示出1920–1930年代，河南士绅劣化的程度之烈，反映出劣绅群体人数之众，影响之大。同时说明北洋后期，豫省乡村政治生态的全面恶化，加速了劣绅与军阀的结合，成为阻碍经济社会发展的一支破坏力量，它的存在，使河南近代化的步伐更加艰难。

① 《河南农运报告：对枪会运动之分析》，载《河南革命历史文件汇集（1925—1927）》，第79页。

② 《胡健关于军委工作的报告》，载《河南革命历史文件汇集（1925—1927）》，第143页。

③ 《河南省委报告》，载《河南革命历史文件汇集（1925—1927）》，第81页。

④ 《国民革命军第11军政治部在豫工作之报告》，《民国日报》1927年6月18日。

三、土客纷争与“地方自治”风潮

近代以来，地域意识、省界观念大彰，借助报刊、书籍等媒介以及学人、学堂之力流播华夏。由省域之别，遂有主客之分，国人咸以省界为畛域，以省权为归依，倡导“地方自治”，同仇敌忾，界限分明，与西学西力一起渐入民众脑际。河南自治进行的相对较晚，至宣统二年（1910 年）各县自治筹备处才渐次成立。入民国后，张镇芳、赵倜等先后长豫，均有“豫人治豫”“地方自治”之倡。张为旧官僚、赵为旧行伍出身，二人在打击民主势力方面均态度强决，省内坚持反袁斗争的国民党员不是被杀，就是流亡，“留存省垣，寥寥无几”[①]。政治高压之下，不少激进或革命派人物纷纷转向，新旧士绅逐渐合流，他们以“豫人治豫”号召省人对抗一切外来势力的干预，为随后军绅政权的形成与割据分治埋下了伏笔；而士绅假托地方自治，力图建立“以本地人、本地财办本地事”的行政系统，[②] 弱化政府对农村的控制，使县以下的基层政权把持于士绅之手。

民国初立，河南局势尚不稳定，各派势力竞相觊觎军政政权。在都督的人选上，革命派与立宪派士绅就展开了“土客纷争”。革命党人提出由老同盟会员、本省人曾昭文或张钫充任都督，立宪派士绅则属意于旧官僚、外省人士林绍年和江翰。新旧两派争执甚烈，一时难决，袁世凯旋即派其表弟张镇芳前来任都督，事情却戏剧般地发生反转。立宪派士绅弹冠相迎，齐聚省垣助张“消除弥乱，平安接印”。[③] 革命党召集各界集会抗争，遍发传单和通电表示坚决抵制，但张镇芳很快就凑集起旧班底，在开封接管军政大权。从省城到府县，所任官吏“非前清之翰林，即前清之主事”“非前清之进士，即前清之中书”。张氏依托守旧官

---

① 《风云变幻河南政局》，《申报》1912 年 3 月 4 日。

② 魏光奇：《官治与自治：20 世纪上半期的中国县制》，商务印书馆，2004 年，第 80 页。

③ 王锡彤注：《抑斋自述》，河南大学出版社，2001 年，第 187 页。

绅，打击革命派，把河南变成北洋军阀的“一统天下”。为了加强统治，防范民众反抗，河南制定清乡章程三十四条，推行地方自治，调查户口，分别良莠，消弭隐患，去匪绝源。章程规定：“以各区担任之军队长官为清乡总办，以各县知事为帮办，有应赈济之处由民政长另派委员，无军队长官之处即以县知事为总办；将各县划为东西南北四区，按村落之多寡设清乡分局数处，择其公正绅董为清乡局长，每村设一村正、村副，命其督饬该村认真清查户口，以清盗源。”① 随后，各地士绅纷纷充任清乡局长、村正、村副，开启了军绅结合，维护地方秩序的先河。

清末举办自治为绅权扩张的新起点，北洋政府时期士绅主导地方事务的做法得以延续，其扩张之威势盛于前者。除县知事公署内部分科办事外，主要体现在一些自治机关的设置和权限上，计有公款局、劝学所、警察公所等。公款局是河南各县设置最早的局，民初逐渐成立，其职掌是管理县地方的岁入、支出及各种特别捐款。内部一般设局长一人，副局长一人，董事二人，会计、书记各一。局长的资格，河南规定为“以家道殷实，品行公正”的士绅为限。其任用，先有“绅商学董”加倍推选，经知县择委，分呈省公署和财政厅备案。会计等职，则有局长遴选本县士绅，呈送县知事委任。公款局从性质上看，系“官督民办”，可谓半自治行政机关。但它的设立，却削弱了县知事的财权。由于各县公款局人员多为本地绅商富户，而县知事多非本县之人，故龃龉难免。如地方县志载，“民国改元，河南各县首立公款局，凡关地方杂项收入、支出，不领于县长，县长仅居监督之地位”。②

翻检民国河南县志发现，以里、社为乡村组织的居于多数，也有称镇、店、庄者，但大体职能相同。如《重修汝南县志》载：“清代同光之际，城乡设72店，有首事、保正、乡约等名目，职在分布政令、调息讼

① 《河南清乡章程》，《时事豫报》1913年12月16日。

② 王秀文修，张庭馥纂：《许昌县志》，卷四财政，1923年石印本，第335页。

争、侦查奸宄、办理差徭，职责渐轻，未足语于自治之任也。[①]”清朝政府灭亡后，国民政府继续进行农村基层组织的改革，推行村制。1919年，河南军政当局命吏治调查所所长张之锐，仿效山西村制，推行市区街村制。[②] 阳武县的行政区划，划分全县为五区。合邑旧分32地方，划分为东西南北中五区，各立区公所，民国丨年（1921年）自治筹备处成立选举五区区长。由各村长副集县署投票加倍选举呈由省政府委任。创办民团，县保卫团经费无着名存实废，知事孟平令五区各办民团并令就地筹款购械以资守卫。设县政委员会，县长赵公以政治改革诸多待理，设县政委员会，令各机关选举正绅王宝树、董耀祖、马家驯、师月楼、师天修、王履绥、许同文七人为委员以策进行。[③] 显而易见，这是把县知事的首长负责制正式变成士绅的集体负责制。

在华北村庄，各个村庄对外来压力所作出的反应，随村庄内部的结构而不同。如陕县侯村有正绅创建善俗局，制定村规诫约乡民：择公明廉威者合村举之，既举之后，听其约束一切处置，无敢不尊。村长总村中事务。一曰知业（治理村事），二曰知教（宣教化），三曰知禁（申村法），四曰知防（备村患），五曰知工（饬村修）。因材授任，一由村长。[④] 汜水魏联奎居乡，以族长身份与族正讨论订立《合族自治规约》八条及处罚措施。违犯者送家庙告祖究治。若遇老小废疾应罚跪者，每日折钱一千文，每棍折钱二百文。如有不尊，送县惩办。[⑤] 高度松散分化的乡村，甚至区乡，自治亦徒有虚名者。如豫南正阳县，民国十年省令组织县地方自治，选举街、村长暨各区区长，未能实行职权，全体停职。其街、村长之仅存者，只以供官府匪军筹款之役，不惟于民治无补，且重加累焉。及南京国民政府成立，训政实现，自治普行筹备。至十九

① 陈伯嘉修，李成均纂：《重修汝南县志》，1938年石印本，第362页。
② 河南省自治协会编印：《河南自治史略》，1931年铅印本，第66页。
③ 窦经魁修，耿愔纂：《阳武县志》，自治志，1936年铅印本，第215页。
④ 欧阳珍修，韩嘉会纂：《民国陕县志》，1936年铅印本，第201页。
⑤ 陈万卿：《荥阳先贤年谱》，大象出版社，2006年，第46—47页。

年（1930）新十二师驻编，又复中断。二十年（1931），各区长正式产出，区公所先后成立。迄今办理多年。有秩序较整者，余则人选波折，事多蹉跎。政治诚未易言也。[①]

地方自治风潮下，地方军阀也高举“豫人治豫”旗帜来巩固统治。袁世凯殁后，北洋军阀四分五裂。河南乃显要之地，豫督赵倜又非北洋嫡系，易督之风不绝于耳，客军时有驻扎、扰民之举，赵倜除抓紧扩充军队外，还对豫绅极尽收买、怀若之手段。在他的授意下，河南绅界先后组织成立自治促进会、豫政筹进会、政治促进会、政学研究会等团体，鼓吹赵倜德政，反对客军染指河南军政事务。诸团体中，以自治促进会影响最大，发起者皆河南素负时望之绅董，如省议会正副议长康世华、孙正宇，吏治调查所长张之锐，育才馆长韩运章，实业厅长陈善同。该会在省城集议研讨，拟定简章，筹备一切，不日即开成立大会，并拟于成立后，组织月刊，作为言论机关，以便发表政见，令各县组织分会以联络声气。自治促进会撺掇省内自治讨论会等24团体，向全国发出《河南自治促进会等保赵电》，内称：“赵督治豫，于今六载，整肃闾阎，口洽军民。地方秩序，赖赵督从容坐镇，得以匕鬯无惊，故地方倚如长城，人民戴若慈母。”[②] 为抵制皖、直系势力渗透河南，河南绅界还组织召开平民大会，议决自卫办法数条：（一）河南为河南人之河南，他省无论何人，不准侵越；（二）自民国九年（1920年）五月起，各县民团，各自准备，以资自卫，一切障碍，须协力排除之；（三）现驻客军，一律出境，否则以侵占土地论；（四）客军如在本省境内开战者，无论何军，均以土匪对待，痛加剿洗；（五）现任督军，系本省之人，须极力维护，伊如为外力所慑，以督军让人，则应有相当之对待。[③]

赵倜拉拢地方士绅以“地方自治”“豫人治豫”为名，行军绅共治之

① 王玉丰主编《重修正阳县志（点注本）》，中州古籍出版社，2015年，第80页。
② 《河南自治促进会等保赵电》，《大公报》1920年3月2日。
③ 《河南平民大会自卫宣言》，《申报》1920年6月22日。

实。作为一个出身行伍的旧官僚、旧军阀，赵倜把河南当成自己一家之私产，就是这块土地的无冕皇帝。从省府到各县，大小官员都由他派任，就连油水有限的文教部门，从教育厅长到省垣各校校长，也都用其亲朋故旧，“不问学问，不问品行，但以荐主之势力为衡”[①]。赵氏左右亲从及省府“稍重要之位置，皆为二十年前清末之进士、翰林盘踞”，而且“皆趋炎附势之徒，无一真正人才，类此者都能分得一杯残羹”[②]。选取知县，用旧不用新，豫北二十余县的知县，“大抵皆前清之守旧官僚”。所谓民意机构——按民国规制不得不恢复的省议会，所有议员均为“军、民两长所指定，全出于金钱势力”，还得宣誓效忠，“不符赵督军，天诛地灭”。至于搜刮民脂民膏，更是无所不用其极。赵氏甚至派出“买田使”，“见有地有肥沃者，即插一白旗”，象征性付点田资，就算是赵家田产。[③] 赵倜督豫 8 年，聚敛的金银就在一亿元以上，几乎与省府同期财政收入相当。在汝南的田宅超过三百顷，灵宝的田宅两百顷，郑州拥有地皮百顷以上。其逃逸时，所遗衣物九大箱，投标最低额即逾现洋三千五百元。[④]

按照北洋政府的制度设计，区长、乡镇长、村长的产生，表面上由民选而来，但是又有一定的条件限制，如年龄、学识、财产等，这些几乎把农民排除在外。可见，财富（土地和商铺、不动产等）、知识、收入、经历、声誉（以前士绅们最为看重的威望和名声，民国时期则看重与上级机构、军阀、官员的人际关系），以及由财富决定的社会地位等等，成为士绅参与政治活动的基本资本。在种种限制之下，在河南，只有高利贷者、富农、地主、商人、退职的军官等有资格成为乡政机关的工作人员。即使是甲长、保长的选任，也需要识字才一定身家。民国河南极力推行所谓“村级自治”，其实质无非是将地主、劣绅等给以合法

① 《河南官场黑暗》，《晨报》1920 年 5 月 4 日。
② 《赵倜惯用旧人》，《民国日报》1921 年 12 月 10 日。
③ 《河南新大地主》，《晨报》1920 年 1 月 13 日。
④ 《赵倜逆产之清理》，《晨报》1922 年 6 月 19 日。

的名分而已。应该说，传统乡绅行使权力的基础为功名、信仰、声望和地位，近代乡村领袖行使权力的基础是严格的法律和严密的行政管理机构。但纵观近代河南，法律被任意践踏，官绅勾结横行，“地方自治”成为官绅鱼肉百姓的工具。所以，如果说以自治为标志，中国开始了政治初步近代化的话，在河南乡村，则只是徒有其表，其实质情况及发挥的效能只能表明士绅对乡村的控制加强，而离真正的政治和管理的近代性还相差甚远。

第四章　借训政之机：南京政府前十年的绅权消长

北洋时期，乡村士绅武化劣化日益严重，已成为阻碍中国社会发展的最落后的势力，亦成为1924年以后国民革命的主要打击对象。南京国民政府成立后，在镇压中共及其领导的工农运动的同时，仍持续推进打倒土劣、抑制绅权政策的施行。河南历任主政者，无论是冯玉祥、韩复榘、刘峙，还是商震、程潜，均将土豪劣绅与烟毒、土匪等同列为训政时期的社会公害，力图加以铲除。凡此，皆说明南京政府前十年河南士绅的劣化已经成为不容忽视的社会问题。

第一节　训政初期河南士绅的因应

1930年10月以后，直至抗日战争爆发之前，河南直接纳入南京国民政府控制之下，国民党党务活动和地方行政逐步走上稳定和正轨。在此时期，南京政府继续推行打击土豪劣绅的政策，[①] 主要是不依靠和发动群众，单纯依靠党部和政府对之进行惩处（冯、韩时代主要是军队），

① 张宪文主编《中华民国史纲》，河南人民出版社，1985年，第315—316页。

希图通过对乡村社会的改造，消除士绅阶层的权威和影响力，为国家政权向基层社会的渗透扫除障碍。国民党训政时期的各项治理政策，对民初以来士绅对乡村的实际控制造成威胁，从而导致国民党省县党部、政府与士绅等精英阶层在乡村的争夺与博弈。

一、冯玉祥抑制“绅权”政策的实施

1927 年 3 月 18 日，武汉中央农运委员会和武昌农民运动讲习所联合举行欢迎豫、鄂两省农民代表大会，毛泽东在会上强调镇压土豪劣绅、维护农民利益的极端重要性。[①] 为稳固局势，确保北伐顺利推进，国民党湖北省党部制定《惩治土豪劣绅条例草案》，前三项属于反抗革命及革命党的“政治行为”，后七项分属把持地方、欺压民众、敛财自肥的贪劣及不法行径。4 月底，武汉国民政府挥师河南后，一方面加大对民众的革命教育，让民众相信只有国民党所主张的联合民众，打倒军阀，才是河南唯一的出路。另一方面着手引导有觉悟的农民接受国民党的领导，加入农民协会，在农协指导下，将枪会组织改编成为农民自卫军。

1927 年 6 月初，武汉国民政府在取得北伐河南的胜利后，随即发布“治豫大政方针”四条：一是痛除官僚积习造成廉洁勇敢之政府；二是扫除军阀余孽，及肃清扰乱地方危害人民生命财产之土匪；三是整理财政，改良税则，充实国民革命之力量；四是接受民众最迫切之要求，解除其目前迫切之痛苦。为稳定中原局势，避免两湖农民“运动过火”的情况发生，武汉中央执行委员会对内政外交进行讨论，对河南军政和社会状况作出评估，发出“训令”六条，其中关于土豪劣绅一项专门提到：“所谓打倒土豪劣绅，系专指横行不法为民蠹贼者而言。至于乡村间殷实良民，既无反革命行为，即在政府保护之列，其职业信仰等等，一切享有自由。”[②] 上述训令，对“土豪劣绅”做出模糊界定，要求对军人及家属

---

① 《农运会、农运讲习所欢迎鄂豫二省农民运动志气盛》，《民国日报》1927 年 3 月 2 日。

② 《武汉国民政府布告河南民众宣布治豫大政方针》，《民国日报》1927 年 6 月 14 日。

生命财产的保护，反映出武汉国民政府内部危机日益表面化，在夏斗寅叛变和许克祥“马日事变”后，以汪精卫为首的国民党上层分子抑制“绅权”、打击土劣政策开始出现动摇。

1927 年 6 月 13 日，武汉国民政府任命冯玉祥为开封政治分会主席兼任河南省主席。甫一上任冯即宣布治豫方针六条。在刷新吏治一条中，冯着重强调：“自官箴一壤，向来贪墨成风，以百姓为鱼肉，与劣绅相狼狈。自此以后，凡贪官污吏，土豪劣绅，势必打倒，其有贪鄙溺职者，一经控告查实，遵从民意，严行惩办。”[①] 冯三令五申，要求各县惩办土豪劣绅。在政府和军队主导下，开封龙亭枪毙了三个贪污县长，郑州大劣绅冯某被枪毙在县政府大门之外。汜水士绅赵少章，被人告发，由县逮捕解省，押入法院。[②] 宁陵县先前接近官府，有架讼之嫌的士绅，当时都敛迹蛰居家中不出。[③] 1927 年 6 月，冯玉祥以省政府名义查抄、没收袁世凯、袁乃宽、王印川等官绅在河南的“逆产”。没收全部财产，作价变卖，充作军饷。[④] 一时间，各道县贪官污吏、土豪劣绅或逃亡他处，或藏匿不出。

宁汉合流后，河南省当局遵照南京国民政府发布的《惩治土豪劣绅条例》[⑤]，在打倒贪官污吏、土豪劣绅，建立廉洁政府方面亦强力推进。县政府、县党部组织学生游行宣传，高呼“打倒土豪劣绅”口号，鼓励绅民查核不法土劣各种账册。民政厅“行政计划”规定：“各县县长到任应密查县内土豪劣绅，有真凭实据者即须拘拿法办，不许稍有姑息偏袒

① 《冯玉祥宣布治豫大政方针》，《民国日报》1927 年 6 月 21 日。

② 段再丕：《冯玉祥主豫措施》，《河南文史资料：第 8 辑》，1983 年，第 74 页。

③ 高步陶：《一九二八年宁陵的县政改革》，《河南文史资料：第 8 辑》，1983 年，第 97 页。

④ 任鸿昌：《冯玉祥在辉县》，《辉县文史资料：第 1 辑》，1990 年，第 21 页。

⑤ 《惩治土豪劣绅条例》共 11 条，具体内容可参见《民国日报》，1927 年 8 月 7 日。

等事”。[①] 一些激进的县，如密县青年学生在县政府、县党部的支持下，把曲梁保的团总冯冠卿、保董马义山等扭送到城里，清算他们的账目。密县士绅的总后台王洪赞，曾在日本留学，做过吴佩孚的参议，从外地回来，支持县绅反扑。县党部罗列他们的罪状，组织游行示威。县里要逮捕王洪赞，王仓皇逃窜，省县旋即对他下了通缉令。[②] 省政府在各地树立“施政碑”警示官绅：一定把贪官污吏，土豪劣绅扫除净尽。由此，城乡打击土劣、抑制绅权的氛围日渐浓厚。

河南当局一方面打击劣绅，一方面着力保护、扶植正绅，对地方上“纯正老成、办理社会事业著有成绩、乡望素孚之士”，竭力延揽，在政治上予以推重，将其纳入地方政权之中。省、县政府和党部还注重发挥正绅耆老“扶危济困”“实业先导”的作用，劝导、发动绅商出资创办惠民工厂、手工业工厂、妇幼工厂等，意图发展经济，改善民生。据开封市政筹备处调查，仅省城一地，1927 年士绅出资兴办工艺厂凡三十余处，“不可谓不盛”。在省府推动下，各县实业、工厂次第兴办，以新乡、郑县、许昌为盛，汲县、荥阳等处次之。[③] 冯玉祥认为，河南人民贫穷的原因在于水旱之灾。为此，省政府令各县正绅富户捐资凿井，兴修水利，疏浚河道。全长 20 余公里的洛（阳）宜（阳）灌渠即动工于 1928 年，由士绅捐资修建，弥补了政府拨款之不足。汲县士绅李敏修、王雨珊、李兴周在县城北关设立平民工厂（纱厂），收容城乡贫困无依子弟来厂学艺。[④] 老同盟会员、留学日本的豫绅王庚先为抵制洋货，实业救国，在开封创办毛巾厂、织袜厂等，在开封筹建“国货商场”，为转变风气，在国货商场旁建一女浴室，在相国寺前街修建一戏院，取名“易

① 国民革命军第二集团军总司令部民政处：《豫陕甘三省民政汇刊》，1928 年，政纲，第 8 页。

② 白文田：《开封训政学院受训前后》，《河南文史资料：第 47 辑》，1993 年，第 19 页。

③ 刘景向编纂：《河南新志》，卷五实业，中州古籍出版社，1988 年，第 223 页。

④ 李英斌：《汲县平民工厂始末》，《卫辉文史资料：第 2 辑》，1989 年，第 85 页。

俗社”。[①] 一时间，河南绅界兴办实业和社会救济事业有齐头并进，方兴未艾之势。

不可否认，冯玉祥二次主豫期间（1927.6–1929.5），吏治整饬严格，惩治贪污雷厉风行，树新风，破陋习，以身作则，在民间留下众多佳话。他力图抑制土劣，除旧布新，希望通过一系列的改革，舒缓民力，巩固政权。一些带有民主性的举措，在一定时期内确使人耳目一新，一定程度上荡涤政府机构和城乡社会的传统积垢，具有一些积极的成分。[②] 但从本质上而言，冯并没有完全摆脱旧军阀的意识，一切行为和施政的出发点均为巩固地盘、控制军队，虽然打击土劣豪强，抑制绅权，支持过组织农民协会，可是其初衷还是为取得民心和筹措军费，一碰到农民运动和军队发生冲突，就触痛了其“军事第一”的军阀思想，便对共产党和革命群众产生恶感，促使他反共，从而倒向“士绅资产阶层的阵营”。

中共党组织发现冯玉祥对民校及军中的政治工作，不很重视，不过是些装饰品。对农民的苛捐杂税，拼命征收，工人的欠薪各不发给，在外面却极力粉饰，如组织工人慰劳代表会办工人政治训练班，青工半日学校，在汴郑捕苍蝇，清扫大街，大街上要左右分开走路等，都是发钱少而在外面和热闹可以买好的事情。[③] 冯氏为了扩充军事实力，竭泽而渔，从而使河南民众得不到休养生息的机会，反而增加许多新的灾难。冯氏硬性分配指标，小县每次征兵 2500 人，中等县、大县多达 3000 ~ 5000 人。像渑池这样的三等小县，“人口不过 12 万，除老弱、妇孺、残疾外，壮丁不足 30000 人，耕田尚不敷用，但冯氏强派兵额 2500 人”。[④] 在阌乡县，军队与劣绅结合，“派队下乡，四处督催，各里按户摊派，纳钱和雇，每兵约 150 元左右”，“事出强迫，乡间自缢、跳

① 王梅彩:《王庚先事迹》,《河南文史资料：第 6 辑》，1988 年，第 153 页。
② 王天奖主编:《河南通史：第 4 卷》，河南人民出版社，2005 年，第 311 页。
③ 河南省档案馆:《河南革命历史文件汇集》，甲 2，1984 年，第 57 页。
④ 河南省档案馆:《河南革命历史文件汇集》，甲 2，1984 年，第 55 页。

井、吞烟、惊死之案，层见叠出”[①]。

由上所述，河南省府在训政初期抑制“绅权”之策，主要是通过武力镇压、政治打击、经济剥夺、扶植正绅、改良县政等形式进行。在北伐取得胜利，冯玉祥挟西北军强势入豫之时，人心思安，民望大治，革陈除旧，颇见成效。但是由于打击土劣没有触及土豪劣绅赖以生存的基础——土地问题，只依靠军队和政府搞重点打击和暴风骤雨式的阶段性、区域性惩治，没有动摇士绅在乡村的根基，更没有像南方省份那样遵照国民政府发布的规章制度惩治土劣，[②] 交由省城特种刑事地方法庭审理的案件更是鲜有耳闻，造成军、绅、官、吏等法治意识淡薄，视人生命如同儿戏。对土劣的惩治大多数依据军法从事，或完全凭军政主官一言而定，人为因素或军政长官的意志甚或可以决定一个人的生死，则是河南打击、惩治土劣的一大特色。

冯玉祥在打击土劣中，最为看重且自以为奏效的县政改革，[③] 在施行中亦被大打折扣。除冯主豫时间不长，各地政策执行参差不齐这一主因外，还缘于省府所任命的县长、地方自治人员经验不足，办事操之过急，引起民众反感，反而被地方土劣轻而易举击败。名士吉介，以善于刷新政风闻名，1928 年被冯玉祥委以嵩县县长，在该县士绅阶层特别是城绅的阻挠下，整理财政、统一武装等新政屡遭绅民抵制，只得离职隐退。[④] 县政和基层自治人员素质差强人意，加上各县县长频繁更换，使前后政令衔接困难，缺乏连贯。各县县长人选，第二集团军军需官、书记官占有相当比例，这些军人县长不谙民情，军法治县，常致民怨丛生。冯氏检讨说：“以书记官充任县长，不惟儿戏，抑且危险。县长辖地方百里，

① 黄觉修，韩嘉会纂：《新修阌乡县志》，1932 年铅印本，卷一，通记，第 344 页。

② 李巨澜：《略论南京政府初期对土豪劣绅的打击：以江苏北部为例》，《学海》，2008 年第 5 期。

③ 冯玉祥：《我的生活（下册）》，黑龙江人民出版社，1981 年，第 582 页。

④ 李春喜、魏林青：《民国嵩县政坛概况及武装实力》，载《嵩县文史资料：第 1 辑》，1987 年，第 20 页。

等于古之公侯，一人之良否，关系全县数十万民众之休戚，顾人辄以未学政治之人充之，未免太重视己事，而忽略公事也”。[①]

县政不彰，民众难享应有之正当权利和义务，冯玉祥和他的“战友们”亲手把自己推到了河南民众的对立面。是故，冯玉祥 1929 年 5 月反蒋失败，他的施政措施也大多废止或复旧，人去政熄。也正如一份河南地方史料所言：冯玉祥长豫确实一度带来新面貌，县政府和区、乡、村政权都有所改观，绅权也暂时得到抑制。但其后，由于政治、经济原因，县政仍复其旧，吏治由清转浊，绅权反而有日益膨胀之势，致使河南大多数的县级以下政权进一步受到本土士绅的操纵，一些地方甚至出现武装割据的局面，成为训政初期河南乡村治理的又一大特色。[②]

二、清党及改组风潮下的士绅

1927 年 6 月“徐州会议”后，冯玉祥在河南的“清党”活动开始实施。7 月 28 日，电告豫、陕、甘三省政府和西北军将领：不准跨党；共产党跨党领袖，一律解除武装，必要时得加以严重监视。对共产党员则采取“礼送出境”的办法，每人送予路费，限令三日内离豫。随着冯玉祥同南京政府的不断勾连，反共逐渐升级，8 月份开始逮捕共产党员和国民党左派，9 月、10 月份进入高潮。在开封、郑州等地多次破坏共产党、共青团的机关，仅开封一市就有密探 300 余人，发现可疑人员，即行跟踪。9 月 27 日晚，团省委机关被破坏，林壮志、李明等 30 余人被捕，抄去重要文件 4 箱，省委及各地负责人名字全部被破获。[③] 1928 年，冯反共进一步升级，多次训令各军收用官兵时要防止共产党渗入，严格清查共产党的活动，“如果查获该项党徒，证明有据者押送前来，实行枪

① 中国第二历史档案馆:《冯玉祥日记(2)》，江苏古籍出版社，1992 年，第 598 页。

② 李春喜、魏林青:《民国嵩县政坛概况及武装实力》，载《嵩县文史资料：第 1 辑》，1987 年，第 20-26 页。

③ 河南省档案馆:《河南革命历史文件汇集》，甲 2，1984 年，第 237 页。

决”，“倘有知情隐匿不报者，查明一律同罪”[①]。随之在全省逮捕共产党员，取缔郑州总工会，逮捕工会成员。共产党组织多次被破坏，中共党员400余人被关进监狱，著名共产党人杨靖宇就是在这场白色恐怖中被迫离开家乡的。[②]

“清党”反共的同时，冯玉祥又大肆镇压工农运动。省内国民党左派，同情中共的民主人士也处境危急。1928年初，河南全省国民党员登记总数为10345，至1931年初只剩6千人，减少了42%。[③]减少的党员中，一类是思想激进的青年党员，一类是下层农工党员。前者大多被清洗，后者大多是自动脱党。国民党清党结果，使得土豪劣绅在基层的反对派迅速减少、式微，土劣统摄力更加牢固。那些激进或思想左倾的国民党人，要么出局，要么同劣绅合污同流，并造成那些借党为私的土豪劣绅群相涌入或原封不动地留在党内。有国民党人自评说：“本党军事上虽得了胜利，政治上却糟得不堪，土豪劣绅、投机分子潜形混入本地，冒充党员藉词诬害忠实同志比比皆是”“一般民众对于本党的信仰，在这时间，可算是剥蚀尽净”。[④]

作为河南军政主官的冯玉祥，军事威胁和经济压力严峻，因惧工农运动危及其统治基础，加之“先军政治”、重军轻党思想作祟，不得不对国民党地方党务置于放任或托管状态，[⑤]1928年后，河南开始利用政府及党部力量实现对土劣的打压和惩治，且对于积极配合其军事、征兵、课税的豪绅土劣一律目为“正绅”。贪官污吏、地主豪绅过去是倚仗北

① 《冯玉祥在汴清党》，《大公报》1928年2月21日。

② 陈传海：《河南现代史》，河南大学出版社，1992年，第98—100页。

③ 河南省地方史志编纂委员会：《河南省志：第14卷》，河南人民出版社，1997年，第24页。

④ 何民魂：《痛念与自惕》，《中央日报》1928年3月15日。

⑤ 徐有礼注意到，第二集团军总司令、开封政治分会主席兼河南省政府主席的冯玉祥，仅列名河南省党部的监察委员之一，兼管实际党务的记载亦不多见。见徐有礼：《动荡与嬗变：民国时期河南社会研究》，大象出版社，2013年，第46页。

洋军阀为后台，明目张胆，为所欲为。北洋军阀既倒，遂摇身一变，带着革命的假具，装其新门面，张口“本党”，闭口“革命”。罪魁祸首，一跃成为革命同志；救国主义，变为劫掠货财的利器。[①] 乡中土劣皆以“革命”“清共”和“地方自治”相标榜，武力征伐，敛财割据，较北洋时代更为势大。

冯玉祥对地方士绅采取羁縻、怀柔策略，欲借助其力量对付工农运动，但又惧其坐大，故多有掣肘之意。如对各县民团人数、器械等拟有定章，似乎不可僭越，但由于豫省地域广袤、人口繁多，官厅管束困难，无力控制，以致潜滋暗长，日见扩大。如豫西陕县，“迭遭兵祸，土匪乘机而起，时有掠扰。三至八区先后组建民团，专事抵制匪患，人数多寡不一，队长有本区推选，呈请县府委任。其后，四至八区民团人数枪支大事扩充，渐成私人势力，尾大不掉，官吏莫可如何。”[②] 即使在1930年代以后，省府虽极力整饬地方团队，大加减汰，各县武装仍有增无减。如光山七区易本应所部民团，人枪至五千余，俨然正规国军。[③] 商城亲区区长顾敬之所辖民团，人枪总数，亦不下三千。[④] 上述豫南数县如此，阖省状况概可推知。北洋时期，河南各地民团遭军政当局强迫调遣或席卷人枪的事件，层出不穷，以至1931年全省保甲会议一度通过《各县民团决不奉命他调之议案》。[⑤] 及至南京国民政府控扼汴局，数次改编民团，图谋掌控此一有力军事资源，但显然均未能如愿。1930年，河南省府改组地方民团为保安队的动机，便是感于各县民团“名目繁杂，系统不明，

---

① 《真假革命面具》，尉氏《村政自治半月刊》，1928年第2期。

② 欧阳珍修，韩嘉会纂：《陕县志》卷1，1936年铅印本，第56页。

③ 《豫南民团实力强大》，《民国日报》1932年1月18日。

④ 王怡柯：《农村自卫研究》，（汲县）河南村治学院同学会发行，1932年，第169页。

⑤ 方策、王幼侨修，裴希度、董作宾纂：《续安阳县志》卷9，《兵防志》，1933年铅印本，第4页。

多为地方土劣把持，名虽自卫，实属为害”。[1] 豫人在论及乡村“团阀”、“团霸”之害时，亦有如下描述：

> 人呼大人，自称司令。居移气，养移体，久乃自忘其本来面目。骄奢淫逸，无所不为。迹其心思，唯恐地方有明白人，人民有自治力。科罚勒派，道路以目，真成人民附骨之疽。作恶既巨，仇人日多，自知为理所不容，益修贤力，更惩异己。为自保计，往往于山僻险处，自造寨栅，蓄积军火，以备非常，而山大王之事成矣。又有地方望族，连合姻戚，把持公事，若再容其主持民团，真所虎复附双翼者也。地方政治，不得其同意，无一能办者。真乃自卫蟊贼，地方败类，自非用革命手段，不足以动其毫毛也。以上两种人物，可总名之曰团霸。[2]

“清党”还使国民党的地方组织遭到破坏，原由共产党和国民党左派掌握的市县党部也成为士绅争夺的目标。1926 年 1 月，省内国民党右派势力假借省党部义发表《取消共产派党籍宣言》，宣布开除冯品毅、江梦霞（中共党员）等人的党籍。1927 年“四一二”政变后，被蒋介石委任为“河南宣抚使”的刘积学[3] 等人发表公告，对蒋介石的行动给予响应和支持。5 月 1 日，凌子黄[4] 等人在南京组织“中国国民党河南党员清党同志会”（后改称清党促进会），表示要“肃清”省内的“跨党分子”。在刘、凌二人的影响下，不少知名士绅（多为早期同盟会员）加入国民党右派阵营，他们多与冯玉祥合作，在反苏、反共、反国共合作方面立场基本上是一致的。

除“分共”外，国民党内部的“改组”纷争更是接连不断。河南老派士绅多加入西山会议派，明通暗结，与上述三派争夺党务领导权。全省官绅聚集召开国民党第一次全省代表大会，推举出省党部领导成员。

---

① 河南省政府秘书处:《五年来河南政治总报告》,《保安》，1930 年，第 1 页。

② 王怡柯:《农村自卫研究》,（汲县）河南村治学院同学会发行，1932 年，第 80-81 页。

③ 赵长海编:《河南辛亥革命人物传略》，大象出版社，2012 年，第 380 页。

④ 固始县地方志编委会:《固始县志》，中州古籍出版社，1994 年，第 577 页。

实际上，国民党在河南省的党务大权为“三民主义大同盟”所控制。大同盟在筹备开封市党部期间，还另外成立一些群众团体，如省农民协会、学生联合会等，其成员多为接受过中等以上教育的青年知识人。他们与省内老派士绅多有龃龉，有极大的革新除旧的勇气和热情，由于集议、聚会之地在开封鼓楼街，当时被称为“鼓楼会议派”。[①]

在党务整理、改组和筹建省、市、县党部的过程中，“三民主义大同盟”利用下层士绅对中、上层士绅的不满，联合“小学教员派”，打击本土“西山会议派”和“商城固始派”，[②] 从而在新成立的省党部、开封市党部中占据了绝对优势。[③] “小学教员派”多以全省各县、区、乡村中小学教员构成，在国民党地方组织中一度拥有广泛的党员群众基础，[④] 反映了底层知识人参与政党政治的热情，以及欲借助党派谋求群体利益的政治诉求。本地士绅遂以“乡谊”为纽带，笼络小学教员派分子王天晓等人在开封另立改组派支部，并以本省代表和正统自居与邓飞黄等人抗衡。这一时期，省党部积极协助冯玉祥实行清党反共，选派地方知名士绅人到监狱给政治犯上“党义”，进行反共宣传，煽动“政治犯”叛党投降。[⑤]

随着国民党新军阀统治的确立，河南各地大小军阀、士绅武装也打着国民党的旗帜，叫喊清党反共。他们拥兵自重，割据一方，为扩大地盘，不断加紧对乡民的压迫与掠夺，甚至对百姓进行公开抢劫。一些武化的乡绅，经常以清乡为名，杀人抢劫，肆意妄为。国民党新军阀还以

---

① 邓飞黄：《邓飞黄自传》，岳麓书社，2012 年，第 33 页。

② 张润三：《关于大同盟的回忆》，载《河南文史资料：第 19 辑》，1986 年，第 6 页。

③ 河南省地方史志编纂委员会：《河南省志：第 14 卷》，河南人民出版社，1997 年，第 68 页。

④ 王奇生：《党政关系：国民党党治在地方层级的运作 1927—1937》，《中国社会科学》2001 年第 3 期。

⑤ 河南省地方史志编纂委员会：《河南省志：第 14 卷》，河南人民出版社，1997 年，第 132 页。

欺骗与拉拢分化的手段，消灭民间反抗力量。在乡村大办自治政府、模范村等欺骗民众。利用一些劣绅见风使舵、做官发财的心理，许以一官半职，有时甚至收编盗匪，以便为己所用。对欺骗、拉拢不能奏效者则以“通共”“通匪”等罪名进行残酷镇压。由于新军阀的残酷统治和镇压，进步力量遭到严重摧残。在城市，工会组织被查封；在乡村，农民协会被解散。北伐期间，被打倒、镇压或逃匿的豪绅地主，沉渣泛起，乘机侵夺国民党基层政权，成为清党、反共的主力军。

国民党的清党、反共政策，在河南得到较好的执行，共产党被礼送或清除后，国民党却很快陷入“党权托付不到相当之人”的尴尬境地。因为党内同志“明了党义而能专心于党务者极少”，蒋介石也曾痛心疾首地表示：清党后，“各级党部职员大部未受过训练，党员犹如乌合之众”。[①] 在地方党部托付无人的情况下，国民党中央唯有听任土豪劣绅和投机分子侵夺地方权力资源，在乡村社会“借党作恶”。在如此“党力”不济的严峻形势下，依赖武力，利用军事力量直接转换为政治和社会的组织力量，也成为随后南京政府施政的不二选择。

第二节　县政改革与绅权

一、推行自治与绅权重组

1930 年代以后，内忧外患的紧张局势和地方自治在社会实践中的诸多弊端，促使南京国民政府在鄂豫皖“剿共”区域试行保甲制度。在此背景下，河南社会经历了由自治到保甲的转变。一改形式上的绅民参与

① 蒋介石：《整理党务计划案》，《中央日报》1928 年 2 月 12 日。

的“自治”为“官治”，即政治控制，力图借保甲强力推进国家权力渗透至基层乡村。

1930年10月，南京政府任命刘峙为河南省政府主席。刘到任即通令各县县长注重党义，严办盗匪，清理诉讼，崇尚朴实，厥守官箴，惩办土劣。[①] 为迅速扭转局面，刘峙从推行地方自治开始。为推行自治，河南首在革新区制上着力。以往河南各县的区董、区长，有的握有地方实权，有的只是挂名不干事。但无论是哪种情况，都是没有薪给的。如河南省西华县区长一职“既无正当组织，亦不开支薪棒，如旧日绅董而已”。[②] 划区设署后，不但区长，即使是区员、区丁，也都成了有薪给职。河南《各县区公所设置办法》规定，区长薪给分为六级，第六级为35元，每递升一级增加5元，至第一级为60元；助理员也分为六级，第六级为16元，每递升一级增加2元，至第一级为26元；区丁则分为三级，各为6、7、8元。至此，区公所已成为固定的行政组织，区长和助理员已成为有薪给的行政官吏。

为争夺自治权力，河南新老士绅斗争颇为激烈，在基层主要表现于对政权、武力、经济乃至文化教育权利的争夺，在省垣主要表现在对权力部门、教育和社会机构的把控及对政府的影响力等方面。此一时期，省内有着新式教育背景的知识人士绅多致力于地方自治活动。其中有些选择特定区域进行自治的实验，更多地则集中于省城，督促和配合官方的自治活动。有着政策、人才、环境等诸多优势的河南地方自治，貌似万事俱备，成功在即，但其结果却和以往数次的自治实验一样功亏一篑，并没有得到预期的效果。所以如此，除决策者的转向、执行者不得其人、内忧外患的紧张局势等因素外，经费短绌、区长人选不良、土劣抵制等问题亦与自治成败，有着极其密切的关系。

就自治经费而言，河南经年战乱，官、军、匪竭泽而渔，民间积贫

① 《刘峙宣布治豫方针》，《大公报》1930年11月9日。

② 凌甲烺、吕应南修，张嘉谋纂：《西华县续志》，卷四，职官志，1938年铅印本。

积弱，自治初期曾确定以契税附捐和随粮附征 0.25 元作为区公所经费，实为杯水车薪。[①] 财政捉襟见肘，乃河南地方自治难以健全发展之致命伤。如项城县（今项城市）第一区公所，在 1932 年 6 月以前，原定经费 115 元，实际仅支领 60 元。[②] 以此区区之款，应付纷杂之区政，殊称难为。更为棘手之处，是不法区长肆意摊派，榨取民财，成为一种常态。各县筹措自治经费的方法可谓五花八门，各显神通。大部分县区自治经费来自摊捐和地亩捐，如禹州"系由各里大二三户集捐办理"；许州"由学员捐办，州署并不经手"；温县"需钱四百千，由绅董摊派"；阌乡县"由各里绅按里筹捐"。[③] 安阳县"筹办自治所需经费向指契税附加四成，作为的款，不敷另行筹补。1931 年，各区区公所成立奉河南财政厅令由正供丁银每两附加自治费洋二角五分，以为各区公所常年经费"。[④] 实行地方自治，准许地方自筹款项的结果反而让士绅掌握了地方的征税权，形成地方割据。河南各县民团也归区长掌握，在某些边远县份，民团形成为武装割据。如陕县"四、五、七、八等区，地处山鄙，民团人数、枪支大事扩充，渐成私人势力，尾大不掉，官吏莫可如何"。[⑤]

就区长人选而论，河南在推行自治之初，数度开班训练区长，实际编组时，又将原定民选之区长职位，改为由厅委派，其目的显然是为了打破皆有权力格局，防止重蹈"土豪劣绅"把持地方之覆辙。而自治制度下，区长既具合法政治地位，复为地方有力豪绅所控制，其在农村社会中自易形成一股特殊势力，而包揽词讼、任意派款，乃至杀戮良善等不法情事，遂层出不穷。官方内部通报指出："各县区长多系各该区之士绅望族，在各区均有相当势力，往往负隅称雄，行动非法，民众不敢告

① 河南省政府秘书处编：《五年来河南政治总报告》，民政，1935 年，第 5 页。

② 曹寇如：《视察日记》，《河南民政月刊》，卷 6，1936 年 7 月，第 2 页。

③ 经济学会编印：《河南全省财政说明书》，1915 年，第 89 页。

④ 方策修，裴希度、董作宾纂：《续安阳县志》，卷 4，民政志，自治，1933 年铅印本，第 199 页。

⑤ 欧阳珍修，韩嘉会纂：《民国陕县志》，卷 11，1936 年铅印本，第 278 页。

发，县长亦未便轻予更动，”有些县长“甚至连话都不敢说，尤觉可怜之至”[①]。辉县过去的区长，好的很少。“前第七区区长某，在乡间任意派款，什么枪捐，子弹捐，名目繁多，一年甚至派十多万，解县的数目不到二分之一。其他各区情形较好，但任意派款是一样。”[②]他们或与县府争权，或压榨本区百姓，将“自治”完全变成了“绅治”。汝南县区长先由各镇乡长票举呈县委任，后虽改为省民政厅委任。然大体还是县中一班士绅，多是老绅凋零归隐新绅出而继任”[③]河南自治派杨仪山痛心疾首地指出：“自治既非官治，绅治亦非自治。现代政治，官治固为世所诟病，而绅治假托自治，把持地方，尤为实现民权之障碍。在训政未满，宪政将施行之际，所谓政权者，上不在官，下不在民，到处为士绅所篡夺。”[④]

区制的设立，造成士绅的地方割据。“旧有区划，既已不复存在，而新的区域又多过于庞大，以致区长拥有广大之地域，众多之人口，形成割据之局。生杀予夺，为所欲为，政府几无从制止”。再有，根据国民政府1929年11月1日颁布的《县保卫团法》，“每区为一区团，以区长为区团长”。“施行以来，其弊不可胜言。盖区长兼任区团长，势如握有兵权，办事跋度，擅作威福，甚有私立法庭，擅理词讼，滥派款项，任意侵蚀者。种种流弊，几乎无处不然”。第三，新区制激化了农村的阶层矛盾。“这些豪绅区长等也很知道农民对他们的愤恨，出行时亦慎重防备”。各县“区长及其他士绅，平时起居皆在城中，一方面为的是便于与官府勾结，另一方面是因为他们已经是很明显的贫农痛恨之目标而不

① 河南省民政厅编印：《河南省民政厅第二届行政会议总报告》，1934第23页。

② 中央大学经济资料室：《河南农村调查》，1933年，第94—95页；《田赋附加税调查》，第317页。

③ 陈伯嘉修，李成均纂：《重修汝南县志》，1938年石印本，第365页。

④ 杨仪山：《河南自治史略例言》，见河南自治协会编印：《河南自治史略》，民国三十六年铅印本，第2页。

敢家居。其家居者，则必须是该村镇有若干之武装”。[①]

区政堕落如斯，非但未能抑制绅权，反而有末大不掉之势，少数区长虽在维护地方秩序中取得成效，而其行径，却又与政府限制统治权力之初衷大相违背。如豫南、宛西各县，规模巨大，名称不一，而以绅权攫取国家权力，割据称雄，实为政府大患。这样的豪绅力量，在维护地方利益上确有相当作用，但与政府借地方自治，扩大组织参与、动员民众，以达成政治整合的构想，实为云泥之别。也缘于此，河南省民政厅通令严禁各县区长病民欺众，令文中说：各县区长，每以膺得区长职务为升官发财之机会，一遇政府派款，非居心中饱，即借端滥收，甚或苞苴公行，以区治为藏污纳垢之所，声名狼藉，良堪痛恨。[②] 省府主席刘峙在会议致辞上，亦公然指斥，“土劣把持政治，武断乡村，致政治成为空谈，人民受其荼毒”[③]。刘氏此语，一方面说明地方实力派豪绅强悍顽固，根深蒂固不易撼动，从另一侧面也证实了以地方自治为骨干的政治动员方式，在彼时的社会条件下推行是极其艰难的。

二、改行保甲与绅权消长

1932 年 8 月，豫鄂皖“三省总部”颁发条例，令示社会动荡，匪患猖獗之时，“非先充实民众自卫能力，不能收肃清之功；非急行严密民众之组织，不能充实自卫之能力”[④]，明令在“剿匪”区内各县推行。河南于同年十月接奉训令，将原行地方自治全面停顿，着手整编保甲。

关于保甲经费，河南省府为避免“各县政府稽查不严，每多放任，致有私自滥派情事，不惟紊乱地方财政，亦且增加人民负担，若不严加限制，任其随意征收，将使编组保甲，所以保民卫民者，转以扰民”，

---

① 中共冀鲁豫边区党史资料编辑组：《中共冀鲁豫边区党史资料选编》，第 1 辑下册，山东大学出版社，1985 年，第 135 页。

② 《省府整饬区政》，《河南民国日报》，1932 年 1 月 13 日。

③ 《河南政治月刊》第 3 卷，第 6 期，1933 年 7 月，第 2 页。

④ 黄强编：《中国保甲实验新编》，中正书局，1935 年，附录，第 322—326 页。

于 1934 年 2 月间，由民政厅会同保安处、财政厅，察酌地方状况，拟定河南省保甲经费收支暂行办法。实际状况却是从区长到保长都赋予军事、政治、刑审、派捐的大权，以求最大限度地同政府保持一致，发挥御匪、“讨赤”的功能。在收取保甲费用时乘机浮收、坑害农民的情况不一而足，从汝南县志所载临时捐派情况统计，可见一斑。20 项杂派中，基本上全为保甲制度的滥派，自然是落到一般民众家庭，除上解于省的款项，搭车收取的部分尽入保甲长私囊。[①] 辉县保长办公处每月有 9 块的办公费，许昌第 9 区每保每月费公费 5 元，在邓县、南召等处，保长办公处的经费，每月甚至在 100 元以上，用了许多人，俨然像一个区公所，平时摊派浮收之巨可得一见。

1933 年任禹县县长的杜光远，在《禹县县政实施概况》中说，全县从区到联保到保都有权派款，“其派款名称之繁与数目之多，实出人想象之外。计每年所派款目不下百余种，每两丁银推至二三十元之多”；再加上县级附加，“农民全年之收入，尚不敷派款之输将”[②]。汝南县老君庙乡长温警吾，以保国抗日为名征收富捐，每保 800 元，一举吞噬全乡农民 12800 元的血汗钱。后又下令执行“三人三枪”，即为了维护地方治安，每保出 3 个人、3 支枪，组成乡保安队。如交不出人和枪的，可以实行变价，出钱买，每支枪价钱为 5000 斤小麦，外加 40 元；每人变价为 5000 斤小麦，300 地钱。并限期 1 个月内全部交清，若逾期或抗拒不交者，即以勾结土匪，扰乱地方治安论处。以此办法，温警吾榨取到 8 万斤（40000 千克）小麦，14000 多元，并组织了一支残害农民的乡“保安队”。[③]

区一级组织，随着保甲制的推行，有所更张。1932 年 8 月，“剿匪”总司令部颁布编查保甲户口条例时，同时公布《剿匪区内各县区公所组

---

① 陈伯嘉修，李成均纂:《重修汝南县志》，卷 8，财政，1938 年石印本，第 265 页。

② 杜光远:《禹县县政实施概况》，开封新时代印刷局，1936 年，第 261 页。

③《老君庙重点村是怎样突破的》，《河南日报》1949 年 9 月 14 日。

织条例》80条，正式将区由自治单位改为隶属于县的行政单位。区公所改组不久，河南又遵照《剿匪省份各县分区设署办法大纲》要求，在各区位置适中或交通便利地点，设署办公。区署也成为县长与保甲之间重要的枢纽，其秉承县长之命办理区务，由最初的自治团体而变为辅佐县政权的办事机构或派出机关。及后，河南又遵章设立区长、区员考选委员会及区政训练班，经过此番改革，以往的自治，变成彻头彻尾的官治。

据1934年省民政厅报告，自治末期“各县区长多系该区之士绅望族，在各区均有相当势力，往往负隅称雄，行动非法，民众不敢告发，县长亦未敢轻予更动”。国民党政府虽觉太阿倒持，本末倒置，但在“赤祸”的威胁下，又不得不加以借重。保甲实施，使乡村地主豪绅势力再度膨胀。区、乡、镇长由地主豪绅充当，保甲长则参以地痞流氓，很多保甲长还进入复兴社和CC组织。[①] 河南第五行政区的乡村师资训练所，学员结业被充任各区联保主任，培训期间要宣誓效忠蒋介石并加入忠义会。[②] 区、乡、保长又强令农户摊捐买枪，组建保安队、壮丁队等地方武装，由县长、区长、联保主任、保长分任总队、区队、联队、小队长，平时缉捕“匪、赤”，有警时参与战斗。从区长到保长，都被赋予军事、政治、审查、捐派的大权，以求最大限度发挥“讨赤”功能。禹县迭经变乱，散失枪支，多数流落民间，向无调查整理之方，致使当地士绅土劣把持，用作违法秧民之工具。[③]

为避免劣绅垄断基层政权，恃权扰民，河南省府在推行保甲的过程中，亦采取举措加以约束。如在改组区政的同时，加大对区长考核、督察和整肃。1933年始，河南省府陆续厘定多项规章，注重区长考核，自

① 王天奖：《天翻地覆话沧桑：河南的昨天和今天》，河南人民出版社，1994年，第118页。

② 豫西南方城、南阳等县，属河南第五行政专区，忠义会为军统在该地的外围组织。见郭如月整理：《区政训练所与乡村师资训练所》，《方城文史资料：第3辑》，1986年，第82页。

③ 杜光远：《禹县县政实施概况》，开封新时代印刷局，1936年，第193页。

实行保甲以来共撤职 163 人，通缉 1 人，押办 1 人，记过 12 人，申斥 5 人。[①] 为贯彻整肃地方、打击土劣之决心，甚至不惜付诸武力。如 1933 年 6 月间，刘峙得悉豫西临汝、卢氏、渑池、洛宁等县区长武力抵抗县政，阻挠县府行使职权，遂派国军 76 师进驻洛阳，一面通缉各县土劣，一面派保安团前往追剿。经此一役，豫西各地区长气焰稍敛，省府各项政令方能勉强推行。[②]

保甲推行不久，省政府秘书处会同民政厅、保安处所派人员，分成 10 多个小组前往各县视察。其间发现"各县保甲长及保甲住户，对于保甲意义多不认识，以致联保连坐切结，办理多不切实。尤其各住户对于保甲规约上一切任务，多未能明了及切实履行，其他事项，亦未能推行尽善"。为此，省民政厅拟定改进本省保甲要点 19 项，责成县长督饰区长，随时考核纠正，否则将予惩处。1935 年 8 月，省政府训令各行政督察专员公署，转饰各县认真执行联保连坐切结实行细则；认真查报户口异动，"县责之区，区责之保，保责之甲，甲责之户，递相督促，认真稽查，倘有逾限不报，或报不实者，概予从重罚办"。[③]

河南保甲期间的区政改革，有回避本籍的限制。国民政府内政部曾规定："各省民政厅应详酌地方情形，如虑本县人或有困难，仍以回避为宜"。河南省民政厅曾在筹办自治时规定："任用区长以本县人为原则"[④]。在分区设署时重新规定："区署既一变自治组织为行政机关，区长自应回避本籍"。[⑤] 但在实际操作时，困难重重，素无贯彻之良法。汝南县抗战前的区长县志中共列名 39 人，全部为本县人士（居住县城者 3 人，居乡者 36 人）。阳武县 1930 ～ 1935 年选任区长 28 人，其中外县人士 9

① 河南省政府秘书处统计室编印：《五年来河南政治总报告》，1935 年，第 22、23 页。

② 范龙章：《张钫与二十路》，《河南文史资料》，第 2 辑，1985 年，第 12 页。

③ 常士恒：《河南省办理保甲之经过》，载《河南政治月刊》，第 6 卷第 6 期。

④ 河南省民政厅编：《河南省民政厅行政会议记录》，1934 年决议案

⑤ 张富康：《中国地方政府》，武汉日报印务部，1937 年，第 95 页。

人，近70%的区长还是本县人。即便在分区设署，严格回避制度以后，除第三区合乎规制外，其他四区区长基本是本县土著。[①] 由此可见，推行保甲，并没有打破地方权力精英专擅垄断乡村政权的传统格局。抗战前夕，河南省政视察团暗赴各县考察，所见区长苛扰滥派等情事，依然司空见惯，而控告区长、保甲长不法的讼案，仍高居各类案件之首。[②] 河南省当局也承认，区长往往选人不当，以致"违法失职情事，屡见选出，区务亦因之废弛"。1933年、1935年，河南全省先后有163名区长被撤职，逮捕法办和通组各1人，而同一时期，记功、嘉奖者仅17人。[③] 河南省第十一区行政督察专员公署及保安司令部，对本区1933～1943年办理的贪污案件进行统计，数据显示，区长、保长及区公所主任也多为贪污案件的要角。[④]

国民政府时期，河南耗费巨大的人力、财力、物力，投注巨额经费，积极推动保甲，所得到的，却只是下级行政机构的臃肿膨胀与地方政务的废弛颓败，[⑤] 再有就是土豪劣绅利用体制、组织化之便利，更加猖狂不羁，统驭两难，至于政治整合、打击土劣、民众动员，仍属空中楼阁，遥不可及。在河南，自治与保甲无法达成原定目标，原因颇多，制度不善、人谋不臧、财政短绌，自然都是显著的因素。不过，归根结底，人才因素和社会环境、经济条件，也正是决定自治与保甲成败的根本所在。一个在河南任职多年，足迹遍及全省三分之一县的公务人员，将其所见所闻作过一番概括：豫省吏治是在"上下交征利"的场合中进行的，任

---

① 窦经魁修，耿愔纂：《阳武县志》，卷3，职官，1936年铅印本。

② 曹寇如：《视察日记》，《河南政治月刊》，卷6，第7期，1936年7月，第2—6页。

③ 河南省政府秘书处公报室：《五年来河南政治总报告》，扶群印刷所，1936年，民政，第76页。

④ 河南省第十一区行政督察专员公署：《欧阳专员十年督政纪实》，1943年，第71—71页。

⑤ 朱德新：《二十世纪三四十年代河南冀东保甲制度制度研究》，中国社会科学出版社，2008年，第25-27页。

何事业都被这种“交征利”的忙迫所掩。就省方说，高级官员卖官受贿，每天口里喊着“礼义廉耻，仁政爱民”，对上官要有孝敬，最低要求，长官弄了钱，你不要说话，否则就是“思想不正确”。中级职员则串通舞弊。至于小职员，亦可从中揩油。各区、各县的官吏因为有许多是费本钱买来的，故除了捞本以外，又要积蓄几个以作下台的受用。[①] 河南民政厅长李敬斋直言不讳地规劝同僚：无论哪一个国家，哪一个朝代，都有贪污的事件发生。这是宇宙的相对性，也就是天道的一阴一阳性。[②]

一般地方官员，多把保甲推行不畅，归于劣绅刁顽、民智未开，“乡民备受贪污土劣之诈骗，遂不免对政府有怀疑之心，盖环境所致也”[③]。一味推责于绅劣、民愚，固然失之偏颇，在缺乏社会、经济、文化等下层结构的有力支撑下，只是依靠为政者的主观意图，强行推动大规模的政治改革，而参与主体——民众被动麻木，其情形犹如缘木求鱼，亦类于画饼充饥。自治与保甲给中国带来的影响，“只是将国家政权在形式上延伸到各家各户，但实际上则是将原来土豪劣绅地方势力的恶行合法化，并且背负在国家政权的身上。[④]”一县及县以下基层政权的“公务员”多达一两千人，较北洋时期增加了好几倍甚至十几倍，徒增民众负担，反而造成国家和民众的离心离德。也如河南名士胡石青所言：“然其弊也，能干涉人民之行，不能维系人民之团结，以故政令愈密，民心愈散，训练虽多，成效较少，此非尽奉行者之力，盖编制式之政治，其效不过如此耳。况中国幅员辽阔，地异俗殊，若全恃编制，则层级益多，考察愈难。”[⑤] 追溯河南从自治到保甲的历程，诚如斯言。

① 中共河南省委党史资料征集委员会编：《抗战时期的河南省委（二）》，河南人民出版社，1986 年，第 544 页。

② 《河南民政月刊》，第 4 卷，1933 年，第 167 页，第 2 版。

③ 杜光远：《禹县县政实施概况》，开封新时代印刷局，1936 年，第 296 页。

④ 张鸣：《乡村社会权力和文化结构的变迁》，广西人民出版社，2001 年，第 122 页。

⑤ 郭豫才：《胡石青事迹闻见录》，《河南文史资料：第 28 辑》，1988 年，第 42 页。

三、县政改革与土劣回潮

南京政府时期，河南各县政权组织发生了巨大变化。县政改革在既有基础之上得以进一步推进，但是由于政治和经济等方面的原因，并没有多大改善，在推行自治、保甲的过程中，由于条件不成熟、阻力过大，县政仍复其旧，吏治由清转浊，之前政治高压下的绅权多有反弹和膨胀之势，致使蛰伏乡村的劣绅出现回潮，偏远县份士绅负隅割据的局面不绝于志书。

（一）县政改革的持续推进

1928 ~ 1929 年，南京国民政府先后两次颁布了《县组织法》，规定按区域大小、事务繁简、户口及财赋的多寡分为三等。1931 年 11 月，河南省民政厅划定全省各县等级，其中一等县 19 个，二等县 44 个，三等县 47 个。[①] 县政府长官是县长，由省政府议决任命，对内综理县政，对外代表县政府，任期三年。同月，省民政厅制定《县政促进纲要》，要求各县于次年逐项完成，并以此作为县政考核的重要内容。纲要内容包括吏治：主要为区长及政警考核，重点是有无勒罚滥派；公安：整顿警察，防剿盗匪；救济：要求完成仓储和救济院建设；卫生：整顿医院，提倡清洁；保甲：制定规约、编练壮丁；禁毒：严查毒品，厉行禁吸；放足：注重劝导，规定步骤等。1934 年 12 月，南昌行营颁发《剿匪省份各县裁局改科办法大纲》，目的在于"集中权责，充实组织，教建合一，警卫联系，税收统征"。[②]

县长任用办法，省政府根据国民政府规定做过多次修改，其目的是纠正"为地择人，杜绝奔竞之风"[③]。普通县份按历次甄用及格排列之名

① 《河南省五年大事记》，载《河南省政府年刊》，1935 年 3 月，第 78 页。

② 河南省政府秘书处公报室：《五年来河南政治总报告·民政》，扶群印刷所，1936 年，第 11 页。

③ 河南省政府秘书处公报室：《五年来河南政治总报告·民政》，扶群印刷所，1936 年，第 2 页。

次轮流提委，特别县份则由民政厅长酌提相当人员委用。此外，民政厅组织县长人才登记委员会，一方面在报纸上发布公告，征求人才；另一方面则组织访察，向有关人员发函应征。1932 年曾一次登记合格者 13 人，加入轮委名册。候委县长由省民政厅负责训练和考察，省政府制定有《训练候委县长办法》，其训练目标，要使候委县长“明了国内外情势及本省施政方针，并注重实际建设工作特殊问题之研究，以及个人身心修养”等；在训练方法方面，要求“各候委县长每月遵照命题撰作论文，并自由拟具建设方案、调查报告，或就研究政治法律及县政之心得，实际工作之感想作成礼记”。[①] 训练时期以一年为限，民政厅每3个月统计一次成绩，作提委时重要参考。

1934 年初，河南省则实行“分区设署”，即将旧时的区公所或区办事处一律取消，改称区公署。区署系官治性质，但不属一级政权机关，仅为县政府的派出机关，为县政府组织的一部分。区公所经费，每月最多者不过 100 元，少者仅数十元，且常常积欠。这时的区署经费有了较多的增加，按照甲、乙、丙三种区，甲种区每月 391 元，乙种区每月 326 元，丙种区每月 263 元。区长和区员的任职资格也有新的规定。区长由具备县长资格者经训练后，由县长遴选加倍名额呈该管行政督察专员公署转请省政府核委。区长以回避本县原籍为原则，必要时可参用本县人员，但必须回避本区。区员由区长遴选训练合格、成绩优良人员，呈请县长核委。区长和区员的地位也有所提高。区长任期 3 年，非受惩戒、处分不得撤换。其任职在 3 年以上，成绩优异者，以县长任用或存记。区员任职 2 年以上，经县长考核，成绩优异者，以区长任用或存记。但分区设署进一步加强了区的权力，地方割据的问题反而更加严重。由此可见，国民政府在河南推行新区制失败，原因不在新区制本身，而在于延续了绅治，扩张了绅权。

---

① 《国民政府成立以来河南省政治改进概况》，《河南政治月刊》，1936 总第 6 卷第 9 期。

河南“乡”级行政组织，是在清末实行保甲的过程中形成的。民初筹办自治进一步强化了乡级行政组织，如鄢陵县“全县有十八个保董，这些保董是乡村中政治的中心。县长离开他们无法应付兵差，老百姓没有他们就少了‘公正之士’”。禹州“除城关外，四乡农村共划分十里。每个里又分为十甲。各甲的权力由本甲的大二三户，即绅董组成。所谓绅董，是指那些有功名的人物，殷实的富商等”。[①] 可见这些“保”“里”等乡级行政组织基本由士绅掌控。1932年底，河南停办自治专办保甲后，进行保甲编组，原则上“各保仍就原有乡镇界址编定”[②]。国民政府建立乡级行政组织和联保，加强了对农村的控制。河南各县各区“凡一事件之兴废，必先由各区长开会讨论，各区再分别码集各联保主任，再由联保主任通知保甲长，然后施行”。[③] 在撤区划乡后，乡级行政组织的地位更加重要。但是，乡制的实行并未对农村的发展起到应有的作用，反而办事不足，扰民有余。首先是行政经费增加，乡保长滥支滥派，加重了农民的负担。河南省西华县“乡镇间治民机关骤添二百余处，何一不取给于民，而民生愈苦矣”[④]。乡长副名义上由全乡选举，实际上均由本地豪绅、地主把持。“选举办法，由本乡大户及有地位的人们中选出名单交区或县里指定”[⑤]。

为打击豪绅擅权自专，干扰县政改良，1934年，河南省又从各县乡村青年中选其优者，充任联保主任。省府谕令各行政专员公署开设乡村师资训练所，学员结业后，委以联保主任职务，同时兼任该地区的分队

① 杨玉润：《禹州师范学堂豫堂长陈嘉桓》，《河南文史资料》，第45辑，1993年，第26页。

② 内黄县志编纂委员会：《内黄县志》，中州古籍出版社，1985年，第167页。

③《各县社会调查》，《河南统计月报》，第2卷，第11期，虞城，第78页。

④ 凌甲烺、吕应南修，张嘉谋纂：《西华县续志》，卷五，民政，1938年铅印本，第367页。

⑤《中共冀鲁豫边区党史资料选编（下册）》，第1辑，山东大学出版社，1985年，第93页。

长、小学校长职务，当时称“三权独揽”，原来旧绅担任的联保主任，则一律免除，拟以釜底抽薪之法改善乡村政权向由劣绅垄断之局面。[①] 1936年鲁山县知识青年，受训后被县府充任各区联保主任。这些“二十多岁的学生娃娃，地方豪绅根本就没有放在眼里。有的虽有点社会工作能力，也是仰人鼻息；有的虽有革命精神，不久就被借故撵下台去。一些腐败区长被联保主任联名控告，结果人家区长未动，十来个联保主任却被夺了职”。在许昌专区各县，青年联保主任们除了办理乡村教育稍有起色外，统治乡村的根基一点也没有动摇。[②] 由此可见，无论是区乡，还是联保，这种县以下的地方行政，自治的成分越来越少了，而“官治”的成分越来越多，而闾邻、保甲等农村基层的编民组织，虽直接隶属于乡镇、联保，成为“官治”行政组织的末梢，但也被地方土劣牢牢控制，轻易不能改变。

一位乡居豫绅，曾对三十年代初乡村政权选举进行细致观察，其作《居乡杂记》[③] 颇为写实，可以一窥士绅对乡村政权的争夺场景：

> 即小小的乡镇长，每逢选举之期，吾恐美国大总统之竞选，亦未必有如斯之运动，如斯之热烈，如斯之宣传，如斯之设谋巧取用计收票也。更可笑者，此派用人不当，运动无方，终致失败落选者，则即呈状县府，彼方贿选营私等情不耻，所以一小小乡镇长，竟有选举两三次始克告终者。区长尚可管辖方数十里之地，原不失为本乡皇帝之尊，乡镇长所营辖之户籍，不过三村五社，有何荣贵，何以争选若此之烈，此间当然有特别之原因在。

对于新老士绅趋之若鹜，攫取基层政权的动机，著者指出无非是利用体制及职权之便谋求一己私利而已：

---

① 郭如月:《区政训练所与乡村师资训练所》,《方城文史资料》, 第 3 辑, 1986 年, 第 82 页。

② 谭永俊:《国民党任用地方干部的一次革新工作》,《鲁山文史资料》, 第 5 辑, 1989 年, 第 73 页。

③ 洁若:《居乡三载杂记》,《河南自治报》1933 年 8 月 10 日。

> 大凡县政府加派之款银，责成区部负责收缴者，区长必须再行指令该乡镇长代为收集，譬如县政府加派款银为地一亩摊银一角，银一角合计铜元（圆）五百文，则区部即可派每地一亩铜元（圆）五百五十文或六百文，而乡镇长即可援例加征每地一亩收六百文或六百五十文。乡镇长势不能按户零收，尤必须责成闾排长，而闾排长亦可援例加收六百五十文或七百文，叠层加派，互相狼狈，或可不至见责。惟闾排长对小民之限期即成为皇差钦限，不得拖延时日，倍加负担。

有感于乡村“人心不古，绅风日下”，著者对乡民颇有“哀其不幸，怒其不争”之叹：

> 河南民风淳朴，男以耕耘为业，女以纺织为生，自耕而食，自织而衣，简朴成性，不尚奢华，惟教育不甚发达，城镇识字者，居百分之八九，而乡村之识字者，则不过百分之一二矣，所以竟有不识本人姓名之白丁而充任区、乡镇长者。惟民情过于忠诚，无论如何压迫，终不至起若何之反动。如在此过渡压迫之下，只有吁嗟叹曰：中华民国就是这个样子，受着吧，马上真龙天子出来就好了。愚昧如此，殊堪惜，亦堪怜，更堪哂也。[①]

这位署名洁若的论者发现，保甲制度与联保甲主任之头衔比前更新，当然是愈新愈贵了。联保主任之争夺，其运动之热烈，其争夺之狂态，比前更上一层楼矣。他认为，无论是自治，还是保甲，只是徒有其表。所谓自治者，既是处理自己之事务，区部及乡镇公所联保公所，均属地方自治机关，而区长，乡镇长或者联保主任，均系地方自治之干部人员，亦属自治人员，当然自己应先有自治之能力，可处理地方自治之事务，否则，作威作福，营利自私，而徒有危害地方，鱼肉乡民哉。相对于今人，论者的一番观察和言论可谓真切，亦可还原民国河南县政革新尤其是乡村政权归属争夺的激烈场景。

① 洁若:《居乡三载杂记》,《河南自治报》1933年8月10日。

（二）县政复旧与土劣回潮

县政复旧有其复杂的社会和时代背景，政治上的原因在于县长更换频繁。据统计，1931 年间，全省 111 县的县长平均任期只有半年零 10 天。罗山县 1927–1948 年，21 年中换了 28 任。1927 年 –1931 年，遂平、确山县政府更换 14 次，泌阳、正阳县政府更迭 17 次，最短的县政府只存在 7 天。所谓“民无隔宿之粮，官无期年之任”，成了全省常规。《大公报》对南北各省进行比对后认为：“河南省专员、县长调动性之大，在全国恐怕要居第一位”①。整体而言，河南吏治方面虽然有一套看似完备的训练、任用、视察、考核制度，但由于缺乏严格的监管程序，强势军人的“人治”色彩浓厚。以县长为例，虽然通过各种考试可以取得候委资格，但相当一部分可以通过“介绍登记”“征求登记”进入候委队伍。在抗战前的正常年份中，县长候委的时间并不太长，也就意味着县长的任期不长。频繁地更换、调任造成的严重后遗症，是在任官吏“吞食侵渔，弊端丛生”。

同时，吏治不修，贪渎横行的局势，也使得一般略有才识之人，均视地方政府如畏途，相率不敢问津。新蔡士绅任芝铭，为省内知名正绅，民国数度被举为县长，因藉恬退以庄拙，且持“不入政界主义，以为隐身教授，取足自给可矣。②”豫东名士井俊起数次被发表淇县等县县长，虽经李敏修以讲学家风度，反复陈说。井俊起终以性太偏，学养又差，遇事不能自制推诿不任③。桐柏韩席卿田产优渥，为省城知名学绅，数度被省府拟以县长委之，韩氏不为所动，终生从事教职。1933 年 8 月，罗季余任郾城县（今漯河市郾城区）县长。他自记公务曰：“一般政务，县长已穷于应付，而最为重要者厥为禁烟及亩捐两项。禁烟名为寓禁于售，而意在收税。亩捐名为支应兵差，而每多滥支。实际无非敛财奉上，坑

① 《豫省行政论说》，《大公报》1948 年 2 月 15 日。

② 王克明整理：《任芝铭存稿》，河南人民出版社，2013 年，第 243 页。

③ 井俊起：《雪苑憨叟忆往》，载《河南文史资料：第 35 辑》，1990 年，第 82—83 页。

害商民，成绩愈彰，则罪恶愈重。”[①] 这位留学日本的开明士绅，以不忍病民挂冠而去，不复任职。

其次是省当局贪污腐化，上行下效。刘峙担任河南省主席后，搜刮所得在南京、上海等处购买了大批房产、土地和盐井盐田等，总价值在500万元以上。[②] 刘妻杨氏，与参谋长刘耀扬，省府秘书长张廷休等人勾结，卖官鬻爵，贿赂风行。县长的任命，必须经过这些人的门路，按县分等级，任期久暂，而分处不同的价码，三五千元不等。省会公安局长李某，1931 年冬买到此职，一年多的时间即捞钱至 30 多万元，被人告发后，急忙向刘峙老婆行贿 3000 块大洋，又得留任 3 年。安阳县长周鹏年，结合几个好友向省主席夫人行贿买得官职。上台后，以几个心腹把持要害，大肆搜刮，民众向南京政府上诉状百余件方被省高等法院审理，法庭之上，周氏公然质问法官，“县长职位是费本买得，你去问问主席（刘峙），应不应该捞本？”此等人物竟被刘峙保释结案[③]。省建设厅在豫南信阳一带修筑公路，规定“每方 2 元 4 角，而筑路处则实发每方 4 角 7 分，工人劳碌终日不得一饱，而充任监工众绅则雇用许多妇女摇扇驱热。有一座桥梁修缮需用款 300 余元，而负责绅等竞报销 5000 元”。总计经费 300 万元，实际使用不到 100 万元，其他的尽入私囊。[④]

县政复旧导致土劣回潮，“官吏既是以升官发财为目的，必以贪污为手段，那么一切贪污之法欲完满行使，必须勾结地方的土劣。况且有时土劣的势力根深蒂固，军队驻防稍远，这些官吏更须与土劣结合，始

---

① 张鸣铎：《怀念外祖父罗季余》，载《河南文史资料：第 51 辑》，1994 年，第 162 页。

② 王成斌等主编《民国高级将领列传》，第 2 集，解放军出版社，1988 年，第 55 页。

③ 中共河南党史资料丛书：《抗战时期的河南省委》（二），河南人民出版社，1986 年，第 545 页。

④ 中共河南党史资料丛书：《抗战时期的河南省委》（二），河南人民出版社，1986 年，第 543—553 页。

能行使职权。而土劣们亦乐与之勾结，以作福作威，欺诈乡民”[①]。县知事改称县长后，温县首任县长刘鸿恩“龌龊无能，而催科派敛，则不遗余力”，次任县长王慧因贪赃枉法更甚前任，处理民、刑各案，常令原、被告和证人“三方受罚”结案，在职数月，所积赈款就“以巨万计”。第三任县长李灿阁，借支应军队兵差为由，“种种摊派，日必数起，县民人人自危，如大祸临头。”[②] 可谓前腐后继，暗无天日。泌阳王友梅1932年在县城开办“农工借贷所”，先后发现纸币100多万元，在泌阳城乡流通，后纸币贬值，王趁机大发横财，百姓叫苦不迭，深受其害。[③]

土劣回潮的另一个重要原因，是国民政府于1932年废除了惩治土豪劣绅条例。此项制度的废除，去掉了城乡土劣身上的一道枷锁，加速了土劣回潮。河南省府的通令，亦坦言此前通过改革县政来抑制土劣的成效并不乐观：“惟独鱼肉乡里，甚于盗贼，久为人民侧目，敢怒而不敢言之土豪劣绅，仍潜伏于社会间。近年来，所以未敢明目张胆，为所欲为者，并非若辈消灭无遗，革面洗心，一变而为正人君子也。盖始以革命势力方张，继以严法明定惩治，故有所忌蝉，而不敢公然为恶耳。近因国府明令废除惩治土豪劣绅条例，若辈俱欣欣然摇摆城市，或捏造鲨语，诋毁党政，或吓诈乡愚，破坏自治”[④]。训政经年，自治改行保甲经年，然当局对士绅把持乡村的局面仍觉无能为力，地方行政因循既久，各项革新施行遇阻，“县府都是本地土劣、绅户把持”，“衙门还是满清遗留下来的，里面用人行政，多半是老法子，不过公事换换名称而已。县长威信的失掉，因为以前军队随意派款，县长刮钱又拉夫”，民众与官府隔膜久矣。

地方武装向由士绅控制，在保甲推行中更是被视为禁脔。邓县有四

---

① 李腾仙:《彭禹廷与镇平自治》，镇平县地方建设促进委员会编印，1936年，第41页。

② 温县地方志编纂委员会:《温县志稿》，1986年，第125页。

③ 郭超等主编:《驻马店通史》，中州古籍出版社，2000年，第315页。

④《河南省民政厅行政会议记录》，决议案，1932年，第54页。

个民团团长，在乡间无所不为。近年来大批收买田地，现每人有好地三百多顷。[①] 嵩县首席士绅原为李迁春、庞文仲。李迁春为清末拔贡，曾任陕西省财政厅长，民国十四年（1925 年）卸任返嵩，是当时颇受推崇的政界中心人物；庞文仲系清末科秀才，历任周至、岐山县长，民国十九年（1919 年）曾任省府秘书长。下野后居住县城，与李迁春同为政界中心人物。民国中后期，首席士绅的位置被出身行伍的宋天才取代。宋以中将师长自居，县内大小事无不过问。[②] 在嵩县各乡镇，名义上由区、乡、镇、保各级政权掌管支配，实际上仍为地方士绅所掌握。宋天才掌握田湖镇、温泉乡、源赵乡一带武装，有枪支数百支，机枪数挺。县议会会长张竹亭，能指挥三四个区乡武装力量，有钢枪上千支。楼关乡乡长任世侧、张太平，掌握全乡枪 400 余支。三合乡乡长宋希殷，掌握地方枪约 400 余支。[③]

喧嚣一时的县政改革，终未达成最初的政治预期，遂被后来的新县制所取代。政府主导的县政改革兜了大大的一个圈，又重新回到原点。而历经数载回到原点的南京国民政府，国内外局势和执政环境均与改革前大有不同，一方面要忙于应付日本帝国主义入侵，一方面还要平复国民不断高涨的抗战呼声、围剿共产党武装建立起来的红色根据地，已无心也无力彻底打击乡中土劣，直接插手乡村政权。其明令废止惩治土豪劣绅条例，即“表明听任绅权作为异己力量任意发展，使农村基层政权完全成为农民的对立面”。[④] 政府对土豪劣绅的羁縻和放任，不但使得士绅与农民的矛盾难以调和，连士绅阶层内部也因利益分配不均而纷争不

① 张研、孙燕京主编《民国史料丛刊》(760)，《河南省农村调查》，大象出版社，2009 年，第 125 页。

② 李春喜、魏林青:《民末嵩县政坛概况及武装实力》，《嵩县文史资料》，第 1 辑，1987 年，第 20 页。

③ 李春喜、魏林青:《民国嵩县政坛概况及武装实力》，《嵩县文史资料》，第 1 辑，1987 年，第 20–26 页。

④ 郑起东:《转型期的华北农村社会》，上海书店出版社，2004 年，第 99 页。

断。河南省府不顾南京方面的谕令，颁布适用于全省的《惩治贪污土劣单行条例》，一方面说明作为重点“剿匪区”的河南可以享有部分“法外治权”，省府可以用“惩治土劣”“整饬吏治”来装点门面；另一个方面也反证了河南土劣的豪横和凶悍。当然，如同那些接连不断地“肃清贪污”的政令、军令，制定的相当繁多的防贪治腐制度一样，这则冠冕堂皇的《惩治贪污土劣单行条例》，丝毫不能改变官绅共治，渔利搜刮民众的本质。

第三节　党权强化与士绅分化转型

1930 年 10 月 7 日，南京政府任命刘峙为河南省政府主席。甫一上任，刘即发现河南局势颇为严峻：“省民之生命财产毫无保障，上有官僚，下有豪劣，只凭喜怒，而无法律。就保障民权而言，河南省民个性强悍，爱藏枪支，一般土豪劣绅，还据以把持地方，横行乡曲。”除履行上峰“剿匪”命令外，刘峙把铲除地方恶势力作为工作重点，图通过自上而下的改革，打击土劣、救济灾民、消灭“匪共”、建设“廉能”政府。11 月初，刘即通令各县县长严办盗匪，清理诉讼，崇尚朴实，厥守官箴，惩办土劣。围绕这些工作轴心，河南在党、政、军及思想文化和社会生活各个方面，采取一系列措施，使国民党的统治力和组织化得到全面加强，加速了士绅的分化和转型。

一、党权与绅权之争

1930 年 10 月，依照南京政府“以党治国”的治理方针，河南当局进行了一系列的改革。首先是强化国民党基层组织。刘峙对省党部进行改组，对全省的国民党组织进行整顿和清理，并进行重新登记。到 1937

年2月，全省共有国民党员27233人，成立县、市党部93个，区党部204个，区分部690个，直属区党部2个，直属区分部36个。[①] 县长、区长基本上由国民党员担任。国民党的统治深入到了基层政权，成为维护国民党政府的重要力量。

二是大力发展特务组织。1931年前后，戴笠派刘艺舟来郑州侦取情报。1933年在开封成立复兴社河南分社，各县设分会，乡设支会，基层设小组。据约计，刘峙主豫期间，"在河南创立相当强大的复兴社，其社员估计当在十万以上。所有联保主任，学校中的青年学生，大都被迫或自愿地加入了复兴社"。他们的触角遍及政府、党务、文教、机关团体和其他部门，尤其是设在开封东华门的复兴社分社，利用忠义救国会等组织，收罗大批劣绅，缉捕共产党人和爱国青年，不少共产党人和进步人士惨死在他们之手。

三是加强思想和教育领域的统治。省政府、省党部极力在全省各类学校中开展"党化教育"，禁止学生干预校政、参加社会活动、组织各种团体，通令各县教育局在聘任小学校长时先任用国民党员。强令各地学校把"党义"教育置于压倒一切的地位，严厉禁止学校师生接触革命或其他"左倾"书刊。1930年12月，刘峙在"告全省学生及家长书"中，严厉指责学生信奉阶层斗争学说，污称共产党的行为和主张是十二万分不合乎中国国情，严禁在各级学校内传播共产学说。[②] 这位省主席在讲话中宣称：天下最残忍的就是共产党，他们"任意破坏社会，破坏国家"，"马克思的《资本论》，章章节节都是教人杀人放火的方法。[③]"

四是推行新生活运动。根据南京政府提倡，1934年3月，河南发

① 河南省地方史志编纂委员会：《河南省志：第14卷》，河南人民出版社，1997年，第24、48页。

② 河南省地方史志编纂委员会：《河南省志：第14卷》，河南人民出版社，1997年，第113页。

③ 王天奖：《天翻地覆话沧桑：河南的昨天和今天》，河南人民出版社，1994年，第109页。

起“以礼义廉耻为准则，以整洁简朴迅确来实施，使生活军事化、纪律化、合理化、节俭化，以打倒自然主义等谬说”的所谓新生活运动，成立了新生活运动促进会。到 1936 年 3 月，全省 88 个县成立了新生活运动促进会。由于各级党政人员多因循敷衍，以士绅为主体的地方精英反应冷淡，各县新运会有的徒有虚名，有的敷衍塞责，根本没有完全付诸实施。①

五是控制群众组织（国民党称为社团）。1930 年 10 月以后，河南各级党部根据国民党中央颁布的有关群众组织的法令，在全面整理的基础上批准恢复一些群众组织。但各群众组织成立前，须向该地区党部提出申请，由党部认可，政府批准。各群众组织的章程都要经党部审查通过方能公开，并提中央备案。各团体理事、监事会成员在成立大会上，要进行“至诚实行三民主义，遵守国家法令”，否则“愿受严厉制裁”之类的宣誓。② 由于管理严格，审批、控制和监督严密，省党部不断加强对省内民众团体的渗透和控制，民间社团发展空间越来越小，士绅知识人自由设立团体、开展活动受到严格限制，此前规模较大的全省自治协进会、教育联合会等组织纷纷解体。

毋庸置疑，“以党治国”的过程也是权力再分配的过程，各县不仅充满官绅之争，更充满着党、政之争与新、旧士绅之争。在新、旧士绅的斗争中，县长多与旧绅立场相近，而县党部多支持新绅起而“革命”，与旧绅为难。由此又造成地方党、政之间的龃龉与纷争。省府主席刘峙多次要求各级党部消除党政隔阂，支持地方行政。③ 但实际上，各县重大事项往往由县党部决定。党政之间为争权夺利，“龃龉颇多”。党、政之

① 河南省地方史志编纂委员会:《河南省志：第 14 卷》，河南人民出版社，1997 年，第 100 页。

② 河南省地方史志编纂委员会:《河南省志：第 14 卷》，河南人民出版社，1997 年，第 101 页。

③ 河南省地方史志编纂委员会:《河南省志：第 14 卷》，河南人民出版社，1997 年，第 4 页。

争影响县政推行，还导致新、旧士绅之争。光山人周鹏年1929年任安阳县长，任上千方搜刮、榨取民财，年余即攫取银币十余万元，不仅城乡百姓倍受灾害，而且严重侵害了地主豪绅的利益。1931年1月10日，邑绅韩冰如等人在县党部支持下，率领数十名持枪团丁，挟制周鹏年在安阳游街示众，责令周氏在人群密集之处，检讨害民祸民行径。游街活动自上午八时开始，一直持续到夕阳落山。翌日，邑绅数十人，将周押解到省政府，控告其贪赃枉法，横征暴敛等罪行。[①] 此事在豫北数县影响巨大，“为安阳民众最有价值运动之第一次，邑人谓之‘元四运动’”。[②]

南京政府前十年，河南省当局通过一系列变革，发布许多诸如自卫、保甲、自治、选举之类的新法新政，使地方行政工作均得以加强[③]，国民党的影响力逐步扩大。地方民众对政府和国民党统治的恶感却与日俱增，这些新政新法出台之初，无一不说此乃解决农民痛苦的良方，结果是问题越积越多，税赋征收层出不穷，问题丝毫未能解决一丝一毫，而民众的经济负担却大为增加。“如此一而再，再而三，简直闹得一般农民听说变革、新政之语就要头痛掩耳”[④]。豫北某绅劝谕乡民说，“咱们中国的什么事都是换汤不换药，劝学所改称教育局，劝业所改称建设局。名字虽然改了，当局长的还不是那几位士绅先生？”劳力者、劳心者什么朝代都是不一样的，“历来一般官老爷。以及什么委员、董事，都是欺骗我们老百姓，不是要钱就是拉夫，口头里说得很好听，做的全不是这么回事。[⑤]”

南京政府“训政”时期各项改革的推进，以及“以党治国”方针的施行，势必对河南农村社会结构和基层权力运行发生重大影响，而首当

① 胡连科：《刘峙审赃官的丑闻》，《鹤壁文史资料》，第1辑，1985年，第105页。

② 方策、王幼侨修，裴希度、董作宾纂：《续安阳县志》，卷1，大事记，1933年铅印本。

③ 翁有为：《南京政府行政督察专员群体构成之考察：以河南为中心》，《史学月刊》2009年第12期。

④ 王湘岑：《乡农学校举行的步骤》，《乡村建设》1937年第6卷第11期。

⑤ 仝菊圃：《我们的实验区》，《乡村改造》1933年第2卷第5期。

其冲的就是绅权发生了结构性变化。传统士绅日渐凋敝并边缘化，新生代士绅羽翼渐丰，他们年富力强，精力充沛，有着各级各类新学及训练背景，知识结构相对科学合理，能够利用党派的力量和体制优势开展夺取政权和相关利益活动。新派士绅数量不断增多，逐渐取代他们的祖辈父辈，成为主导河南社会发展的决定力量。

二、传统士绅的式微与边缘化

在科举废除和帝制倾覆之后，士绅阶层的“继替常轨”虽然中断，但作为传统社会的“四民之首”，在民国依然有异于常人的生活与生存方式。据张仲礼推算，清代士人考取生员、举人、进士的平均年龄分别是24岁、31岁和34岁，而士绅的平均寿命一般在57岁。[①] 也就是说，出生于1870年代左右的最后一代士绅，经过岁月洗礼，至20世纪二三十年代已所剩无几。

民国河南工业基础薄弱，经济不发达，民众多不善贾，故商业亦不发达。上层士绅要么坐吃山空要么强取豪夺，下层士绅出路更加狭窄，仕进无门，迫不得已多选择教职。“能有隔夜粮，不做孩子王”，这则流行于豫省的民谚道出了乡村教师的艰辛与无奈。辉县乡下的教员，薪水一年只有八十元。乡村小学大概都靠本村的经费维持，因陋就简，直和以前的私塾差不多。教育局因为经费有限，也无法注意到乡村教育。不少旧绅为了家口生计，多委身教席。如睢县文人士绅尤金锡，教读乡间，困顿异常，“窃忆仆半生守拙，终日与妻子不能饱两顿粥，即至窘迫，从不曾开口告诸亲故，坐是年来愈困，旁人则谓我谋生甚拙，付之一笑而已。[②]”在写给文友柳堂的信中，尤氏还以乡间民风朴茂自得：“敝邑剪发

① 张仲礼：《中国士绅：关于其在19世纪中国社会中作用的研究》，上海社会科学院出版社，1991年，第92—95页。

② 柳堂：《耄学问答附·尤斐如复书（八月十九日）》，山东商务印刷所，1923年铅印本，第95页。

者甚少，不解何故，仆若剪发，亦不至终日挨饿矣。[①]”高祐是洛阳一带知名学绅，出身寒微对底层士绅的教读生活感同身受。在写与山东文友柳堂的信里，高氏自述家道苦寒：“祐弱冠后即授徒佐家政，冀少分严慈忧。三十年内，家计再废再兴，皆由骨肉之变。其前之窘也，尚有存田一亩，后则并寸陇而无之，其稍可以搘持时，前后置田皆不过二十馀亩。然咬惯菜根，糟糠袓褐，处之亦自有馀味，不为膏粱文绣移。惟遭家不造，目睹父母茹苦抱戚以终，每一念及便欲以手捶胸，以头击壁，痛毒无怀生之意。[②]”

旧绅日渐式微凋零，新生代士绅脱颖而出。在河南，新旧士绅的更替、分界以北洋军阀退出河南最为明显。1923年，豫绅井俊起由陕归豫，在省垣拜见一般同学旧友时，井氏发现省署要职还多为旧绅把控。省长张凤台，前清进士，时年已七十二岁；政务厅长常敬廷，名秀山，安阳人，清末举人；省署教育科长郭海封，项城人，附生；许伯猷，考城人，廪生，教育科员；杨恭斋，洛阳人，举人，水利主任；教育厅长王幼侨，安阳人，北平第一师范学校毕业；财政厅长陈雨人，信阳人，翰林，前清御史。[③]

时隔数年，1927年底井俊起再次回豫，由于其具有举人功名，又肄业于晚清河南师范学堂，“新旧学皆通晓”，被建设厅长刘镇华委以秘书主任一职。井氏发现省内老绅大多数已悄然隐退，青年才俊占据主流，他们皆有专门知识，其中不乏留洋归豫者。井氏新学捉襟见肘，自觉属门外汉，即数字方面，一切专有名词，完全不解，何以核拟稿件。乃于公事之余，向各专门人才请教，有可以增长学识者，分门记录，并浏览各专书，择要分记，以资印证，尚能勉强支撑。[④] 其实，非但建设厅如

① 柳堂：《耄学问答附·尤斐如书（九月十七日）》，山东商务印刷所，1923年铅印本。

② 高祐：《答柳勖庵先生书十五》，载《嵩洛草堂遗编：第1卷》，中州古籍出版社，2014年，第358页。

③ 井俊起：《雪苑憨叟忆往》，载《河南文史资料：第35辑》，1990年，第68页。

④ 井俊起：《雪苑憨叟忆往》，载《河南文史资料：第35辑》，1990年，第83页。

此，省府及各厅职员的年龄结构均在发生深刻变化，官方统计资料表明，旧绅的边缘化已经成为历史的必然。

南京国民政府建立后，大兴党权，一般新绅多厕身其间以求名利双全。如陕县，当共和初年，陕县实为统一党范围，自袁政府失败无形取消。而孙总理所创之民主主义实通行全国，乃陕处于军阀专制之下，犹未敢公然宣布。至1927年国民军东出陕，始有党部之发生。党务人员，除省党部下派之外，几乎悉为县内新派士绅，他们大多精明强干，接受过中学以上教育，热衷于地方事务，在县上的影响力日渐广大。[①] 民国绅界，固然也看重学历、出身，但大学生一般侨居都市，在本地甘作士绅的主要是一批中学毕业生。信阳县十位显绅，五人是师范毕业，一人中学毕业，一人高中毕业，二人学业不明，二人在军队短训班肄业。很显然，他们原来处于社会的边缘地带，能够一路攀爬，跻身一县“绅界”，已不是凭借传统的科举功名，而是善于利用体制、强权和武力。他们的上升之路，有党、政、军、团、特之别，但是值得注意的是，这些出身“低微”“杂途”的新绅在信阳县并未遭到传统士绅的抵触和排拒，相反，正是因为他们或政、或党、或军、或团的上升通道，才真正获得了正途士绅的认同和接纳，以至跻身“士绅”之列，连县长都与他们称兄道弟，不敢小觑。

北洋时期，军阀征战不休，河南士绅最喜与军事强人夤缘。南京政府时期，秩序稍安，党政争权夺利，士绅则多视其势力强弱而选择合作伙伴，昔日保境安民之职责，竟成党、军恶势力之帮凶。有豫人不无担忧指出：河南乡村冲突既起，事变环生，分合从违之间，均以自利为归宿，将无所不用其极。主义、党派、德义、国难等名词，皆不足以资维持，惟力是亲，有利而已。吾所谓军人与军人行将冲突日亟者，乃情理之所必然，无可逃也。冲突之情势，既演为不可免之事。在人民，则奔走呼号，为弭兵运动，以免池鱼之殃及，函电纷驰之所谓士绅者。个人

① 欧阳珍修，韩嘉会等纂:《陕县志》卷六，1936年铅印本，第219页。

者，实则犹演戏时之过场，不能不有此小小一幕，姑备开战前应有格式而已。每阅报纸，辄有“乡望素孚，年高德劭”之老前辈，乃仆仆道途，为此可怜的无益之“扯淡废话”。试一回想民国成立以来内战，曾有不经调停者乎。抑或某某将战，因调停而言归和平者乎。夫亦徒贻彼军人者以不晓事之讥笑耳。[①] 所言颇实，这里既有新崛起的新绅对旧绅的极度不满，也是豫人在新文化运动之后对绅权流变的深刻反思。

三、新式士绅阶层的崛起与城市化

近代以来，河南的城市化并不充分，城乡畛域不分明，不少读书人家以“耕读传家”为祖训和家风，致仕还乡、叶落归根的传统观念影响既深且久，故此士绅居乡还相当普遍。少数士绅，虽然迁居城市，但与乡村依然保持着千丝万缕的联系。从某种角度而言，城市只是任职和享乐之所，而非理想安身立命之地。

士绅居乡在民初河南依然还是主流，少数城居士绅多以政治人物及商人为主[②]。这种情况在1920年代以后发生了变化。据河南警局统计，1922年到1923年春，各县富翁绅户迁居省城开封者约2万余人。[③] 另外一组官方数据显示，省会开封1925年底的人口统计总数为226758人，到1935年底已达到303341人。短短十年，人口净增长76583人，增长比例高达33.8%。[④] 增加的人口虽然不全是士绅阶层，但以公务人员、专业技术人员为主体的知识青年群体应该是没有问题的。

从表4-1上表来看，青年人是人口流动中最活跃的人群，最易于在城乡间流动，其主要流向为城市，比例为66.8%。

---

① 王怡柯：《农村自卫研究》，汲县河南村治学院同学会，1932年印行，第70页。

② 1919年月，河南旅京同乡会成立，登记表所列531人，皆为旅京豫籍曾任或现任官员，还有少量商界人士名列其中。见《旅京河南同乡录》（1919年手稿本），中国国家图书馆北海场馆。

③ 河南省档案馆：《河南革命历史文件汇要》，甲1，1984年，第2页。

④ 河南省统计学会等：《民国时期河南省统计资料（上册）》，1986年，第15页。

表 4-1 1935 年河南乡村青年离村去向统计及所占百分比（单位：%）

类别	城市工作	城市务工	城市求学	到别村务农	到垦区开垦	其他
比例	23.9	18.1	24.8	23.1	5.9	4.2

资料来源：南京中央大学农业经济系编印:《农情报告》第 4 卷第 7 期，1936 年 7 月，第 177 页。

地方资料中，士绅城市化的记载更是俯拾皆是。南阳城中地主甚多，他们中一大部分都是从各区来的，所以现在各区地主分配的情形，并非民国八年（1919 年）土匪骚扰前的一样，但他们的田地却依旧留在本乡。① 密县殷实绅家，往往迁居县城，仍然沿袭旧式礼俗，见面作揖，节日问候，过年磕头，有病问安，女人搽粉、裹足、打牌，终日无所事事。② 嵩县中层士绅素有城绅、乡绅之别。城元镇系县城所在地，士绅最多。他们中有国民党县党部书记，县政府诸科科长，与各乡镇士绅上下呼应，把持着全县政治舞台。③

王奇生的研究表明，1930 年代湖北各县士绅离开乡村，迁居都市或者外省者约占士绅总数的 30%。④ 河南城市化进程起步较晚，城市的繁荣和变迁与铁路的兴建紧密相关。大致沿着京汉、陇海铁路干线布局。铁路所经过的县城，至少设一站。铁路的兴建不仅带动了河南经济的整体发展，而且引起了河南城市化的变迁，“市场经营品种结构、市场规模级序结构和市场空间分布结构”发生了深刻变化。⑤ 一些小县一跃成为商业都市，一些小镇或小村庄成为交通和物流发达的枢纽城市。这些城市的出现，为新式士绅的崛起提供了机遇和平台。

表 4-2 显示了民国河南部分地主士绅居住地点及其职业（1934 年实业部发表。）

① 冯紫岗、刘端生:《南阳农村社会调查报告》，黎明书局，1934 年，第 40 页。

② 樊百泉:《樊百泉自传》,《河南文史资料》，第 17 辑，1986 年，第 62 页。

③ 李春喜、魏林青:《民国嵩县政坛概况及武装实力》,《嵩县文史资料》，第 1 辑，1987 年，第 20—26 页。

④ 王奇生:《革命与反革命：社会文化视野下的民国政治》，社会科学文献出版社，2010 年，第 323 页。

⑤ 袁中金:《河南近代铁路建设与经济发展》,《史学月刊》1993 第 4 期。

表 4-2　民国河南部分地主士绅居住地点及其职业（1934 年实业部发表）

县别	士绅居住地			士绅职业				
	城市	乡村	外县	政界	教育	工商	守业	杂业
淯川	10	80	10	10	10	20	20	40
临颍	10	90	0	—	—	—	—	—
信阳	30	60	10	20	10	20	30	20
邓县	30	0	70	—	—	—	—	—
开封	70	20	10	20	30	10	30	10
商水	10	90	0	20	20	30	10	20
辉县	5	93	2	5	5	5	80	5
新郑	30	70	0	40	10	30	10	10
汤阴	10	90	0	20	20	40	10	10
原武	20	80	0	—	—	—	—	—
博爱	30	70	0	5	15	30	10	40
确山	40	50	10	10	10	10	40	30
新安	30	70	0	10	10	30	20	30
西华	10	80	10	—	—	—	—	—
睢县郭庄	10	90	0	10	10	20	50	10
宁陵迁一村	30	60	10	30	20	20	10	20
镇平南关乡	80	20	0	30	10	20	30	10
洛阳东吕庙	60	40	0	—	—	—	—	—
阌乡张村	100	0	0	10	10	80	0	0
通许	10	90	0	5	5	10	70	0
方城第一区	40	50	10	20	10	20	30	20
安阳中山村	20	70	10	20	10	20	30	20
襄城汝阳村	40	60	0	10	10	30	30	20
涉县	0	100	0	0	0	10	70	20
汲县	30	70	0	3	2	20	70	5
洛宁	30	50	20	20	10	50	10	10
温县	50	50	0	50	20	30	0	0
鹿邑	90	10	0	0	10	30	30	30
平均	33	61	6	16	12	25	30	17

资料来源：《豫鄂皖赣四省之租佃制度》，金陵大学农业经济系，1936 年 6 月刊印，第 74—75 页。

统计结果显示，1934年，河南士绅选择在城市居住的比例达到33%，与前述湖北省士绅城市化比例大体持平（考虑到湖北省的统计时间为1930年，按正常年份推算，4年以后的比例应不小于当前比例）。河南城居士绅中政界、教育、工商业从业的人员的比例达到53%。这充分说明城市对士绅的吸引力，还是相当强大的。

民国士绅城市化的形成，与新士绅的崛起密不可分。自西学东渐以来，中国城乡之间的差距越来越大。城市带有西方色彩的物质和精神生活方式，自然比日趋没落的农村具有吸引力。加上城镇集中着财富、权力、文化、机关团体等社会稀缺资源，在这种情况下，乡下子弟一旦在城里接受新式教育，便不愿返乡。留学生多集中于京城及沿海大都市，大学生则向往省城或繁华大城市，中学生也想方设法留在省城，最不济也要待在县城。城镇成为士绅知识人的生活和工作活动中心。再者，城镇人口密集，商业化程度较高，就业机会和收入相对较高。以报刊发行业来看，开封六大报刊共用工245人，其中职员77人，记者19人，工人150人，职员最高月薪200元，记者工资月薪最高60元，一般40元左右，工人最高月薪45元，一般工人15元左右。[①] 而同一时期辉县乡下的教员，薪水一年只有八十元。师范或中学毕业生是不大愿意在乡下当教员的。[②]

表4-3为1935年河南全省职业分类统计及开封、郑县职业明细表。

表4-3　1935年河南全省职业分类统计及开封、郑县职业明细表

职业	全省总计	开封	郑县
农业	17342326	162896	75612
矿业	84050	—	315
工业	930801	9639	40102
商业	1038152	18689	39112

① 河南省统计学会等:《民国时期河南省统计资料（上册）》，1986年，第769页。

② 张研、孙燕京:《民国史料丛刊》(760)，《河南省农村调查》，大象出版社，2009年，第105页。

续　表

职业	全省总计	开封	郑县
公务员	190432	10897	3615
交通运输	139949	419	6710
自由职业	268388	12579	3818
人事服务	1158220	9669	110819
无业	4687636	230298	40282
未详	455065	1050	8884

资料来源：河南省统计学会等编：《民国时期河南省统计资料》，上册，1986年，第649页。

当新绅加入城市，城市化逐渐成为一种潮流，从而导致社会精英阶层的分布重心发生历史性转变。在此潮流推动下下，城乡发展迅速形成“马太效应”，城市经济基础、治理能力和保障体系越来越好，乡村社会成为被精英遗弃，管理日趋失序的地区；城市文明程度越来越高，而乡村越来越成为文化的荒漠。以至于在教育部严令取缔私塾教育多年以后，河南的私塾教育依然相当发达。在广大乡村，私塾教育现状普遍令人担忧。豫东西华县，“全县教育为劣绅、学棍把持，腐败不堪。私塾四百多所，多是土豪劣绅俱乐部，而新式小学，只有三两个，亦支离破碎，不成样子”[①]。由表4–4可知，19世纪30年代，河南私塾数、塾师数和学生数均为华北诸省之最，这不能不说这是豫省新绅城市化结出的一个恶果。

表4–4　1935年华北三省乡村私塾状况比较表

省别	私塾数	塾师数	学生数	全年所收学费数
河南省	8952	8952	152218	380099
河北省	4287	4313	65520	267678
山东省	3588	3588	40211	176538

资料来源：《河南统计月报》，第2卷第9期，1936年9月，第74页。

士绅城市化，无疑是一把双刃剑，它推动了城市的发展，加速了农村的文化流失和经济衰败。正像1930年上海《民国日报》发表的《乡村颓败了》的文章那样：“年年大批的毕业学生自乡村跑到都会，不见一个

① 窦克武编，王拱璧：《王拱璧文集》，河南大学出版社，2014年，第39页。

返到乡村，乡村小学教师宁愿来都市为书局报馆抄写。都会的漩涡卷去了乡村的干柱，剩下的只有老弱和幼稚……乡村颓败了，没有一些生气，和黄褐的土块成了调和的色彩，死静、凄凉、枯暗、荒塞、简陋占据了整个乡村。”①

新绅崛起和城市化加速了农村经济的破产。1934 年，行政院复兴委员会通过对豫北辉县 34 村 433 户，豫中许昌 5 村 458 户，豫西南镇平 6 村 357 户的调查所得，三县乡村贫农的比例均在 55% 以上，富农成分辉县最多，占比 8.08%，新乡、滑县一带，富农经济的比例比中南部稍大。近年来住在乡村的士绅地主，受到土匪的威胁，相率搬到城里居住，乡村中的地主仅占村户的 1.09%。② 豫北浚县城内是地主的集团，滑县城内是高利贷的集团。但实际上地主士绅和高利贷者往往又是结合而为一体的。新绅的崛起和城市化，改变了城市士绅的结构。地处京汉线要冲的豫南名城信阳，在三十年代有妇孺皆知的十大“显绅”，由于生活在同一时期，且在同胞兄弟中皆排行第二，被时人称为十大“二爷”③，虽含戏谑之意，却反映士绅城市化过程中的一些基本特征。十大“显绅”，全部是城居士绅，从经济状况来看大多数是大中地主，但并非所有的大中地主就能成为地方权势人物。大中地主中也有相当一部分足不出户，不问时事，被河南民众称为“土鳖绅户”。从十位“二爷”的职业及经历来看，多数在城市有自己的产业，担任过商会会长、议会议员、地方首事、铁路收款员等职务，可见纯粹靠收租为生的地主很难进入当地士绅行列。这一点仍和科举时代相同，即以参与地方公事为前提，用民国豫人的话说就是“得为大伙帮光取利”“能和衙门里的人说上话”。十位城市士绅中，只有“迎官接诏的吴二爷”被民众认为“仁义”，一人（杨

① 佚名：《乡村颓败了》，《民国日报》1930 年 1 月 12 日。

② 张研、孙燕京：《民国史料丛刊》（760），《河南省农村调查》，大象出版社，2009 年，第 13 页。

③ 罕达、燕敏：《三十年代蜚声信阳的十大“二爷”》，《信阳文史资料：第 2 辑》，1986 年，第 97 页。

二爷）不与外事，而被诟为“土豪劣绅”“为富不仁”的却有8人之多，民心所向，彼时士绅品行可见一斑。

受新绅城市化和商业化的影响，乡村基层政权也在发生改变。1935年的一个调查报告反映了河南乡村村政人员的变化，可窥见商品经济在农村社会中的萌芽，同时也表明绅权在乡村中的代际转换正在悄然形成：“1920年代以前，濮阳县村政完全掌握于旧式知识人，家族长及一小部分地主的手里。后因商品经济的发展，所有地主、富农及知识人，都变成了花生及小盐业的真实主人（其不营商业者都因贫困化丧失了固有权威），故现在的村长佐、里牌长，百分之八十以上都是花生行、枣行、盐行的东家，小股东及经纪人。他们一方面是村政管理者，同时又是花生、枣、盐的收买者、放款人与粮食出卖者。故我村近年来的政治中心，已经由秀才、举人及家族长的宅第，转移到地主商人及高利贷者所组成的三位一体的商店之中。”

在商品化的冲击和军事压榨之下，乡村个体和公有经济能力的下降，乡村公正士绅的权威一步步削弱。伴随着原有村落文化的衰落，兴起的是一种堕落痞化的精神，其特点是为富不仁，宗族亲情纽带松弛，缺乏公益精神；一部分士绅演变成唯利是图的高利贷者。民国河南的高利贷资本带有明显的暴利性质，不仅利息高昂，且借贷条件苛刻、债权人与债务人在经济地位上有相当大的差别。到了三十年代以后，这种表面上密切、和谐的关系已被打破。河南一家官方刊物在记述南阳、唐河一带社会状况时说到，如果某村有绅户稍有余钱，附近村民“皆刻刻注意，探询央托”，不是向该户出卖或典当土地，就是欲借高利贷，利率起码4—5分（10个月为一期，到期付息40%—50%），最高者竟达10分以上；还要用土地作抵押，届时不还，该地即归债主耕种。[①] 可见极度贫困的乡民饮鸩止渴之状态和豪绅高利贷剥削之酷烈。

新绅的崛起是社会进化的必然结果，是推动社会发展和进步的一支

① 《豫西南土地抵押调查》，《河南政治月刊》，第4卷，第4期，1934第13页。

重要力量，但新绅的城市化却导致乡村日趋衰败，乡村组织逐渐萎缩，正绅缺失，土豪劣绅等恶势力沉渣泛起，成为阻碍乡村曲折向前的巨大阻力，历史的吊诡之处正在于此。

总结南京政府前十年的绅权消长，会发现与清末士绅相比，民国时期的“新绅”无论是学识、才德和威望方面均无法比及。他们赖以支配基层社会资源的大多是武力、财力和霸力，而不再是传统士绅所具有的内在道义性权威、外在法理性权威和个人魅力性权威。[①] 信阳民众戏谑本城的“十大二爷”，则正说明了他们的所谓善行、仁心和义举，并不被民众“买账”。在这一期间，河南也不乏彭禹廷、张春堂、张书印等一批公正士绅，但是最终结局均为“土豪劣绅”所不容，反倒在与彼辈的纠缠争斗中丢了卿卿性命，这既是体制之殇，也是国民党“以党治国”下的必然结果。总之，南京国民政府前十年的“打击土劣”“抑制绅权”，非但未能奏效，反让“土豪劣绅”成为基层社会的主要获益者和权力支配者。

① 王奇生：《革命与反革命：社会文化视野下的民国政治》，社会科学文献出版社，2010 年，第 337 页。

第五章　改乡村之弊：乡村建设运动与“新绅”再造

乡村建设运动，是清末民初中国农村经济日益走向衰落的历史背景下兴起的。20世纪20、30年代成为一种风靡全国的社会运动，在新知识群体的倡导和推动下遍布全国。在河南，一批有志于改变乡村贫穷、落后面貌的新绅开始在“地方自治”的旗帜下探索“改造乡村”的道路，从自卫、自救、教育、实业等角度入手，提出“到乡村去”的口号，试图通过温和的社会改良对乡村进行改造，形成了独具“中原特色”的乡村建设之路。

第一节　新式士绅的崛起与乡村建设实践

近代河南，参与乡村建设运动的多是一批新式士绅，他们基本为1890年代后出生，经历过辛亥革命并对“革命”对中国社会产生的震荡和影响有着切身感受，属于中国第一代现代意义上的知识人。[①] 与传统士绅相比，他们不再走读书做官的老路，而是在新的社会结构中有着自

① 许纪霖：《大时代中的知识人》，中华书局，2012年，第120—123页。

己的独立职业，比如报人、编辑、教员、新式机构职员、自由职业者等。在知识结构上，幼时接受的是传统的儒学教育，青年时期虽是在新式学堂得到的教育，但对西方文化并没有多少直观、清晰的认知，反而在文化心态、思维模式和价值评判上依然保持着中国传统士人的本质特性，这对他们主导的乡村建设具有深远影响。

一、王拱璧和西华青年村建设

1920 年 10 月，留日学生王拱璧在其家乡西华县孝武营村倡建“青年村”，探索实行政教合一的新村制，“青年村”历经七年建设，一度取得相当之成效，在全省乃至全国产生过一定影响，但终因土匪摧残，掳掠破坏而功亏一篑。

王拱璧出生于一个传统士人家庭，全家三代八口，茅棚、草房数间，田地六十余亩。家人常年参加劳动，是一个半耕半读的新发户。[①] 父亲王际泰白天耕作，夜间苦读，十数年寒窗苦读取得县考首名，却科举无名，遂致力社会公益和乡村教育事业。其“慷慨仗义，常为乡人排忧解难，甚至为此数日不归”[②]。光绪二十八年（1902 年）在本村创办崇实初等小学堂，潜心教授邻里子弟，虽束脩不丰，却乐此不疲。王际泰经常教育王拱璧：“清廷割地赔款乃国人耻辱，亡国之兆”，“爱国爱乡、孝亲敬邻为做人本分”，其言行对少年王拱璧产生一定的影响。[③]

1903 年之前，王拱璧一直在家乡接受私塾教育，思想仅限于科考功名。1903 年以后，王拱璧先后入陈州府中学、河南高等学堂就读，开始接触一些“时务”书籍，方知中国正处于列强环伺的危局，视野大开并激起“排清”“灭洋”的爱国热情。1908 年入上海中国公学、体育专门学校学习，胸襟、眼界更为宽广，期间加入同盟会，鼓吹革命。虽剪去

① 王拱璧：《王拱璧文集》，河南大学出版社，2014 年，第 18 页。

② 王拱璧：《王拱璧文集》，河南大学出版社，2014 年，第 19 页。

③ 窦克武：《乡村教育家王拱璧的一生》，载《河南文史资料：第 59 辑》，1996 年，第 38 页。

发辫，以示反清决心，但满脑子还仍在民族主义的圈子里打主意。[①] 辛亥革命前夕，曾邀集同志在邓州、西华等地策划起义，均未果。[②] 1916年冬，王拱璧公费赴日留学，在此期间出任河南留日学生会会长、中国留日学生会干事，积极从事各种抗议、游行活动。五四运动期间，代表中国留日学生返回上海参加反日宣传，撰文抨击日本帝国主义，号召国人抵制日货。1919年，王拱璧将从日本带回的资料整理成为《东游挥汗录》《河南人的当头大祸》[③]，并在上海、开封等地发售，公开揭露日本军国主义野心，号召民众警惕日本帝国主义侵华阴谋。

留学日本初期，王拱璧认为苏俄式的“阶层斗争”不适合国情，应走温和改良之路，而改良须从农村着手，对巴枯宁的无政府主义学说兴趣较大，用力颇深。稍后，王拱璧接触并初步接受武者小路实笃的“新村主义”[④]，认为该学说主张脱离旧社会的恶势力，另辟一片新天地，建立没有压迫、没有剥削、没有体力劳动与脑力劳动对立、人人平等、互助友爱的新村，进而实现一个理想的社会，最能解决中国农村现实问题。其目睹家乡“地富携眷避难到城内，剩下的中农贫户，只有薄地破屋，终日煎熬。他们热切地希望活下去，只是苦于没有门径”[⑤]，强烈的济民情怀和家乡情结，促使王拱璧决定在乡村改造上下一番努力，以拯救乡亲于水火。

1920年春季，王拱璧开始尝试对青年村着手改造。

第一，实行“政教合一”的治理模式。认为要改变乡村贫、穷、愚、私的落后局面，必须鼓励和依靠农民走乡村自治的新路；走乡村自治之路，只有把希望寄托在青年人身上，通过教育青年才能推进乡村改良有

---

① 王拱璧：《王拱璧文集》，河南大学出版社，2014年，第2页。

② 窦克武：《王拱璧一生》，载《开封文史资料：第9辑》，1989年，第71页。

③ 王拱璧：《王拱璧文集》，河南大学出版社，2014年，第34页。

④ 王金玉、窦克武：《王拱璧“新村生活”述评》，《郑州大学学报（哲学社会科学版）》1987年第4期。

⑤ 王拱璧：《王拱璧文集》，河南大学出版社，2014年，第36页。

序进行。王拱璧发起成立“青年自治会”，联络“正干有为”的青年葛非、王书义等五人，组成自治会的领导核心“素社”。召开村民大会商讨，将孝武营村更名为“青年村”；拟定青年村自治纲领、建村计划及乡村改良办法，吸纳本村及周边村庄青年农民1500余人加入自治会；把村中“看家队”改组为“保卫团”，加强军事技能培训，力争把每一个成员训练成为保卫乡村的骨干力量；[①] 改组村事务所，把周边四个自然村编在一起，民主选举成立村委会，村委会对村务、自治事务全权负责。经过讨论，确定青年村的建设目标，就是要建成“人人有劳动，家家有地种，贫富有饭吃，男女有权柄的农村乐园”[②]。

第二，创建青年公学推动乡村教育实施。王拱璧把本村崇实小学改造成为“青年公学”，并亲自担任董事长兼校长。他把自家祖田32亩、图书千余册、数十间房产以及担任县教育局长的薪俸悉数捐给青年公学。青年公学成立校董会和教育研究会，除计划开设小学部、中学部、师范部、成人教育部、妇女部等班次外[③]，还开设补习专科，包括夏令补习、高等补习、夏令体育、夏令自治等班[④]。教育主旨以“劳动”“健康”为中心，编写“好人”手册，规范乡民行为，实施人文教育，通过各种形式的宣传教育，增强办学活力。刊发《绿野》旬刊，对新村实验和乡村建设理论进行分析，重点对武者小路实笃的“新村理论”进行讨论。[⑤]

第三，实行有限度的乡村改良。通过调查户口，发动村民，镇压盗匪两人，管制赌棍、烟犯二十余人，邪恶道士、讼棍各一人。对村里不务正业、无地无产者，采取借地、帮工或贷款使其参加生产劳动，助其自食其力。1921年，青年村开始在主村开展减租减息，召开村民自治大会，推行“和平土改”。此举受到地主豪绅的强烈反对，中农的积极性

① 王拱璧:《王拱璧文集》，河南大学出版社，2014年，第19页。
② 窦克武:《王拱璧》，《河南教育名人传》，河南教育出版社，1989年，第78页。
③ 《介绍青年公学》，《晨报副刊》1924年8月13日。
④ 凌甲烺、吕应南修，张嘉谋纂:《西华县续志·文征》，民国二十七年铅印本。
⑤ 王拱璧:《王拱璧文集》，河南大学出版社，2014年，第39页。

也不高，最终未获实施。[①] 为抑富济贫，实行累进征收公费的办法，按地亩多少，逐级累进征收村中公益事业费用，收效较为明显。经此改革，青年村地主豪绅大多收敛平日恶行，与自治会及一般民众均能相安无事，无地少地的贫民多少能够获得一些土地，生活有了一些保障。

第四，培养村民生产生活新技能。青年公学的宗旨是“发挥平民精神，改进农村生活”。[②] 青年村重视生产实践，力争每一位村民掌握一门农林渔业基础技能，增加创收以提高村民生活水平，补充青年公学教育经费之不足。青年公学设立10个部，如劳动工作部、农林种植部等，村民可根据家庭实际和个人爱好选择培训科目，提升生产劳动技能。青年公学师范部首届招收农村知识人和私塾教师共50人，集中学习半年，结业后分任西华各区、村初级小学担任教师。成人教育部所设的两个教学班，类似于当时中共地下党组织创办的工农群众夜校，听课的青年农民常达60余人。

第五，建立乡村武装实行自卫。为保境安民，青年村有两支武装力量，青年公学组建有五十人的义勇队，自治会配有四十余人的自卫团。与附近的谭庄、砖桥等村实行联防，一村有警，数村联动。村里还设有“拳团”，聘请武师对保卫团和义勇队进行拳术和射击训练，对付土匪溃兵骚扰。青年村的武装力量，多次战胜小股流寇和溃兵，数次把肉票从土匪手中救出。乡民从中受益，生产生活比较安定，对乡村自治，武装自卫更有信心。有报纸报道：“王绅拱璧所倡建之青年村，近五、六年来，大小股匪，均未敢犯，尚有邻近数十村，均赖保存”[③]。

第六，注重培养乡民的爱国热情。每年组织师生集会，纪念“五四”爱国运动，召开“五九”国耻日大会，控诉袁世凯1915年5月9日承认日本帝国主义提出的亡我中国“二十一条”，激发师生的爱国主义思想

① 王拱璧：《王拱璧文集》，河南大学出版社，2014年，第41页。
② 《介绍青年公学》，《晨报副刊》1924年8月13日。
③ 《晨报》1926年10月25日。

和民族主义气节。1924年春曾发动西华、商水等县260多个村庄的5万农民集会，成立“中原农民对日外交协会”，要求政府收回租让旅大决议，不买卖日货，不卖给日本人货物。表明政府应收回旅大而出兵，农民愿服兵役、助军饷等四条办法。[①] 在四乡广泛散发的传单，号召村民树立爱国之志，勿忘国耻。[②] 五卅运动期间，积极声援上海人民，抗议帝国主义暴行。1925年6月7日上午，青年村及附近西华县、区城县、商水县三县70多个农、工、商、学团体数万人举行集会，集议为上海死难同胞举哀，以“中原农人协会”的名义通电全国，指出“英、日视我国为非国，视我国人民为非人。即乞携手奋起，共赋同仇，力争国家地位，民族人格”，表示“愿率农人执挺输饷，随国人之后”。[③]

王拱壁在青年村的试验引起社会各界的关注和好评。1922年，豫督冯玉祥对王拱壁的乡村教育改革和农村自治实验深表赞许，并捐助青公三千元以资鼓励，冯夫人李德全亲临青年公学为师生作报告，肯定青年公学的办学成绩。1923年春，国内乡建派人士黄炎培、晏阳初、朱其慧等先后来青年村参观考察。1923年秋，王拱璧被省教育厅委任为西华县教育局长。就任后对全县教育进行改良。提出成立教育促进会，改组县立各校、取缔私塾、增设乡村学校、培训乡村建设等实施方案。在受到县政府授权后，将教育局职员全部换掉，县立学校校长及不称职旧私塾亦予撤换。撤掉全县所有私塾，新建新式小学堂160余所。将全县教育剿匪由八千元增为二万五千元。其中增额部分，是通过揭发贪污所得，从全县数万亩学田和全县税收的“中饱”者身上收缴上来。经此改革，全县教育局面为之一新，县人传唱“王拱璧一到县，讼棍劣绅都滚蛋”的民谣。[④]

1924年7月，省内一家报社记者实地查访，目之所见“全村无一吸

① 《青年村设施调查》，《新中州报》1924年7月13日。

② 《西华县青年公学组织游行》，《新中州报》1923年4月8日。

③ 《西华县青年村召开援沪大会》，《晨报》1925年7月14日。

④ 王拱璧：《王拱璧文集》，河南大学出版社，2014年，第40页。

水烟者，妇女三十岁以下均天足，尤为特色”。① 另一家报纸则报导说，“青年村成立数年来取得之显著成绩，村中设有青年公学及各种协会、自治会等，并有《绿野》旬刊出版物一种。南北人士前往参观者均认为有模范村之价值”。②

随着青年村在社会上的影响越来越大，来自官府、劣绅的干扰也日益增多。1926 年 2 月以后，省府屡派姚委员到村“视察”，训令青年村将有悖于政令的做法整顿报省。军阀吴佩孚派李姓副官驻村一星期，检查青年公学办学瑕疵。督军府署和教育厅派员训示，不准青年公学自编教材。西华县长多次警告青年村不得再提土改事宜。土豪劣绅对王拱璧威胁利诱，警告他土地改革不能过火，要求恢复教育行政权力。③

在动乱年代踽踽独行的青年村，在创办七年后迎来命运的大劫难。1926 年 9 月 16 日，土匪袁英部二千余人突袭青年村，“该村男女老幼，皆赴前线助阵，前仆后继，绝无畏惧。终因寡不敌众，被大股步匪攻破。……九时匪众进村烧杀，掳掠无所不至。”④ 土匪焚掠，村民死伤 50 多人，被绑架者 20 多人，民房、校舍被烧 200 余间，粮食被抢千余石，牲口被抢百余头，新建校舍大半被烧毁。所幸公学师生员工数百人事前策划，提前转移到砖桥镇，得免伤亡。⑤ 青年村七年建设之功，毁于一旦。曾誓言“宁到乡村走绝路，不求都会显神通”的王拱璧，自感“痛定思痛，恍如一枕梦呓”，在抚恤安顿好村民之后，离开家乡转赴开封任教。

西华县青年村，是五四以来豫省新知识阶层进行乡村建设的首次尝试。从组织形式来看，它试图撇开政府，以地方士绅为主导，但由于农民没有时代自觉，要待教育来完成自治，而必须依托“政教合一”“建

① 《青年村设施调查》，《新中州报》1924 年 7 月 13 日。
② 《西华县模范村农民热烈援沪》《时事新报》1926 年 10 月 16 日。
③ 王拱璧：《王拱璧文集》，河南大学出版社，2014 年，第 39 页。
④ 《青年村战败之惨状》，《新中州报》。
⑤ 王拱璧：《王拱璧文集》，河南大学出版社，2014 年，第 39 页。

教合作”的形式来进行。青年村自治实验，和数年后梁漱溟提出的乡村建设思想有趋同之处。梁氏所谓的乡村建设，“不是建设旁的，是建设一个新的社会组织机构——即建设新的礼俗。[①]”乡村建设的方法，主要是引进团体组织，靠此新礼俗推动大家走上新道路。所谓新礼俗，就是中国固有精神与西洋文化的长处作出沟通调和。[②]青年村建设，有着“新村理论”的外表，而实际运作上则多是中国传统固有的东西，如互助组、师徒制、联庄会、公益会等组织的建立，都能够在传统中找到影子。这其实是一种保存民族根本精神为前提的中西方文化兼容并蓄的结合，也是近代“中体西用”的新学模式在社会改造中的接续发展。[③]

二、“乡建”士绅与河南村治学院

20世纪20年代末期，彭禹廷、王怡柯等会同文化名人梁漱溟，在河南省主席韩复榘的支持下，在辉县百泉创建河南村治学院。学校以“研究乡村自治及一切乡村问题，并培养乡村及其他服务人才，以期指导本省乡村自治之完成”为目的。[④]为河南培养一批村治人才，为山东邹平乡村建设实践奠定了基础，在乡村建设运动史上占有一席之地。

1929年年底，在彭禹廷等人奔走下，征得河南省府同意，河南村治学院正式筹备。梁漱溟适从广东北返暂居京城，经王鸿一介绍，与彭禹廷、王柄程等人会晤于北平。他们意识到农村问题的重要性，通过寻求“救穷”和“兴利”之路，以求治本，这与梁漱溟的乡治理论不谋而合。对河南村治学院的前期筹建工作，梁漱溟有所记载，撰文赞誉河南村治学院的创办人，均为河南士绅阶层中的佼佼者，在当时河南乡村社会中

① 梁漱溟：《乡村建设理论》，上海人民出版社，2011年，第131页。

② 梁漱溟：《乡村建设理论》，上海人民出版社，2011年，第133页。

③ 李伟中：《知识人下乡与近代中国乡村变革的困境》，《南开学报（哲学社会科学版）》2009年第1期。

④《河南村治学院组织大纲》，《河南省政府公报》第852号。

相当活跃[①]。

彭禹廷，镇平人，先后在开封知新中学、北京汇文学校读书。1921年春入冯玉祥部任卫队团书记官，1927年夏任第二集团军总执法处高等执法官。1927年8月，因其母患病返乡，在襄城、叶县一带遇土匪阻隔，抵家后其母已去世安葬。应村民要求，他毅然辞去军职在家乡试办民团，依靠民众力量与土匪周旋。此后出任镇平南区区长，创办民团两个团，二年内把县境内土匪基本肃清，是宛西地方自治派士绅的领袖。1929年1月，省政府委任他为河南自卫团豫南第二区区长，辖宛属9县民团，先后在各县进行剿匪活动。彭禹廷面见韩复榘，要求建立一所新式学校，培训农村自治人才，这恰与冯玉祥、王鸿一等人的想法不谋而合。[②]彭禹廷在西北军中效力多年，深受冯玉祥、韩复榘等人信任，是河南村治学院筹备时期的关键人物。

王柄程，汲县人，北京法政学堂毕业。河南中山大学法科主任，省内知名教授，被绅学界誉为“才学兼优”[③]。1927年后一直担任河南教育产款处长，每年剔除陋规十余万元，被冯玉祥所赏识，先后被冯委任为河南造林局局长，整理黄河委员会委员长。[④]王柄程主张农村自治，由各地民众自发组织起来武装自卫，由开明士绅领导自治和自卫，同时使农村自卫力量不致落入迷信组织手中。时人佩服王柄程乡村建设运动的执着与用力，以“村治迷”称之。王柄程时任河南教育款产处处长，有大量的经费支持乡村学院的开支。多年以后，梁漱溟回忆当时情形有如是记载：

在北平接受王柄程的邀请后，到开封参加河南村治学院的筹备会。那时，所有的聚会商议都是在王柄程所主持的教育产

① 梁漱溟：《乡村建设理论》，上海人民出版社，2011年，第417—418页。

② 镇平县地方建设促进委员会：《镇平自治概况二集》，1936年，第2—4页。

③ 张仲鲁：《回忆我在河南大学时期的派系斗争》，载《河南文史资料：第1辑》，1985年，第121页。

④ 黄河水利委员会：《民国黄河大事记》，黄河水利出版社，2004年，第60页。

款处里面，参加谈话的人不多，经常是梁漱溟、王柄程、梁仲华和彭禹廷四人。谈话是常作竟夜之谈的，在多次交流中，感觉王柄程干乡村工作完全是从志愿出发。他对乡村运动的认识不算深刻，可是他很真挚，……追叙这些年的乡村建设运动局面，王先生实在是其中最有力的分子。河南村治学院的成立，大部分是靠着他，尤其是经费一项完全是是他筹划的，正是有了河南局面而后才有山东的局面。如果往前去乡村运动能开大能扩展，柄程先生要算是最有功的，他是我们永远不能忘记的一个人[①]

梁仲华，孟县人，生于官绅世家，后随父母家居北平，尝从章太炎、梁式堂先生习文史。祖父梁俊字彦臣，清同治四年进士，父晓严，又名筱彦，清末举人。中学就读于北京汇文中学，1922 年毕业于北京大学法律系，时任河南中山大学教授。家学渊源加上北大出身，梁仲华和京城、河南的学界有着广泛的人脉关系，和梁漱溟的乡村建设思想非常接近，是梁漱溟在河南村治学院的得力助手，在延请名师、教学管理等方面出力尤多。

1929 年秋冬之际，在梁仲华的协助下，梁漱溟牵头起草《河南村治学院旨趣书》，阐明河南村治学院的宗旨和主张。[②] 制定《办学章程》和《河南村治学院组织大纲》，指出："河南村治学院大纲及学则等项，皆创办学院之主要旨趣，及河南地方之实际需要，并本其研究民族文化问题及乡村自治问题之所得，与夫前在曹州高中、重华学院及广州一中试行教育行政之经历，所悉心参酌而始拟订。[③]" 其大纲一万余字，规定学校性质为"省政府设立，直隶于省政府，定名为河南村治学院"，除办学宗旨、机构设置外，组织大纲在学则和课程中，又细分为"部别班级""在学及结业服务""课程概要"等 6 章 45 条。

《河南村治学院旨趣书》首先阐释从村治入手，以达到民族自救、振

① 梁漱溟：《谁从我的世界走过》，当代中国出版社，2016 年，第 98 页。
② 梁漱溟：《乡村建设理论》，上海人民出版社，2011 年，第 416—418 页。
③ 北平村治月刊社编：《村治月刊》，第 1 卷第 10 期，1929 年 12 月，第 2 页。

兴中国的必要性。“故其道何由？曰是在村治。欲求进于组织，夫必有其着手处；则由村落以着手，自为其天然所不易。”“求中国国家之新生命必于其农村求之；农村有新生命而后中国国家乃有新生命焉。”这些表明，梁漱溟以农村为切入点，从村治入手寻求中国出路的“村治”主张基本成熟，而河南村治学院是他最先将理论付诸实施的地方。在这里，他提出伦理关系是人的“天然基本关系”，站在维护国民党统治秩序的立场上，认为儒家最大的贡献就是礼教，要在农村恢复儒家伦理本位的社会秩序。“家太小，国太大，最好是从乡开始”，“乡”是伦理情谊社会的基础，构成梁漱溟“乡村建设的出发点①。学院注意对学生精神的陶铸，在组织大纲里专门规定：“在造就乡村实地服务人才，苟不能陶铸其吃苦耐劳，勇于牺牲，而又和平谦抑之精神，而一沿时弊，其贻害于社会者，将更大于异常，又不独不足以解决乡村问题。此种精神陶铸，非以人格感化，而遇事为剀切之指导不为功。”②

为确保生源质量，入学资格注重学力程度而不看重学历，经三个月试学后，由院方对学生的资性、体质、思想、行为等方面能否适应乡村事业进行甄别后再决定去留。其中农村组织训练部和农村师范部正班学制为两年，速成班则以一年修业期满，其他训练部以6个月修业期满。河南村治学院学院的课程设置紧贴乡村实际，特色较为鲜明，实践性、针对性都比较强③。

1930年1月学院正式开学，河南各地及直、鲁、晋等省前来求学者络绎不绝，一期即招收240名学员，阎锡山亲送山西学员23人来校学习。这所国内首创的培养农村实用人才的学校，学制灵活，有半年、一年、两年、三年不等，取消寒暑假、星期天等假期。教学方法上非常注重讨论、研究和实习。各门课程均要求学员对实际问题进行讨论研究及实习

① 申志诚：《河南近现代教育史稿》，河南大学出版社，1990年，第189页。
② 北平村治月刊社编：《村治月刊》，第1卷第10期，1929年12月，第10页。
③ 北平村治月刊社编：《村治月刊》，第1卷第10期，1929年12月，第1—11页。

试做，开发学生应付环境、解决问题的能力。学院很多创新之处，属国内首创，河南村治氛围空前浓厚。[①]

学院聘请国内知名专家学者授课，师资较为强大。如梁漱溟主讲乡村建设理论、冯梯霞讲授农场管理、孙廉泉教授合作研究、梁仲华主讲法制史、王怡柯主讲农村自卫、魏朗斋讲授林学、于鲁溪讲授农业经济，河南中山大学的教授经常应邀来校报告、演讲，省政府专门推选一批优等县、区长传授行政经验，介绍县政、区政施行状况。彭禹廷等人还经常同梁漱溟探讨乡村建设理论，邀请国内其他乡建派人士前来交流指导，参与学员之间的研讨和训练。一时间河南村治研究和实践盛况空前，辉县百泉也逐渐成为20世纪30年代初期全国乡建运动的重镇。

1930年中原蒋、冯大战爆发，河南成为蒋介石、冯玉祥的交战区，学院曾一度从辉县百泉迁往北京。直到中原大战结束，方才迁回辉县百泉。但由于中原大战冯玉祥败北，韩复榘倒戈成为山东省主席，学院失去政治靠山韩复榘的支持，更是困难重重，举步维艰，1930年9月，院长彭禹廷将学院托付梁仲华、王柄程代管，回到家乡镇平从事自治活动，地方反对派阻挠办学的行径更加肆无忌惮。蒋介石部队进驻开封后，地方军政官长发生重大改变，河南省政府代主席张钫下令将该院取消。

河南村治学院于1930年10月关闭，山东省主席韩复榘表示欢迎学院的原班人马到山东继续办学。1931年1月，梁仲华、梁漱溟等率领一些人奔赴山东，并决定将研究院设在邹平。在河南，教职员及未毕业学员一分为三。一部分在王怡柯的带领下，在汲县乡泉寺举办乡村民众学校，继续致力于乡村建设实践。一部分追随彭禹廷回到豫西镇平，办理镇平自治。一部分则在魏雁明的领导下到达遂平，在1931年春筹办遂平嵖岈山县立职业学校，借以达到改进农民生活，巩固地方自卫，增加农业生产的目的。

---

① 镇平县地方建设促进委员会:《镇平自治概况二集》，1936年，第6页。

三、王怡柯与香泉民众学校

1930年冬，河南村治学院奉命解散后，王怡柯组建村治同学会，会址设于汲县香泉村。1931年春，又续办民众学校四处，先后有200多位开明士绅加入香泉民众学校并从事乡村建设活动。王柄程呼吁乡村知识青年“到乡村去、唤起民众”，旨在以乡村教师为依托，进行自治教育，自卫训练，养成和衷共济精神，以达到“养教合一、学治合一”的乡村改良效果。[①]

王怡柯建立香泉民众学校之目的，一是出于乡村自卫的需要。1919年，王怡轲曾作《中国社会问题之商榷》，认为“河南农人终年站岗，亦不为奇。乱机四伏，朝不保夕，告官官不理，请兵兵更凶。四处躲逃，无一是处，此为举办自卫之时机乎，然犹未也。贫富相合，事乃可为，举办自卫之时机，不可再晚。”[②] 二是中国社会窳败不堪，根源在于教育失败，乡村教师应负起救国之责。王怡柯疾呼：“环顾全国人士，多集中都市以大唱起高调，真到乡村实际工作者，又寥寥如晨星而不多观，喊者如牛毛，而干者如麟角，中国其何时而有翼也？”[③] 创办香泉平民学校，目的就是为乡村培养教师，以乡村教师推动改良，“农业科学技术与乡村土地法相融洽，以增加生产，以合作主义，整理农村经济，增进农民生活，以瑞士之民办制，及管子寓兵于农为模范，训练民众，以保甲之精意，为举办下级自治之精髓，即所谓养教合一，学治合一。[④]”

王怡柯把村治同学会放在汲县，除毗邻京汉铁路交通便利外，还在

① 朱绍云编：《河南汲县香泉民众学校报告》，（汲县）河南村治学院同学会发行，1932年，第31页。

② 朱绍云编：《河南汲县香泉民众学校报告》，（汲县）河南村治学院同学会发行，1932年，第2页。

③ 朱绍云编：《河南汲县香泉民众学校报告》，（汲县）河南村治学院同学会发行，1932年，第1页。

④ 王怡柯：《农村自卫研究》，河南村治学院学生会发行，开封建华印刷局，1932年，第45页。

于这里是民国河南硕儒李敏修的家乡。李氏素倡导陆世仪的治乡三约，[①]曾在北平发起乡治学社，以企策进乡治。汲县香泉民众学校筹备之初，首先成立以李敏修、王怡柯等人组成的校董会，以村治先导，担任筹款和建校事宜。[②]随后，择汲县香泉寺，创办高级小学，与地方公立六处初级，合而为一。组成香泉完全小学。即以各小学所在地，及左近各村，为试验区。以村治同学会为中坚，以教育推进自治，及一切村治建设活动。办校的基本宗旨是："抚待中国伦理道德，开拓民众心识，广开谋生之路，善其御侮之术者。"[③]

关于乡村的教育对象，王怡柯认为"抑愚犹愿为国人告者，事亟矣，如何挽救。待六七岁之学童，何时教大。教大后，有无中国，乃至农村中有无人烟，真不可知。"故此，王怡轲有两点主张：一是教成人急于教小孩，此之谓"现蒸现卖"可以救急。二是应多多教训有职业者，即农工商兵。[④]认为，乡村教育不同于正规学校教育，要用活的教育，来唤起民众。一切办法，皆采用灵活多样的方式进行。"无所谓固定的学科，无呆板的课程""相机利导，百变不离其宗"，为乡泉主要教学办法。主要内容一是农民千字课；二是精神陶练。[⑤]

以势单力薄、财力短绌之民众学校，担负如此繁重的学科，难免流于形式、言浮于实。因此，汲县乡泉民众学校又把授课内容和形式，加以改变。启迪民智方面，重点引导农民千字课、注音符号、卫生常识数项；鼓动民气方面，重点放在精神陶练、农民自卫训练、村政三个方面；

① 《陆桴亭先生遗书》，1931 年铅印本，第 23 页。

② 王怡柯：《农村自卫研究》，河南村治学院学生会发行，开封建华印刷局，1932 年，第 22 页。

③ 朱绍云：《河南汲县香泉民众学校报告·弁言》，（汲县）河南村治学院同学会发行，1932 年，第 3 页。

④ 朱绍云：《河南汲县香泉民众学校报告》，（汲县）河南村治学院同学会发行，1932 年，第 5—8 页。

⑤ 朱绍云：《河南汲县香泉民众学校报告》，（汲县）河南村治学院同学会发行，1932 年，第 9 页。

宽裕民生方面，以珠算、农业常识为主；培养民德方面，以乡民喜闻乐见的形式进行，在唱歌、家庭常识、农村娱乐三项上加以引导训练。

通过与乡民的接触及宣传，乡建人员发现：“因香泉附近村庄之乡绅，多为香泉小学之校董，以教员名义，先作私人接洽，谈及乡间疾苦，民不聊生，吾人应如何办理民众学校。殆取得同情后，即由乡绅召集乡民，作一度公开演讲，自此宣传后，乡民脑海中始有印象”。[①] 由于地处山区，乡民多贫困，虽经多方宣传，加之热心绅董努力筹办，教室有利用村小学校者，有利用乡间闲房者，夜校由总处供给灯油，桌多以坯支木板为之，凳则由个人自带。如此情况下，每村约一星期后，才稍微就绪，始有报名者。

1931 年 3 月，在乡泉寺周边山区创办民众学校 11 个，登记学生超过 300 人，其中年龄最长者 51 岁，最小者 8 岁，平均年龄 25 岁。[②] 经过数月培训，学员文盲数目大为减少，精神面貌颇为可嘉：上堂时师生相对，鞠躬致敬，下课亦如此。上课时间原为一点半钟，有时讲至两点至三点者，学生尚不尽兴，热心求学之精神如是。学生白日农事有暇，亦到校内读书问字，或同教师谈处事谋生之方。凡属民众学校学生，概无不良嗜好及习惯者。[③] 行之十月，成效小著。各教师白日教儿童，夜间则怀手枪，挟干粮，分往各村，振铃开课，先唱歌，再述古人之嘉言懿行，略教书算，再谈村事县事国事。提灯归时，村民护送，依依不舍。各教师终日奔驰，舌敝唇焦，身则劳矣，心有余欢。[④]

① 朱绍云：《河南汲县香泉民众学校报告》，（汲县）河南村治学院同学会发行，1932 年，第 18 页。

② 朱绍云：《河南汲县香泉民众学校报告》，（汲县）河南村治学院同学会发行，1932 年，第 20 页。

③ 朱绍云：《河南汲县香泉民众学校报告》，（汲县）河南村治学院同学会发行，1932 年，第 24 页。

④ 王怡柯：《农村自卫研究》，河南村治学院学生会发行，开封建华印刷局，1932 年，第 45 页。

社会事业方面，共植树25000余株，波支猪杂交、力行鸡推广、春蚕饲养，均已陆续试办，机织合作社、息讼会、自治会、拒毒戒赌会，次第成立，村民均有要求参加者。[①] 王怡柯对社会事业有所记载："香泉寺左近三十村，地少山多，惟有林业可以谋生，故专注林业。将各班学生各组成一林业合作社，呈准备案，实行造林。香泉寺周围之将军岭、狮子岩，均播种造林，成立四个林场。此外拟在每一个小学，种桑二百株，养蜂两箱，以裕教员生活。至列享鸡、九斤黄、波支猪，则置诸香泉寺，以为推广之中心机关，而使学生先试改良其家畜，徐徐及于全村。举办各种合作社，及指派学生往他处学工商业以兴办农家副业，均教养合一之事业。"[②]

随后，热心乡村建设的有识之士，如信阳刘霁新，新野县夏毅愚，上蔡朱少云，辉县王炳等，也陆续加入到香泉村治活动。汲县香泉民众学校声名远播，引起各方重视。江西省主席熊式辉到香泉村访问，看后称赞不已。村治建设运动的知名人士黄炎培、晏阳初、梁漱溟、米迪刚也先后莅临考察。[③] 为解决资金不足的问题，王柄程创办实业，对民众学校举行补助，在河南延津农村创办"张委垦殖社"，开垦沙荒，造田兴修水渠，改变贫穷的农村经济。在汲县马市街创办"因利社"低息向农民贷款。在汲县济渎庙创办孤儿院，收养社会孤儿，兴办平民工厂，实行自养自教自强。[④]

香泉民众学校原定的工作思路是："先办民众学校，训练自治人才，以为村治之基础，由民众学校，组织各种自治团体，再组织各种经济团体，增加农村财富，以为村治之的款，然后办理建设、卫生、教育、慈

① 朱绍云：《河南汲县香泉民众学校报告》，（汲县）河南村治学院同学会发行，1932年，第25页。

② 王怡柯：《农村自卫研究》，河南村治学院学生会发行，开封建华印刷局，1932年，第45、46页。

③ 陈万青：《回忆王柄程先生》，《卫辉文史资料：第3辑》，1991年，第10页。

④ 王敏：《乡建派人士王柄程》，《河南文史资料：第44辑》，1992年，第143页。

善、各事业，完成模范村，以实现村治，决不先筹款，设机关，加重农民负担，使其未蒙利而先被其害”。[①] 由于当时经济、物质、师资等条件的限制，王怡柯和他创办的汲县香泉民众学校，不可能走得太远。虽然王怡柯每以“田园中有真乐趣，山林内有真事业”鼓励同人，但在1932年秋，随着他赴鲁参与山东省乡村建设研究院的创建，汲县香泉民众学校也随即萎缩，师生星散直到不复存在，成为历史陈迹。

第二节　河南新式士绅的乡村建设理论

一、王怡柯的农村自卫理论

王怡柯幼时家境清贫，一度入陆军小学，十八岁时，正值辛亥革命爆发，曾携友赴汉投奔革命军。革命成功后沿京汉线返家，一路所见乡村破败，民众因战争所受到的创伤，触目惊心，心里就此发下宏愿，毕生多做济民之事，不愿再从事破坏工作。[②] 1923年，王怡柯到开封法政学校任经济学教授，著有《货币学》《农村自卫研究》等论著。据梁仲华回忆：“30年代初，王怡柯为省内经济学名教授，喜谈乡村建设及农业合作社。兼任省教育产款处处长，处长人选系教育界代表公举，然后由省府任命。河南省教育专款年有二百万，另外附‘七厘手术料’，年可十四万，此为教育厅、财政厅盖章费，实两厅要人中饱之陋规。以此陋

① 朱绍云：《河南汲县香泉民众学校报告》，（汲县）河南村治学院同学会发行，1932年，第2页。

② 梁漱溟：《谁从我的世界走过》，当代中国出版社，2016年，第100、101页。

规化私为公，办一合作方面新学校，既利国又利民。”[1] 王怡柯开言谈及乡村教育、农村经济、民众自卫、农村组织，如百道涌泉，喷薄不能自已，有“村治迷”之称。[2]

王怡柯在河南村治学院和山东乡村建设研究院，曾讲授农村自卫相关课程，后对讲义内容整理形成《农村自卫研究》一书，并于1932年10月出版。该书是王怡柯多年来用心考求自卫问题所得。将中国古代兵制以及近代举办团练的成法，更加以后来外国兵制综合而成。书中，著者不但对组织上训练上用心，而且在乡村保卫的工程上、器械上都非常用心。用王氏自己的话说，此书之价值，在于使一般民众知“民心可用，自卫之精意，措之实际，如何不迂不暴，可久可大，不入歧途。是最难言，而所关特巨，又不敢不竭尽绵薄，以求至无遗憾。”[3] 王怡柯认为，研究农村自卫，不能只停留在确保农村安宁上面，而要将全体民众，纳于严密纪律和组织之中，对内为建设国家之基石，对外为排除侵害之巨盾。[4]

王怡柯的《农村自卫研究》一书，历时数年（1927—1932）而成，集中体现他的乡村自卫思想，大体可分三个部分。

（一）国民武装论

王怡柯对政府无为、兵匪横行深恶痛绝，指出“中华民国成立以来，国事日益败坏，苦不得一彻底的挽救办法。百八县民众，揭竿而起，如蜂如蚁，名曰红枪会，究其实质，乃无知识，无训练，无组织之民众，

---

① 梁仲华：《河南村治学院始末略记》，载《河南文史资料：第41辑》，1992年，第40页。

② 朱绍云：《河南汲县香泉民众学校报告》，（汲县）河南村治学院同学会发行，1932年，弁言。

③ 王怡柯：《农村自卫研究·绪言》，河南村治学院学生会发行，开封建华印刷局，1932。

④ 王怡柯：《农村自卫研究》，河南村治学院学生会发行，开封建华印刷局，1932年，第4页。

不堪压迫，实行真正国民革命也，而时余有所感，作国民武装论，推论军阀之必亡，民团之必兴，国事因此或有转机。”[①] 王怡柯认为民心可用，但必须用“科学”的救国主义方法改造这些武装。

王怡柯与王鸿一交厚已久，一向其引为同道中人。随着河南村治学院的关闭，王怡柯也由“村治论”转向“乡村建设论”。他认为：“国本在农，农村经济，行将崩溃，上下朝野，乃注意乡村建设。顾乡村建设，为端甚多，而秩序不保，生命财产，日在危险之中，则一切计划，均无从作起。世局靡宁，仰望公家维持，又属不可能之事。故农村自卫问题，乃乡村问题中首应先解决者。其关系之重要，有如筑室立基，宜深宜坚，不拔不摇，其他设施，乃有着落。”[②] 这一论述，说明他的思想立足点在乡村，是在对东西方经济、文化和社会发展进行比较后，对乡村建设的一些思考。

民国以来，国无宁日。在王怡柯看来主要原因在于兵多将骄，兵不能裁，督不能废。战争给民众带来深重灾难，“地方经一次战乱，多一份糜烂，财源日涸，岁收益缩。而战后战前之军费，则刻不容缓。其筹款形式，稍完备者，则强派公债，凡有产有业之人，皆不免焉。其激烈者，则径向各地富户指名勒捐，稍一迟缓，寄监押比，有如大盗之掳人勒赎。”[③] 农村是中国经济的根本命脉和文化根源所在，王怡柯认为乡村自卫不是消极的防御，而在经济的建设，主要的任务是守住乡村根脉不绝。

频繁的战乱，不但造成国贫民弱，军人也成为战争的受害者，乃成饥民之变相。王怡柯认为抢食与谋食不同。“谋食者，有条理之筹饷，得一地，则安其民，慰其心，便其交通，与其地利，使其居民有安居乐业

---

① 王怡柯：《农村自卫研究》，河南村治学院学生会发行，开封建华印刷局，1932年，第1页。

② 王怡柯：《农村自卫研究》，河南村治学院学生会发行，开封建华印刷局，1932年，第3页。

③ 王怡柯：《农村自卫研究》，河南村治学院学生会发行，开封建华印刷局，1932年，第7页。

之心，奋力于农工商贾，财丰物阜，而内乱不起，岁收加多，以是养兵，可久可大。今之军人，那复有是能力。虐其人民，坏其交通，苛捐勒派，几之以烧劫，大好税源，本可食数月者数年者，一旦而毁灭之，而恣饱于一旦。盖今日之军人，皆饥极成疯，不惜掘井自陷，结环自投者也。"①

鉴于中国普通民众多不识字，更说不上通晓大义，明白事理，而往往成为土豪劣绅、军阀政客之炮灰，王怡柯呼吁那些"读书明理"之人速离都会，往乡下去，为民众作真切地指导。才能救得无数民众。外患内忧，一笔皆勾。民众革命成功，国泰民安，才可能真正到来。② 梁漱溟对王怡柯的《国民武装论》，较为推崇，见解也很真确。他评价王怡柯："不但写这文章，而他作致力的，也就在此。王先生是河南发动乡村自卫、乡村自救之意最早的一个人，也是河南乡村建设中最用力，"志气"最强的一个人。"③

（二）乡村教师救国论

在与梁漱溟的交往中，王怡柯也曾经请教梁氏中国教育的出路和意义问题。④ 主张乡村民众要"团而自救"，利用集体的力量"以暴制暴"，对付邪恶势力，但他同时认为"团而不教"，为祸更烈。如何做到"团而有教"，需让有智慧者深入民众，实实训练，免入歧途。哪些人才能够做到深入民众，给予乡村民众实在的指导呢？王怡柯认为河南乃四战之地，兵匪荼毒滋扰，为保卫自己的家乡，必须以开明的知识人来领导这支农村自卫力量，呼吁乡村教师等有知识者"速离都会，往乡下去，

① 王怡柯：《农村自卫研究》，河南村治学院学生会发行，开封建华印刷局，1932年，第8页。

② 王怡柯：《农村自卫研究》，河南村治学院学生会发行，开封建华印刷局，1932年，第15页。

③ 梁漱溟：《谁从我的世界走过》，当代中国出版社，2016年，第97—99页。

④ 梁漱溟：《谁从我的世界走过》，当代中国出版社，2016年，第99页。

为民众指导者”，到乡村救人自救，建立颠扑不破之真事业。[①]

在王怡柯看来，中国的教育无疑是失败的。一是中国教育向来自高而卑。“至京师大学堂，各省高等学堂，各府中学师范，县立高级小学，渐多初级小学，而底层百姓，蚩蚩之氓，尚无人注意。”[②] 二是中国毕业学生出路狭窄。普通民众只有做官当教员两途。“其才劣学浅，而领有文凭者，则回家从事土劣活动，名曰士绅。近十年来，名公巨卿，尤好办大学，以养个人之‘打手’。不问社会及国家需要之品种数量如何，而尽力培植，有如资本主义的‘市场生产’，廉价多卖，以角胜负。始而以学生打人，夺取政权，久则相习成风，人亦以为报之。”[③]

中国教育之所以失败，还在于失去“自我”，一味盲从。王怡柯指出，“中国教育自远而近来看，前廿年谈日本，不谈中国，近者谈西洋不谈日本，为盲目的高远的裨贩，以模仿成功为成功。他种科学，愚不知，若现行法律除刑律略参酌国情历史外，余莫非出自抄袭，孰肯调查民商事习惯，而制定为法律者。故目今大多数之国民，对于法律，均属茫然，无形中取消其诉冤之权，迫不得已，非求助于律师，几于诉状不知如何做法。”王怡柯出身法政学堂，对法律尤感兴趣，是省内知名律师，此番评论较有见地。

鉴于中国教育出现的种种弊端，王怡柯主张，“结束以往海市蜃楼之无用教育，害人教育，而创立金字塔式之教育制度，上锐下宽，自卑而高，努力于全民之训练组织。其中等以上之学校，则统计社会及国家需用某种人才几何，列为整个计划，以需要量定供给额，必精必核，勿滥勿多。其超过是项需要额之学生，则一律施以适切国情的乡村师范之训练。约以一年为期，卒业后，各派各乡村服务，以一年时间教小儿，一

---

① 王怡柯：《乡村教师救国论》，《教育与职业》1932年第141期。

② 王怡柯：《农村自卫研究》，河南村治学院学生会发行，开封建华印刷局，1932年，第15页。

③ 王怡柯：《农村自卫研究》，河南村治学院学生会发行，开封建华印刷局，1932年，第17页。

半时间教成人。如是，则青年有出路，民众获训练，对内有组织，对外乃有办法。”[①] 王氏对中国教育的分析，可谓一针见血，持论公允，其分层培养、全盘谋划教育大计，以及加大乡村教育力度等都没有问题，但教育的实施不但需要一个强有力的政府，更需要庞大的财政投资和师资力量，这才是问题的关键所在。

王怡柯认为西方文化的侵袭，带来了很多不良影响，于国家民族非常不利。比如“中国传统政治原则中，握政权者，必学行足以为人师，所谓以师道兼政权，道与位合，乃治；其理由最为充分。何也，师为民众所凭式，不敢为恶，恶则师道不存，立即颓败，故修齐治平，混为一事。治中国人，须用中国法，形式的法治，物质的经济，在中国皆所谓治之具，而非治之源。以治人用治法，寄伦理于经济，相得益彰，绝不偏畸。”[②] 在王氏看来，西学东渐以来，中国人的伦理观发生重大改变，其中“西洋人之唯利是视，作惨酷无情之竞争”为害最烈。[③]

西学、西力强势而来，一味抵制、阻塞甚至躲避不是解决问题的最好办法。王怡柯主张东西方文化可以调和，“依折衷为妥协为办法、以道器一源为主义”，具体而言，就是“以伦理主义，解决经济；以经济手段，完成伦理。其着手应从乡村始，其用力，应侧重师道。”至于为什么强调从乡村开始，从重整师道尊严开始，这又回到王怡柯的“以农立国”之论。对此，王氏充满信心，底气颇足，他指出：“以全中国人之经济生活，植基于农村依赖于农村，故古之元首，亲耕亲桑，以身率下。乡举里选，亦必以‘力田’为登用之条件。下至权谋家取威定霸，亦必寓兵于农。故救中国，必自整理农村始。又中国人之社会生活，彻底的为伦

① 王怡柯：《农村自卫研究》，河南村治学院学生会发行，开封建华印刷局，1932年，第18页。

② 王怡柯：《农村自卫研究》，河南村治学院学生会发行，开封建华印刷局，1932年，第18页。

③ 王怡柯：《农村自卫研究》，河南村治学院学生会发行，开封建华印刷局，1932年，第19页。

理组织，族谱宗祠，家法义田，其显而易见者。统中国秩序之维持，与其谓为法律，无宁谓其伦理，或者喘此为传统思想。社会制度之良否，止问其适不适谓不问其旧不旧。中国社会组织，既以伦理为基础，则明伦之师，正社会真正之领袖，法宜尊之，以增高其权威。而师不可以徒尊，须言有物，行有方，其智能须足以教人，其性行可以服众，一村之师，即一村之领袖，一乡之师，即一乡之领袖。等而上之，一县一省之长，皆县省之大师，其区域内之住民，均其直接间接之弟子。其区域内之问题，皆其应负之责任，精神流柱，无不达之情，无不办之事，此所谓治中国人之法也。”①

在王怡轲看来中国法律无灵，秩序不保，大厦将倾之时，士农工商，唯有“士”这一阶层可以倚重。更何况尊师重道是中国优秀之传统，为师者历来被民众信服敬仰，王怡柯提出“以师治民”之论，其具体办法：“先宜自乡村学校始。即自近而远，自卑而高之办法。以乡村学校，为乡村建设之中心。以乡村教师，为乡村民众之领袖。最终达成自养（不贫）、自卫（不弱）、自治（不乱）之教育目的。”② 关于乡村教育之养成标准，王怡柯也有较为详尽的安排，“一是确认仁孝廉耻，为立身之准则，而为村民模范。二是实行刻苦勤俭，兼习农艺，可以指导民众生活。三是通晓初步军事知识，兼习国术，可以训练民众。四是详悉民隐，精研利弊，关于地方兴革，有较好之计划及经验。”③

总之，王怡柯的乡村教师救国论，其核心就是乡民建立团体组织，在乡村教师的指导下扩而充之，可以救国。其方法以恢复中国人治精神，即所谓尊师重道者。因为都会工商，国民生计之枝叶果实也，其根本仍

① 王怡柯：《农村自卫研究》，河南村治学院学生会发行，开封建华印刷局，1932年，第19、20页。

② 王怡柯：《农村自卫研究》，河南村治学院学生会发行，开封建华印刷局，1932年，第20、21页。

③ 王怡柯：《农村自卫研究》，河南村治学院学生会发行，开封建华印刷局，1932年，第21页。

在乡村。但实际上，翻检地方史料，就能发现整个民国时代，“正绅”的数量在迅速减少，其势力也非我们想象中的强大，很多时候，劣绅淘汰“正绅”才是常态。王怡柯在汲县香泉寺一带也发现，当地人即有“好人不问事”之语。[①] 就连梁漱溟后来也感慨说：“乡村恶势力之强大，实在超出想象。彭（禹廷）先生主张地方革命，站在贫雇农立场，得罪了豪绅，所以被害。”[②]

（三）村民自卫理论

王怡柯的乡村自治，主张以自然村为单位，开始组织训练。原因在于“以驻居接近，厉害较切，守望较易”。但是他同时又说明为完成自卫主义计，也可以灵活划定区域，择便利用。最终的目标是“村与村联，区域区合，继而各县一致，以企奏肃清匪类之凯歌，完成真正民众的武力。”[③]

在王怡柯看来，农村自卫与保甲最大的区别，在于“保甲发于上，所以研究防弭盗贼，使民自纠举，而协以连坐之法。农村自卫，则发自于民，多数民众，感觉生命之危害，静待上者保护之无望，乃互相联合，立约共守，效死勿去，纯乎人民之自助。”[④] 南京政府颁布保甲法，意在督民自相保卫，自相纠察，俾匪人无所容足，与清乡类似。其编制训练方面，王怡柯主张农村自卫者，颇有相似之处。王怡柯对王安石的保甲之法作了分析，指出其失败原因是，“王荆公顾人情乐无事，喜放逸，今加以组织训练束缚驰骤之，深感不便，自在意中，无足怪者。特立法烦

① 朱绍云：《河南汲县香泉民众学校报告》，（汲县）河南村治学院同学会发行，1932年，第6页。

② 梁漱溟：《乡村建设理论》，上海人民出版社，2011年，第417页。

③ 王怡柯：《农村自卫研究》，河南村治学院学生会发行，开封建华印刷局，1932年，第33页。

④ 王怡柯：《农村自卫研究》，河南村治学院学生会发行，开封建华印刷局，1932年，第36页。

苛，用人不当，而有操之过急，此其所以败。”[①] 王怡柯认为，王安石的保甲法与自己主张的农村自卫，其主要目标，基本相合。“而发动则起自人民，感与需要而起，自无忿怨。不待上之督促，自无苛忧。”意即自卫组织的发动，由乡民自发形成，与王安石的保甲法被动而成，协调不畅，行动不便是最大的区别。

对于农村自卫宗旨，王怡柯坦言，自卫乃穷苦乡民抱团自救之举。其对明代吕新吾所著《练乡兵救命书》颇为推崇，极言警惕那些怀抱野心，率领地方性命所依荷枪昆仲，转附军队以达升官发财之夙愿的“团阀”“团霸”，有悖自卫宗旨，不可不戒。[②] 关于民兵制度，结合西方经验和中国古代兵制特点，王怡柯提出可仿造瑞士民兵制及唐代府兵制两种。王氏特别谈到瑞士军制：“瑞士国虽小，在若干小时内，可以迅速集合多数国民兵于疆场，与敌人相周旋，邻国莫敢生心焉。又瑞士人人有枪，守法习惯甚强，从无有持以供私斗者，则平日教练有方，我国人所宜取法也。”[③]

农村自卫，非一人一家之事，乃全民政治之表现，当然要选好自卫领袖。王怡柯对此极为看重：“顾其事，含有军事的意味，最重领袖。否则责任不专，指挥不灵，未有不失败者。此理甚明，无待赘述。领袖既重，则堪任斯选者，非具数德，万难胜任。”[④] 领导农村自卫的人物，一是热心，二是有胆，三是晓事。以上三德外，还应该有应忌之事，以免

---

① 王怡柯：《农村自卫研究》，河南村治学院学生会发行，开封建华印刷局，1932年，第38页。

② 王怡柯：《农村自卫研究》，河南村治学院学生会发行，开封建华印刷局，1932年，第72页。

③ 王怡柯：《农村自卫研究》，河南村治学院学生会发行，开封建华印刷局，1932年，第118页。

④ 王怡柯：《农村自卫研究》，河南村治学院学生会发行，开封建华印刷局，1932年，第77页。

坠入陷阱，自误误人。[①] 以上乡村领袖的推选，“三德”固然不难，按照“八忌”标准择人，估计较为困难，最能胜任的不外乎是公正士绅或乡村教师两类群体。王怡柯对乡村自治的领导者尤为重视，表示“农村自卫的精义，在于领袖之人格，教化农民，德智日增，生活日裕，以跻于治平。而非牺牲民众，固个人之威权也。”[②]

对乡村自卫的基础，王怡柯提出要“师法贤者”“以师为师”，要把讲学和立会联系起来：“如与多数农村之中心，办一学校，除小学外，兼办成人教育，将村治主义，自卫精神，充分灌输。平日以道义相砥砺，遇事自能和衷共济，共奋前途。王鸿一氏主张学治，此其一端。试观王阳明先生之武功，每藉助于门生弟子，曾文正、罗忠节，两公之将官，大抵为讲学时代之学生，或得志时之幕宾。有主义以为系统，藉道义以为训练，斯风既开，和者自多，学风所被，即组织与统一之先驱也。此事骤视之似缓，而收效可必、可久、可大，同志其注意哉，其注意哉。”[③] 其“以师为师”的观点，无非是乡村教师救国论的另一个注脚。

王怡柯对乡村自卫中训练、团防、赏罚问题，亦有阐述。训练，以镇平县彭禹廷夜间会哨法为借鉴；团练，以曾文正为师。除推举一村自卫领袖外，他还提出民众活动，非得有中心人物不可。“中心人物，以五七人为最佳。过多，意见易于分歧。过少，则计议不周。且不敷分担各项重要事务，若农村范围太小，至少不下三人，太大，至多不可过九人。此数人物，志同道合，而各有所长，分工合作，则利有所不趋，害有所不避，行止必依公意，服从团体议决之命令，忠实从事，始终以

① 王怡柯：《农村自卫研究》，河南村治学院学生会发行，开封建华印刷局，1932年，第77页。

② 王怡柯：《农村自卫研究》，河南村治学院学生会发行，开封建华印刷局，1932年，第80页。

③ 王怡柯：《农村自卫研究》，河南村治学院学生会发行，开封建华印刷局，1932年，第138页。

之。”[①] 王怡柯反对团防之设，主张废除或整顿内部组织。认为民团之设弊端明显：“一曰雇佣性质。二曰土豪劣绅把持。土豪劣绅原为社会之蟊贼，然在国民知识尚未普及之时，犹能保其特殊地位。故各县团防大多把持土豪劣绅之手，藉以利其爪牙，垄断社会，欺压平民，无所不用其极。”[②]

王怡柯的乡村自治理论，由前述三部分构成，既各自独立，又密不可分。中心思想即为开明士绅（乡村教师）领导乡村武装、负责乡村教化，实行乡村自卫，严防这种武装落入土豪劣绅、奸邪之人手中。王怡柯的农村自卫理论，是在国家积贫积弱的条件下，在爱国精神和忧患意识的驱舒下，以“中国文化优先论”“以农立国”为价值体系建构起来的一种乡村改良思想。虽然其中不乏不切实际的，甚至消极、错误的观点存在。但其动机是诚恳和值得信赖的，一些认识和设想也具有积极意义。比如强调文化在乡村建设中的作用、重视伦理情谊、强调民心可用、关注乡村弱势群体、重视乡村的平衡发展、主张用兼容和开放的态度对待西方文化等，直到现在依然具有一定的借鉴意义。

二、冯紫岗的农业合作理论

南阳冯紫岗，曾以河南第三农林局局长、河南合作事业管理处处长等身份参与河南乡村建设运动。他关注农村现实问题，推行各类合作事业，坚持探讨农业合作的精神价值，指出合作事业不是单纯的经济行为，还是一项文化事业，只有将农村合作事业与中国传统文化充分结合，先行改变国人的精神面貌和知识水平，才能更好地提升农业合作水平。

冯紫岗是近代中国较有影响的农学家、农业经济学家。1918 年入北京孔德学校专攻法文，1919 年在北京参加五四运动。1920 年，冯紫岗

① 王怡柯：《农村自卫研究》，河南村治学院学生会发行，开封建华印刷局，1932 年，第 203 页。

② 王怡柯：《农村自卫研究》，河南村治学院学生会发行，开封建华印刷局，1932 年，第 377 页。

赴法勤工俭学，1928 年获得农学博士后回国。历任上海、浙江等地大学农学院教授、河南省建设厅合作管理处处长等职，著有《农民问题概论》《兰溪农村调查》等著述。在浙江任教期间，曾先后赴南京晓庄师范访问陶行知、山东邹平访问梁漱溟，研讨乡村建设问题，学术旨趣逐渐转向乡建理论和农业合作研究。

冯氏曾言，“中国本来传统式的生产关系与政治关系，蒙上资本帝国主义之外衣，更加惨酷地加重对于农村之压榨与剥削”。关于农业合作，冯紫岗不盲从西方观点，有着自己的见解。他认为所谓农业，实为开发土地生产的技术，所谓合作，是农业生产中的弱者联合起来，以通力合作的方法去抵抗强者侵蚀剥削的一种经济互助组织。农业合作组织的核心是平等、自由，精神上的要求是“我为人人，人人为我”。对“合作社”的理解，冯紫岗在《合作社职员应有之认识与应有之服务精神》一文中指出，合作社是“以平等原则，在互助组织之基础上，以共同经营方法，谋社员经济之利益，与生活之改善，而其社员人数及股金总额均可变动之团体”。

冯紫岗认为，解决农村问题，必须通过社会调查，一方面可以作为复兴农村的根据，另一方面可以作学理上的分析。基于这种认识，所到之处他都身体力行。1932 年担任南阳县（今南阳市）农林局长期间，组织民众师范 200 余名学生对农业村民进行调查，根据第一手材料，整理出《南阳县农村社会调查报告》[①]。该报告 12 章 34 节，举凡土地、农业、农业生产、农村副业、租佃制度、商业、交通等各个方面。其调查侧重点非常明显，围绕地权分配、农业生产、农民生活等几个核心部分。民国工业基础薄弱，在 1930 年代初，农业人口占总人口的 80% 以上，国民生产总值中农业所占比重高达 61%，其中尚不含农村手工业。[②] 在一般国民的心目中，农业收入所占比重更高，不少人认为比重应不低于

① 冯紫岗、刘端生:《南阳农村社会调查报告》，黎明书局，1934 年，第 2 页。

② 巫宝三主编:《中国国民所得》，中华书局，1937 年，第 12 页。

90%。因此，可以认为“中国的国民经济完全建筑在农村之上”[①]。“农村破产即国家破产，农村复兴即国家复兴”[②]，是当时乡建人士的普遍认知。

冯紫岗认为，虽然大农小农各有其优劣，各国之政治经济方针及地方自然环境之差异，亦不能使其趋向一致，但是对中国小农经济，只是百害无一利。[③] 补救之道，唯有借鉴西方经验，利用科学的力量，实行“科学的西化”，推行农业合作一条路子。冯紫岗留学欧洲数年，对西方国家工农业状况较为了解。他以丹麦为例，指出该国以贫瘠之区，而以农产品致富，盖由于农业合作普遍发展，致鸡卵腌肉等输出方能蒸蒸日上，非仅救其农民，而且提高其国民文化与国家地位。法、比、瑞士、日本等国农业合作之推进，亦可大为改良其国农民境遇。至于我国，合作组织偏于农村，而且农村中的合作社在量的方面多有普及之势，足以证明农民对于合作事业之需要，甚为迫切。

冯紫岗的农业合作研究有一大特色，就是将单纯的学术研究嵌入中国传统文化元素，把“舶来品”从中国文化中找到注脚。他认为不能把合作社视为一个现代企业，它本身应该是一项事业；它存在的价值和意义不单单是一种经济行为，更是一项文化事业。冯紫岗不仅对合作社的定义、原则、特点进行归纳，还从学理上进行分析，在中国传统文化中总结其深刻内涵。指出农业合作实质上是一种合作文化，就是先哲仁人所说的“己所不欲，勿施于人”“先天下之忧而忧，后天下之乐而乐”。冯紫岗认为，合作社是现代“互助连锁”的一种体现，是人类进化的最高道德法则。它的兴旺发达，源于人类共存共荣的“合群”需要，只要有人类的地方，这个法则就必然存在，产生巨大效力。[④]

① 梁漱溟：《我的一段心事》，《梁漱溟全集：第5卷》，山东人民出版社，1995年，第533—534页。

② 李宗黄：《考察江宁邹平青岛定县纪实·自序》，出版社和出版日期不详，考察时间为1934第1页。

③ 冯紫岗：《农民问题研究》，岐山书店，1929年，第64页。

④ 冯紫岗：《合作社之基本认识》，《河南合作》1942年第23期。

冯紫岗注重理论联系实际，在办理河南农村合作期间，强调必须纠正“农业合作”的两个认识误区。

合作事业并非消极的救济事业，乃积极的国民经济建设事业。过去曾与救济事业发生密切关联，然而只能认为系其附带作用，其基本任务正为我国自力更生建设国民经济之要道。孙中山于《地方自治开始实行法》中告以初步六事完成之后，即应举办农业合作、工业合作、交易合作、银行合作，及保险合作。于此，可见合作事业与国民经济建设之间的重要关系。

合作事业并不只限于乡村，乃乡村都市化都市乡村化的重要门径。中国是以中小农为主的国家，河南则是其中典型代表，农民人口众多，耕地有限，每一个农民，每年平均只能有一半时间工作，其余一半时间皆消耗无用。如果乡村工业发达，用以与农业互相配合，以提高农民之生产力，不但农家经济可因而改善，并使农村都市平衡发展。[①]

冯紫岗确定出河南合作事业的目标：一是以合作方式发展国民经济树立物质建设之基础。二是以合作精神发扬民族文化，树立心理建设，及社会建设之基础。三是以合作组织，配合政教设施，促成抗建大业，实现三民主义。[②] 冯紫岗认为合作组织之精神，首要是提高民众文化素质，突破穷、愚、私对生命个体的限制。他要求服务合作事业工作人员，发扬“我为人人，人人为我”等合作服务的人生观，提倡“心理建设”与“社会建设”同步发展，以合作精神发展民族文化，改变民众的精神面貌和知识水平。[③]

---

① 冯紫岗：《告河南省合作事业工作同志书》，发表刊物、时间不详，转引自政协南阳市委员会文史资料研究委员会编：《南阳文史资料：第7辑》，1991年，第126—135页。

② 冯紫岗：《一年来河南合作事业》，《合作事业》1941年第3卷第1—4期。

③ 冯紫岗：《告河南省合作事业工作同志书》（发表刊物、时间不详），转引自政协南阳市委员会文史资料研究委员会《南阳文史资料：第7辑》，1991年，第126—135页。

冯紫岗情系家乡河南，曾于1932年担任南阳县农林局长，河南省合作事业管理处长。1942年冬赴重庆参加全国合作会议，在会上慷慨陈述河南灾情，请求政府减缓征税完粮，遭到蒋介石严词拒绝。冯紫岗遭此打击，心情愤懑郁结，回到河南后，不顾身体不支，坚持为河南灾情减免和赈济奔走呼吁，于1943年4月突发脑出血，三日后离世，终年43岁。

1928年留学归国的冯紫岗，毕生致力于农业经济、农村合作等问题的研究，辗转任职于国内多所大学，是国内较早关注农业合作的士绅知识人，也是一个较为活跃的农学专家。冯紫岗是位有抱负的爱国知识人，治学态度严谨，注重调查研究，实事求是；富于正义感，为民众疾苦大声疾呼。正如冯紫岗好友王世颖所言，“冯紫岗不但是合作界有学识的人，而且在农业界也是饱学之士；同时，他不但具有丰富的学识，并且还是身体力行之实践者”。冯紫岗抛弃安稳恬静之书斋生活，奔波颠沛于乡村草民，努力推行乡村改造和农业合作，在探讨提升农业合作经济价值的同时，关注文化事业发展，试图通过改造乡村来实现以农促工、经济文化双重提升，这种精神，值得后人学习借鉴。

第三节　民国军绅政权的典范

一、边陲士绅与宛西自治

在地理位置上，宛西毗邻秦楚，交通阻塞，距离省城开封近700华里，是官府鞭长莫及的边陲地区，显然有利于地方势力的割据发展。另一方面，宛西地处伏牛山南麓，山峦连绵，山多太少，经济发展滞后，土地相对集中，绅权发达，内乡、邓州、镇平等县，因每天都有几十起甚至上百起抢劫案，当地官府不得不在午后即关闭城门以防匪入。1929年9月28日，镇平县城被土匪攻破，县民房屋九千余间被焚烧一空，包括县长在内的一万三千余人沦为“肉票”，商民财产损失三百余万元。驻军不但不剿匪反而助匪、分赃，驻军以“剿匪”为名敲诈、抢掠民众事件更是司空见惯。城乡民众“不死于兵士的就地诛求，即死于土匪残酷杀戮，辍耕失业，妻离子散，陷入水深火热之中”。[①]

1927年秋，彭禹廷因母亲病故回镇平奔丧，时县境匪患炽烈，彭被地方绅民推举为南区区长，开始组织民团，打击土匪溃兵，先后击溃、歼灭王长安等杆伙，历经年余，境内粗安。[②] 1930年中原大战爆发后，宛西各县杆匪蜂拥而起，彭禹廷重返故乡，推行“三自主义”，即自卫、自治、自富，彭禹廷曾把自己的“三自主义”诠释为“缩小的三民主义”[③]，作为镇平自治的理论依据，实际上二者“范围有大小，实质却无不同。[④]”

彭禹廷等人“内为良心所驱，外受民众之请”，认为乡村不治，国基就难以奠定，遂发愿救民众救国家，专心地方事务。除剿匪外，对于水利、禁烟、禁毒、办学，也都很注意。在此前后，内乡别廷芳、邓县宁洗古、淅川陈重华等，也各自在县境组织民团，清剿“杆匪”，办理自治，举措上颇多相似之处。中原大战期间，土匪溃兵拖枪结伙，骚扰城乡，各县民团窘于应付。彭禹廷、别廷芳、宁洗古、陈重华等人集议商讨联合剿匪及办理地方自治事宜。1930年9月，四县民团成立联防组织，统一编练四县民团为4个支队，别廷芳、宁洗古、陈重华、彭禹廷分任支队长，共誓以地方事业为终生生活。[⑤] 会议还讨论拟定自治公

① 李腾仙：《彭禹廷与镇平自治》，镇平县十区自治办公处1936年编印，第15页。

② 镇平县地方建设促进委员会：《镇平自治概况二集》，1936年，第2页。

③ 《彭禹廷演讲集》，镇平县教育局发行，北平政治月刊社代售，1932年，第11页。

④ 徐有礼：《论三十年代宛西乡建运动的理论依据》，《郑州大学学报（哲学社会科学版）》1998年第31卷第3期。

⑤ 镇平县地方建设促进委员会：《镇平自治概况二集》，1936年，第6页。

约十条、暂行办法五条，同时议定在内乡创办宛西乡村师范学校，培养乡村自治干部。随后，各县分别成立自治机构，拟订自治纲领、实施办法”，实行县区自治。宛西乡村师范作为培养自治人才的“最高学府”，从四县中学、师范学生中选录一批学生适时开学，该校除培养一批乡村小学的校长、教师外，还培养不少乡村自治人才，这些人大部分成为宛西自治的重要力量。

随后，为增强民众自卫实力，减轻地方负担，彭禹廷仿瑞士义务民兵制，按期训练壮丁，使常备民团化兵为工，后备民团寓兵于农。始则令全县壮丁皆成民团，既而使全县民团皆成学校，半日工作，半日读书，俨然师生，开镇平前所未有之良规。十二月，又组织全县息讼会，在各区乡镇设息讼分会，为民众省事、省钱，期达无讼之目的。1931 年 1 月，征集全县热心乡村改造之人，设立自治研究会，以阐发乡村建设原理，整顿财政，统一收支，以扫除历史积弊。又召集县内正绅议决清丈地亩章程，实行土地清丈，民众负担，自此咸成平均。[①] 4 月，成立乡镇长培训班，提升乡村基层人员治理水平。为改善民生，设妇女草帽传习所、平民工厂，平民西医院。六月设立地方服务人员培训班、农民借贷所，订立义仓积谷办法。十一月，召集民团培训，订立救灾救荒章程。凡此种种，多为百姓所亟须，地方事业，焕然一新。宛西各县人民，对彭禹廷无不感恩戴德，肃然起敬，镇平乡民，更是以“彭青天”称之。[②]

彭禹廷主导下的宛西自治，带有强烈的军事化色彩，镇平由地方自治而发展到政治、经济和文化领域，也正因为如此，镇平的自治结构与政府的关系异常紧张，对抗性越来越明显，最后还演变成彭禹廷戗杀县长阚葆贞事件。这是宛西自治和其他乡村建设实验区的不同之处。镇平自治的领袖彭禹廷将“地方自治”等同于“地方革命”，他公开指出，

① 镇平县地方建设促进委员会:《镇平自治概况二集》，1936 年，第 7 页。
② 镇平县地方建设促进委员会:《镇平自治概况二集》，1936 年，第 5—8 页。

"反抗贪官污吏、匪式军队的行动，就是地方革命。"[①] 在宛西各县，自治领袖的治理风格也是迥然不同。姚雪垠先生在谈到这个问题时，曾经说过："彭禹廷和梁漱溟不一样，梁漱溟是依附政府搞乡村建设，而彭却是走武装斗争的道路，依托民团，实现他的政治道路和武装道路。[②]"

别廷芳是办民团起家的内乡军事强人，他主持内乡地方自治多年，取得内乡表面的平静。省民政厅任命的县长，遇到别廷芳的地方自治，大多数在寓所看看书报、写写字，算是落得平安。别廷芳的"三自主义"，与彭禹廷的"三自主义"大有不同。其自治的核心和基础是"自卫"，实际上就是大力组建民团，肃清杆匪武装，稳定旧有的社会秩序。在他的强力推动下，四县共建民团25个，约有4万多人枪，各排配有轻机枪，各连有重机枪，各营有迫击炮。枪械来源除收缴土匪溃兵、地方土劣武器及向民众派款购置外，各县民团司令部都办兵工厂，自行生产。各县配套建设军事设施，如兴修公路、装设电话、堡垒壕沟等。彭禹廷在内乡修筑道路57条近1200公里，其他三县也修筑公路数百公里。这些近代设施，只供军用，与民生没有多少关系。凭借这些武装力量和军事设施，宛西土匪问题基本，社会秩序相对稳定，促进了地方经济的恢复和发展。

土匪肃清，地方稍安以后，宛西自治派士绅开始推行"自治"，主要内容如下：

第一，推行保甲连坐。1932年国民党"三省总部"编查户口保甲条例颁布之后，宛西各县统一保甲编制办法，严厉执行，借此对人民厉行"株连政策"，凡查出一家有匪，全家皆杀。[③]

第二，兴办学校教育。各区、镇公所通过将寺庙田产移充办学需用

① 许莹涟、李竞西、段继李：《全国乡村建设运动概况》（下册），第1辑，山东乡村建设研究院，1935年，第508页。

② 《著名作家姚雪垠谈彭锡田》，《南阳志通讯》1985年第3期。

③ 全国政协文史办：《文史资料选辑：第38辑》，中国文史出版社1963年，第182页。

等办法，发展小学教育，举办教师培训班。尤其内乡天宁寺的宛西乡村师范，为地方培养了不少教育人才。[①]

第三，全县清丈地亩，实行课石制度。除去壮丁款等附加外，内乡仅田赋一项每年就征现金三百万元，粮食近二百万斤。课石以外的其他捐税多达五十余种，并规定各项捐税人民必须在期限内清缴。[②]

第四，厉行“五证”制度。每人身份有别，出入均须持证，名为防匪，实则限制乡民活动。包括出门证，出门所持证件，无者扣押；通行证，外县人入境过境须持通行证，无者扣押；乞丐证，小贩营业证，无者不准行乞和做买卖；迁移证，人民迁出、迁入本县，均须办理此证。

第五，调解民事纠纷。各县均成立有诉讼委员会，区、乡（镇）设诉讼分会，让民事纠纷就地解决，民众因此可以少受县府官吏鱼肉之苦。但于彭禹廷的息讼会完全不同，因各乡镇分会都掌握在土豪绅富之手，所以仍然“村村有讼”，弊端迭出。

在“自富”“自养”方面，宛西各县的自治内容主要有：

第一，实行五禁，限制消费。即禁鸦片、禁赌博、禁洋货、禁洋旋、禁纸烟。“禁货”的范围甚广，凡非本地生产的布匹、百货、手工业产品，几乎都被视为“洋货”而被禁止。

第二，治理河道、改造良田。内乡县在老鹳河中修了一道拦河堤，名石龙堰，将水位提高。然后开渠引水，灌溉稻田。这些举措促进了农业生产的发展，且有利于后世。

第三，建立农民借贷所和发行纸币。农民借贷所或信用社从各方筹措资金，对农民和商号发放贷款。以不同形式发行纸币或流通券，强行在市面流通。这些自行印制的纸币由于没有可资兑付的储备金或相应商品，虽在初期对搞活市场起一定作用，但紧随着便是市面流通资金与商

① 王天奖主编：《河南通史：第 4 卷》，河南人民出版社，2005 年，第 366 页。

② 行政院农村复兴委员会：《河南省农村调查》，张研、孙燕京编纂：《民国史料丛刊》（760），大象出版社，2009 年，第 123 页。

品的比例失调，导致通货膨胀，使商人、农民受到重大损失。

第四，植树造林，增加民众收入。内乡到1933年，“全县共播种橡子2794.5石，植柳70万株，植油桐、漆树和榆树等353万株”[①] 淅川县、镇平县都大力提倡植树，镇平还建立了两个模范林场、两个育苗场，制定了造林简章、护林规则。大量植树造林不但保护了环境，有利于生态平衡，而且还带来了经济效益，桐油、生漆、药材、核桃仁等林产品给农民增加了不少收入，河沿植树还起到了防洪固堤的作用，减少了水旱灾害。

宛西自治的推行，改变了往昔盗匪横行的局面，使社会秩序相对稳定，对农村经济的恢复和文教的发展客观上起到一些积极作用。[②] 尤其是彭禹廷主持下的镇平自治，这种积极作用更为明显。但在别廷芳主持宛西四县自治后，情况发生重大变化，其所采取的举措就主导方面而言，并没有促进宛西经济和社会的近代化，也没有给民众带来多少实实在在的福祉，而且在政治和文化建设上残暴、复古、因循守旧，严重阻碍社会进步。就是这样的自治运动，国民党地方政府也不允许其长期存在，宁洗古、彭禹廷等遇害以后，别廷芳也因妨碍当局政令统一几遭杀伐，后惊惧而亡。

别廷芳死后，宛西自治派士绅大多收敛势力，纳款输诚，接受政府统驭，特别是在南召李益闻以“通匪”名义被剿杀后，地方士绅更是明哲保身，噤若寒蝉，宛西自治运动也逐渐废止。宛西士绅投身乡村建设的动机各有不同，彭禹廷、宁洗古、李益闻等人，都受过正规的新式教育，有比较激进的革命倾向，有改良社会、造福桑梓的决心，他们从事乡村建设的动机也较为单纯，从而赢得了乡民信赖。别廷芳、陈重华等

① 南阳地区地方志编委会：《南阳地区志》，河南人民出版社，1994年，第871页。

② 军政要人白崇禧、阎锡山、李宗黄诸人曾亲临宛西考察，称之为，“河南乃至全国乡村自治的典范”。白崇禧曾言，“宛西内乡、淅川等县，以在籍乡绅之力，创立地方善治宜民之政，朴实精当，奠教养卫根基，自治风声，盛名远播。”见河南省自治学社编印：《河南自治史略》，1947年铅印本，河南自治史略序言（一）。

人则是在豪强争霸、弱肉强食的丛林法则中一路走出来的，他们依靠手中的武力才确定地方权威，当利益受到威胁时，自卫自保往往是第一位的。各县士绅精英领导乡村建设的动机虽有不同，但在稳定地方秩序，进行社会改良，巩固个人权力权威等方面，却能够达到一致，这也是他们能够维持表面的合作和联合的根本原因。

费正清注意到，南京政府建立后，中央政府一方面加强对经济的调控，一方面健全地方行政体制，加强对地方权力的收拢。社会团体的行为具有相当的社会关联性，鉴于乡村建设团体的社会影响力和控制力，中央政府势必加以重视，“通过教育及经济改革复兴农村，意味着与政府当局建立其支持和保护的关系。这当然是因为在一个组织起来的计划中，任何同农民打交道的企图必然引起政治方向的问题和合法性的问题，而不管该计划是否明显的政治目的或者活动。[①]”当时很多的乡村建设运动，如定县实验、邹平实验等都得到了官方的同意或默许，而宛西自治显然引起了国家的怀疑和不满，从中可以发现民国的乡村建设运动，不管动机和成效如何，它始终是在一种充满复杂、不确定因素的情景下曲折前行的。

二、魏朗斋与嵖岈山县立职业学校

魏朗斋，嵖岈山县立职业学校的创始人，一生致力于兴办乡村教育，扶助农民提高文化，改良生产技术，创办的嵖岈山县立职业学校秉承“教学做及政教卫合一”的办学原则[②]，确立“负责任，耐劳苦，守纪律”的学校精神，[③]取得了良好的社会效果，惠及了一方百姓，被时人称为河南乡村建设典范，本人被推举为中国乡村建设工作讨论会全国26名委员

① 费正清：《剑桥中华民国史1912—1949（下卷）》，中国社会科学出版社，1994年，第357页。

② 乡村工作讨论会编：《乡村建设实验（第三集）》，中华书局，1935年，第394页。

③ 乡村工作讨论会纂：《乡村建设实验（第二集）》，中华书局，1935年，第457页。

之一。[1] 魏朗斋著有《新农建设》一书，系统阐述自己的乡村建设思想，为后世留下难得的精神财富。

魏朗斋二十世纪 20 年代初毕业于北京农业大学森林系，担任过山东鄄城县县长、国民党遂平县参议会议长、省参议会议员，是活跃于河南、山东等地的社会名流，乡村教育家。1924—1925 年曾在天津筹办润华精盐公司，因吴佩孚、李景林巨额派款，致使公司倒闭。1926 年在乡创办遂平县立中学，1927 年在河南省建设厅任职，1928 年在河南中山大学任农场主任。1929 年加入河南村治学院，被任命为村长部主任兼苏门山第一林场场长，因造林成绩突出曾经受到冯玉祥的嘉奖。村治学院关闭后，与彭禹廷相约回籍，继续探索乡村建设之路，对乡建理论作实践上的证明。

1931 年 2 月，魏朗斋回到遂平，适逢省府欲加强县政改革和教育发展，饬令各县筹设农科职业学校和乡村教育，鉴于魏在省内教育界的影响力，县教育局长邀请魏朗斋长校。魏朗斋决定在城西嵖岈山创办嵖岈山县立职业学校。学校所在地山势奇特，久为汝属名胜，惟地处偏僻，风气闭塞。[2] 这里离县城 50 里，教育文化落后，方圆几十里难以寻到一个读书识字之人。民风强悍，打死了人向来不去法院申冤，而县府也不敢向这里派遣法警拘人。如此荒蛮之地，却有荒山，有熟地，有水田，是个做乡村农业工作的绝好地区。嵖岈山县立职业学校建立不久，该地以杨栋臣为首的几个豪绅地霸，乘魏朗斋赴汴未归之际，唆使当地民众，把创办不到三个月的学校捣毁，赶走了教师和学生。[3] 魏朗斋闻讯赶回，于各处奔走呼吁，借助五县民团联防力量恢复建校。从此次学校恢复到 1949 年 8 月解散，历近 20 个春秋，魏朗斋一直担任学校校长。

1932 年学校复校后，“计有院落一所，土地一顷又四十亩，山场四

① 魏朗斋:《嵖岈山开发记》,《河南文史资料：第 47 辑》，河南人民出版社 1993 年，第 146 页。

② 乡村工作讨论会:《乡村建设实验（第二集）》，中华书局，1935 年，第 453 页。

③ 遂平县志编纂委员会:《遂平县志》，中州古籍出版社，1994 年，第 25 页。

座，约十方里，教育局补助经费八百元，后增至二千二百五十元。”① 在原乡村师范三班，职业教育两班，小学六班，教职员同人三十多人的基础上，增加一年制乡村师范一班。② 截止 1934 年，共有职业及乡师各两班，小学四班，附近十里以内创建乡村小学 3 所，五十里之内由本校派师范班学生分期轮流实习，以加强学校与各乡村小学的合作，由本校派实习生参加教学者，计有 17 所，各处皆设有民众学校。③ 嵖岈山县立职业学校秉承“教学做及政教卫合一”的办学原则，以学校为中心，实施乡村教育，以改进农民生活，增加农业生产为办学目的。④ 办学思路由自卫、由教育、由合作入手，最终走上乡风文明、生产富裕的道路。⑤ 学校发扬务实苦干的精神，实施乡村教育，循序渐进改善民生，体现与乡村建设运动接轨的办学特色。

魏朗斋坚持教育革新，注重培养学生吃苦耐劳的品格。他取消寒暑假和星期例假，改放农忙短期假。新创办的职业教育班改为二年毕业，在时间上大为缩短，节省学生家庭的负担。认为传统教育最大的弊端在理论脱离实际，要求学生既要学习文化知识，又要学习生产知识，能“抡起八斤重的大镢头”，学会自己养活自己；学生吃住在校，能够“吃窝窝头，住土舍茅屋”；穿农家织布衣：“冬季对襟袄，夏季粗布衣”；学生在校，一律实行劳动生产教育。所有农作、造林，都由教员率同学生亲手操作，二十年来师生共植树四十万株。学校成立有校务会，所有

① 乡村工作讨论会：《乡村建设实验（第二集）》，中华书局，1935 年，第 453 页。

② 遂平县志编纂委员会：《遂平县志（第二集）》，中州古籍出版，社 1994 年，第 26 页。

③ 乡村工作讨论会：《乡村建设实验（第二集）》，中华书局，1935 年，第 454 页。

④ 乡村工作讨论会：《乡村建设实验（第二集）》，中华书局，1935 年，第 453 页；1935 年，该校提交的《嵖岈山县立职业学校工作报告》中，学校确立的办学原则是“教学做及政教卫合一”，见乡村工作讨论会编：《乡村建设实验（第三集）》，中华书局 1935 年，第 394 页。这一变化，说明嵖岈山县立职业学校的办学原则因社会发展和办学需要，已作出适当的调整。

⑤ 魏朗斋：《嵖岈山开发记》，载《河南文史资料：第 47 辑》，1993 年，第 153 页。

事业工作，皆有校务会决定。各生仍自备伙食，担任本校附小及各乡村小学、民众学校教师，并以学校指定课程自修。学校专设巡回导师，解决指导并解决一切困难问题。[①]

魏朗斋认为建校目的是为培养乡建人才，为此进行了大刀阔斧的改革。一是创办私立润华高级农科职业班，为乡村教育培养专门农业人才；二是创办木工、泥工、铁工、石工职工训练班，把家庭富裕子弟摒除，专收一般穷苦人家的子弟，甚至是孤儿。训练班开办后，“四十多个粗壮的强悍的年轻人，受教育的生活使他们象升入天堂般的快乐；他们不论是读书与学习技艺，都是如饥如渴的；他们原本有劳动的习惯，并且从没有鄙视劳动的心理和情趣。”[②] 来农场预约营造房屋、做家具的乡民络绎不绝，这种工农的相互结合，提高了学员的劳动技能和创造能力，使嵖岈山农科职业学校的知名度迅速提升。

嵖岈山地区环境恶劣，股匪时常出没，地方土豪不断挑衅，因而养成教员、学生带枪住校，日夜警卫的自卫传统。该地原本是劣绅杨某的地盘，杨在本地为非作歹，奸淫欺压，是独霸一方的土皇帝。学校的建立，触犯了他们的利益，土劣曾千方百计地挑衅，魏朗斋一方面借助五县民团联防总部的嵖岈山的优势，取得民团的支持与土豪劣绅作针锋相对的斗争，一方面组织组织师生高度戒备，利用现有武器装备作出全面防御，使土豪劣绅无法进入学校骚扰滋事。学校要求学生不仅学文，还要习武，平时教育引导学生加强体能和拳术训练，让学生学会一定的军事技能。学校还买来四五十支杆子枪，每天晚上师生持枪轮流站岗放哨，保障学生不被兵匪侵扰。如遇匪警，则由军事教员指挥在校学生设岗守卫，并协助地方守寨，以为自卫之实际训练。“故本校学生，除上课外，实为本校工作人员之一分子”。[③]

---

① 乡村工作讨论会编:《乡村建设实验（第二集）》，中华书局，1935 年，第 456 页。

② 魏朗斋:《嵖岈山开发记》，载《河南文史资料：第 47 辑》，1993 年，第 157 页。

③ 乡村工作讨论会:《乡村建设实验（第二集）》，中华书局，1935 年，第 456 页。

为服务农村，造福一方民众，魏朗斋引进优良品种波支猪，在学校开办养殖场，随后在嵖岈山周边农村进行良种推广，改良过的生猪平均每头重量比本地猪多50余斤，而且肉质更加鲜美，深受嵖岈山地区民众的欢迎，短短十多年间，此品种在周边数百里均得到普及。在汉口生猪市场上，嵖岈山“洋猪”的品牌受到屠宰业的广泛认可。学校还开辟牧场，魏朗斋结合曾经在察哈尔预备成立牧场而深入考察内蒙人放牧生活的经验，除教育放牧工作人员对牛羊的度夜、防寒、防狼与对天气剧烈变化加意照料外，一般的是随牲畜之天性，不必过分施以人力的强制。自开辟牧场以后，学校所设牧场规模不断扩大，截止到1937年，共养牛52头、羊230头，马骡22头、波支猪养殖数量常年控制在80至100头，而且没有出现的大规模的疫情。学校还进行选种实验，选派人员到嵖岈山及周边地区农村教育普及选种知识，进行株选、穗选、粒选，帮助村民提高农作物产量。

魏朗斋创办的嵖岈山县立职业学校，创立于南京政府对河南实际控制初期，是民国乡村建设的一个缩影。它并非单纯的职业学校，而是将普通教育、职业教育、师范教育等有机融合起来，具有鲜明的时代特色，[①] 肩负特定的历史使命。由于魏朗斋的精心操持，因地制宜，合理谋划，在创办数年后就具有一定的影响力。嵖岈山县立职业学校在初建时期，就被邀请参加乡村工作讨论会，在1934年在河北定县召开的工作讨论会上，学校提交《嵖岈山县立职业学校工作报告》。在1935年在无锡召开的工作讨论会上，该校再次提交工作报告。两个工作报告，还分别收录在《乡村建设实验》的第二集和第三集。这两个报告，介绍了学校成立的经过、沿革、工作事项、内部架构、困难情形，措辞严谨，实事求是，毫无溢美夸耀之词，体现嵖岈山县立职业学校职教员良好的精神风貌。

---

① 李占萍：《河南遂平嵖岈山县立职业学校的乡村工作述评》，《职教史话》2014年第22期。

学校在培养乡村建设人才方面做出了一定贡献。1935年，该校提交的工作报告显示，每年直接或者间接接受教育者约有二千人之多。[①] 地方史料记载说："建校8年，嵖岈山县立职业学校培养出各类毕业生近千名，分布在全县各地，甚至西平、泌阳等邻县。嵖岈山上四十万株树木成活，林场、牧场、养猪场相继建成。水田、旱田、菜园、苗圃整整齐齐。学校树立了劳动光荣、勤俭为本的校风，每天凌晨师生们上早操的歌声、口号声、演讲声迎来山寨的黎明。夜晚，一片宁静，教室里灯火通明，他们都在专注地学习。"[②]

一所创办在大山里的县立职业学校，坚持"以农立校"，在交通不便，物资匮乏，土劣横行的贫困山区存活近20年，尚能始终如一为当地村民服务，不能不说是一个奇迹。和民国时期大多数学校一样，嵖岈山县立职业学校的办学经费异常紧张。教育局发给常年经费2500元，连同学费校产收入，约有3000元。"以此经费，作此事业，所以能维持者，一因职教员皆有一半义务性质，一因全体学生皆须担任工作，是全在人力而已。而所以维持此人力活动之要点，则在乎学校作事业负责任，耐劳苦，守纪律之学校精神，以维系之。"[③] 学校精神是一个学校的灵魂，而嵖岈山县立职业学校精神的塑造与学校创办人魏朗斋显然是密不可分的。正如《嵖岈山县立职业学校工作报告》所言："本校为发展乡村教育事业之中心实施乡村建设，改进农民生活，巩固地方自卫，增加农民生产，发展农村经济为目的，然以经费支绌，诸多实施问题，均不能及时解决，同人等深以为进行迟缓为憾。[④]"可见从事民国乡村建设的这些士绅知识人，把乡建工作真正当成一项崇高的"事业"来作。

纵观嵖岈山县立职业学校的"办学史"，它既是对乡村建设潮流的

① 乡村工作讨论会：《乡村建设实验》，中华书局，1935年，第394页。

② 魏育遂：《遗爱在人：怀念父亲魏朗斋》，载《河南文史资料：第47辑》，1993第170页。

③ 乡村工作讨论会编：《乡村建设实验（第二集）》，中华书局，1935年，第457页。

④ 乡村工作讨论会编：《乡村建设实验（第三集）》，中华书局，1935年，第396页。

呼应，也是对教育的生产性的反应。[①] 作为办学资源并不丰富的职业学校，嵖岈山县立职业学校依托本地有限的资源，以服务民众、培养乡村人才为宗旨，走出一条因地制宜、务实灵活的特色办学之路，乡村教育家魏朗斋筚路蓝缕的乡村教育之路值得后人敬仰。

今天看来，河南的乡建运动存在着不少缺陷。最核心的问题是，它把改良主义作为乡村建设运动的出发点，决定着它不可能解决当时最为关紧的社会问题：比如，土地分配不均问题；农民负担过重等问题，正是未能解决这些问题，其复兴农村经济的目的始终都无法得到解决。当然，河南乡村建设运动实施中间，有一些个性问题比较突出，如乡建资金严重短缺、过度依赖政府、乡建实验区分布不均、乡建技术人才缺乏及建设后劲不足等。

河南的乡村建设运动，还有其自身特点，对经济发展和社会变迁产生一定的影响。

其一，乡建运动的领导者，大多数是接受过良好教育的知识士绅。他们幼时接触的是儒学教育，具有传统文化根基，又有“新学”的教育背景，有的还是留洋人士，在新式机构有一份体面的工作，有一定的社会地位和影响力。他们乡村改造的理论依据虽然有一些是西方的，但大多数是在中国传统中得来和汲取而来，改造乡村的最终目的在重构民族新文化，属于梁漱溟文化保守主义阵营。如王拱璧，在青年村实验中，本来仿行武者小路实笃的“新村主义”，但在后来的乡村改良中产生动摇，非要改用中国传统社会治理的“古方”来医治现代乡村病不可，且对“新村主义”发生质疑，认为是“逃避现实”；[②] 再如冯紫岗，在运用“舶来品”——合作理论来拯救衰败的乡村经济中，也要在中国文化经典中找到注脚。

① 李占萍：《河南遂平嵖岈山县立职业学校的乡村工作述评》，《职教史话》2014 年第 22 期。

② 王拱璧：《王拱璧文集》，河南大学出版社，2014 年，第 39 页。

其二，乡村建设运动的开展，再造了一批“新绅”。河南自入民国以来战乱不断，民间枪支及退伍士兵较多，加之自然灾害频仍，落草为寇的土匪也就多，尤以豫北和豫西为盛（美国学者张信注意到河南的这一现象，并就此展开分析[①]）。乡村建设的倡导者每以抗击土匪相号召，民众起而自保是河南乡村建设运动中最为常见的场景。但是，一个较为突出的问题是，在开展乡村建设活动中，一些士绅脱颖而出，成为民国“新贵”。毋庸置疑，不是所有参与乡建运动的地主士绅都是鱼肉百姓的恶霸，“乡村领袖”中不乏热心公益之人，但也必须承认，地主中的不少人确实是土豪劣绅。各实验区依靠他们来推行乡村建设运动，让他们掌握合作社、借贷处、自卫团、自治组织或乡村组织的领导权。[②] 这就等于给他们提供了可以进一步掠夺、欺压和奴役广大贫苦农民的权力和机会，从而既加重了广大农民的痛苦，同时也在乡村建设运动中失去了广大农民的参与和支持。

其三，乡村建设运动中，“乡村不动”的问题。河南乡村建设运动的发起，很多时候是被逼无奈，初衷是保卫乡村，稳定社会秩序，让民众安居乐业，从而实现“民族再造”和“民族自救”。但乡村建设运动的结果，复兴农村经济的目标不仅没有实现，衰落反而有进一步加深之势。土匪根治不绝、流民增多、外出移民垦荒者日增就是最好的证明。乡建人士主张在维持现有社会秩序的前提下，保卫乡村、推广新式教育、改良农业、提倡合作，办理地方自治，移风易俗以及固守传统文化，进行一些表面的社会改良，效果当然十分有限。

乡建士绅也认识到，乡村建设运动要想取得成功，关键是要把广大农民发动起来并成为主力军。然而，乡村建设运动的结果却出现了梁漱溟称之“乡村建设运动而乡村不动”的尴尬局面。[③] 梁漱溟把“乡村不动”

① 张信：《二十世纪初期中国社会之演变：国家与地方精英（1900—1937）》，岳谦厚、张玮译，中华书局，2004 年，第 192 页。

② 魏朗斋：《嵖岈山开发记》，载《河南文史资料，第 47 辑》，1993 年，第 157 页。

③ 梁漱溟：《梁漱溟全集（二）》，山东人民出版社，2005 年，第 574—575 页。

的原因归结为“我们在性质上有和这些乡下人不能一致之处”。[①] 这显然是皮相之见，没有真正找到问题的根源所在。15 年以后，参加中华人民共和国成立初期的土地改革运动的梁漱溟，看到农民在分田地中焕发出来的革命热情，他才对这一问题有了新的看法，认为当年没有抓住农民的痛痒之处启发之，“农民他是要动的”。[②] 此一事例，似乎可以回答梁漱溟当年“乡村不动”的疑惑。

① 梁漱溟：《梁漱溟全集（二）》，山东人民出版社，2005 年，第 581 页。

② 梁漱溟：《两年来我有了哪些变化》，《梁漱溟全集（六）》，山东人民出版社，2005 年，第 873 页。

第六章　续传承之力：绅权代际更替与社会秩序

伴随近代化的开启，士绅阶层出现大幅分化，一部分在新政和自治的制度化名义下，进一步拓展权力基础，成为社会转型中的获利者，而另一部分则在社会变迁中蜕变为新式知识人。由此，传统的“士绅社会”自我转变为“知识人社会”[1]。这些新式知识人可谓20世纪士类的主流，在河南近代化进程中成为“中等社会”的中坚。[2]它的出现，体现了20世纪以来地方各种社会阶层实力的消长，成为推进近代河南“新陈代谢”的一支重要力量。

第一节　晚清民初河南士绅的“社交圈”与“活动域”

在中国传统社会，士绅阶层是一个具有共同价值标准、文化趣味、

① 许纪霖：《大时代中的知识人》，中华书局，2012年，第59页。

② 陈旭麓：《近代中国社会的新陈代谢》，中国人民大学出版社，2015年，第260页。

社会身份和法律特权的社会阶层。[1] 张灏注意到，晚清以降，逐渐出现让现代知识人得以形成的制度性媒介，这就是学校、传媒和结社。他称之为基础建构，即现代知识人得以凭借的三个基础性公共网络。[2] 现代知识人，是19世纪末开始的各种新式学堂培养出来的新式学子，包括为数不多的留学生，以及从传统经生儒士脱颖而出的知识人。在社会转型之际，这些职业和身份多元的新知识群体，也以特有的方式体现着作为"社会良心"的终极关怀。[3]

一、"经正书舍"与士绅分化

汲县"经正书舍"本是豫北士绅于19世纪80年代创办的文学社团，后来不断扩展，成为当地重要的新型学堂，培养造就了一批新式人才。更为重要的是，豫北士绅通过"经正书舍"这一平台将交往的触角由汲县一地通向更为广阔的外部世界，随着越来越多的士绅聚集于此，逐渐形成连地方政府都不得不青眼相看的"权势网络"[4]。一些士绅也因"场域"的不断拓展，在地方事务中发挥越来越重要的作用，成为全省乃至全国的知名人物。

（一）从文学社团到新型书院

1898年，有感于读书人锐减，及"藏书家甚少，士子见闻狭陋"[5]，王锡彤等汲县士绅决定成立一个文学社性质的读书组织，目的是"尝拟建一书社，供人参观。能书写札记发明书义者，为榷正之庶，商量邃密，

---

① 周德荣：《中国社会的阶层与流动：一个社区中士绅身份的研究》，学林出版社，2000年，第47、318页。

② 张灏：《时代的探索》，联经出版公司，2004年，第37—42页。

③ 何晓明：《百年忧患：知识人命运与中国现代化进程》，东方出版社，1997年，第29页。

④ 叶宗宝：《1929：同乡与赈灾：旅平河南赈灾会研究》，博士学位论文，复旦大学，2007年，第28页。

⑤ 王锡彤注：《抑斋自述》，河南人民出版社，2001年，第59页。

共励前修。”[①] 邑中士人闻风响应，李月樵等十余人先后入会。王锡彤等人借赴京或赴汴之机，先后购买《方舆纪要》及名人文集、泰西译著凡数十百种，捆载而归。[②] 书籍具备后，书舍场地一时没有着落，“敏修之弟祥麟沈著精细，以敏修之书斋为经正之借地，厘定借书条规，按月索取札记”。[③] 书舍定名“经正书舍”，有对儒家经学进行修正之意[④]。书舍规定舍友可以借阅书籍，每月期望于书舍发起人李敏修、王锡彤、高幼霞三家轮流聚会，互阅学习心得，以检验学业进退，至 1899 年，陆续加入书舍者有 27 人。

1900 年，鉴于入舍就学者已不止汲县人，需要扩大书舍，众绅遂邀请豫北名流文士联合向府、县立案并呈请知府帮助筹款购买舍址，以便卫辉九县学子住舍肄业。卫辉知府曾与九准许书舍合“法”地位，允准在地方收招收生员以教之，并慷慨解囊捐银 400 两。随后，李敏修等人四处奔走，向社会上一些贤达耆绅募集捐款，共得金三千余两，收集各类书籍数万卷以补办学不足。舍址选在明代官员苏相宗在卫辉府城的故居，共计房四十六间。[⑤] 舍友推选王静波，史小周，李星若为值年，“在籍刑部主事李敏修，讲求程朱之学，品粹学端，士林翕服”，[⑥] 被选为舍长，郭亦琴任副舍长，王彼汀等六人，轮年主持会务，并设有监院，处理书舍日常事务，设司书一人，斋夫二人。[⑦] 由此，经正书舍由先前讲学文章、互评日记、砥砺学行的文学社团被官署赋予书院之责，经正书舍也随即成为名噪河朔的新型书院。

① 王锡彤:《抑斋自述》，河南人民出版社，2001 年，第 59 页。

② 王锡彤:《抑斋自述》，河南人民出版社，2001 年，第 59 页。

③ 王锡彤:《抑斋自述》，河南人民出版社，2001 年，第 68 页。

④ 王日新等主编:《河南教育通史》(中)，大象出版社，2004 年，第 73 页。

⑤ 梁贵晨:《〈经正书舍章程〉和〈续约〉》，《平原大学学报》，1994 年 3 月第 1 期，总第 33 期。

⑥ 王锡彤:《抑斋自述》，河南人民出版社，2001 年，第 86 页。

⑦ 申志诚:《河南近现代教育史稿》，河南大学出版社，1990 年，第 29 页。

知县于沧澜对士绅们的办学活动尤为支持，亲书“经正书舍”匾额一通，并作《创建经正书舍记》，记地方士绅的办学之功。① 为增强知名度和影响力，将更多志同道合的绅学界同仁聚集到一起，形成“群体效应”，书舍于1902年采取董事制，舍务交由董事商讨议定，充任董事的均为省内名士，皆一时人望所归。② 也因此故，自成立伊始就得到地方认可，历届知府或知县均定期或不定期来书舍讲经，参加书舍组织的祭祀活动就是明证。③

经正书舍主办人李敏修等人，虽出身科举，长期为经儒之学熏陶浸润，但并不墨守儒学，而是对时务之学加以关注，对儒学弊病敢于评骘，以造就济世之才。王锡彤对生员提出：“欧风劲来，固不可遗弃本源专肆欧西，亦不可闭耳塞目，于中外情形茫然无知。每日读书之功，当以七分读经，三分读史，有余力则兼及于时务”。④ 这显然与传统科举教育的“唯儒独尊”读书做官背道而驰，更符合时代潮流及社会发展的需要。一时之间，慕名前来经正书院就读的学人济济一堂，蔚为可观。甚至舍外附斋听课者，亦不乏人。“经正书舍”办学规模不断扩大，在舍人数甚至超过省城的二所官办书院。⑤

经正书舍的办学形式、教学内容与当时一般书院空谈性理，或穷于考据，或专习八股完全不同，成为当时河南兴办新学的一股清流，被崇尚新学的士子所接受，确系难能可贵。这大大拓展了豫北地区士子的眼界，“河期人士知科举外有学问自此始”。⑥ 1906年，经正书舍为适应时势，创办师范班，为乡村教育的改善注入了新鲜力量。这年的正月初八，

① 王锡彤：《抑斋自述》，河南人民出版社，2001年，第140页。

② 耿玉儒：《李敏修创办卫辉经正书舍史实考》，《新乡学院学报》2015年第32卷第4期。

③ 王锡彤：《抑斋自述》，河南人民出版社，2001年，第103、116、123、130页。

④ 王锡彤：《抑斋自述》，河南人民出版社，2001年，第100页。

⑤ 王锡彤：河南人民出版社，2001年，第30页。

⑥ 申志诚等编：《河南近现代教育史稿》，河南大学出版社，1990年，第30、31页。

经正书舍举行首次春会，参会者推选王静波、史小周为监院、舍董。除正常的绍闻堂祭乡贤、圭璧堂讲经外，新旧舍友围绕“青年会、追悼会、天足会等新生事物，颇生讨论。”王锡彤在日记中申明“此等讨论，办学之所需，应有之程序也”[①]。可见经正书舍学风纯正，对社会现象和新生事物较为关注，学习讨论不拘泥于书本知识，办学形式较为灵活开放，为传统儒学教育所未有。

“经正书舍”办学规模不断扩大，办学成绩日益显著，王锡彤也因此成为省内知名的教育名家。王锡彤谈及教育，颇为自负：“余则教授乡里有年，两河英俊，半列门墙。中州设学，余又谋始，与省内新旧学子、革命诸生多有瓜李之嫌”[②]。1906 年 8 月，新政改制，河南省垣设学务公所，延聘议长一人，议绅四人。议绅人选，被公推的五名议绅，除张中孚为南阳府人士外，其他四人皆是卫辉府籍且为“经正书舍”绅董，王锡彤被推举为卫辉府劝学所总董。[③] 议绅的推荐，从一个侧面反映“经正书舍”在河南学界占据相当之地位。

民国成立以后，政局多变，书舍董事分途异趋，或教学，或入商，或归田，或从政，分散四方，不能如当初之定期聚会，并力发展。主要创办人高幼霞作古，王锡彤经商，李敏修在汴，身兼数职无暇顾及经正书舍事务。到民国十六年（1927 年），直鲁军孙殿英部据守县城，书舍屋宇遭毁不堪，民国二十年（1931 年）私立豫北中学租为校址，从此“经正书舍”大改旧观，基本上面目全非，不敷当年盛景。

“经正书舍”由最初的几个县域士绅发起，短短数年发展成为豫北地区最具影响的新式学堂。表面来看它是一所老式书院，但实际上已完全摒弃“唯科举是问”的传统教育制度。它历经坎坷，几易校名[④]，在李敏

① 王锡彤：河南人民出版社，2001 年，第 123 页。

② 王锡彤：河南人民出版社，2001 年，第 338 页。

③ 王锡彤：河南人民出版社，2001 年，第 125、133 页。

④ 耿玉儒：《李敏修创办卫辉经正书舍史实考》，《新乡学院学报》2015 年第 32 卷第 4 期。

修、王锡彤等人操办下，除讲学授徒外，还借阅图书，汇集和编纂中州文献，声名显赫，是一所具有书院、图书馆、学术研究等多种现代传播媒介的教育殿堂，被誉为“河南近代学堂之嚆矢”[①]。李时灿等士绅的这一不凡之举，反映他们为国为民，对时代潮流的一种回应；也反映士绅知识人强烈要求改革旧教育的愿望，当可视为豫省资产阶层新学运动的先声。

（二）区域“权势网络”的建构

当“经正书舍”成员在学务声名鹊起之时，地方官员也开始在地方事务中引入绅界力量。社会转型之际，地方兴革存废事务纷繁复杂，而颇为注重实学的豫北士绅显然并没有让这些官员失望，尤其在随后的社会事务中均有不俗表现。

1. 主持汲县车马局

晚清以来，地方不靖，除赋税田租之外，另有一种车马钱。在汲县，车马钱演变为“即可出草养兵，也可纳草入驿，乡民敢怒不敢言。且每到岁首，县官辄召集四乡大户，款待酒食，号召其乡邻踊跃输将，大户在城中租房承应，民众呼之曰大户局。”[②] 此外，钦差大臣过境，巡抚按临，“亦于例差外新加苛派，其司道以下过往，多者亦或加派，竟有一年加至数次者，无不委以车马局征收”。

汲县车马局最突出的问题是供差不均。该县有儒户、民户之分，“儒户出钱较少，且不纳粮。民户出钱较多，并加纳草钱。”[③] 于是，官绅之家，落魄士子，相率以不出此钱为体面。民间小康之家多捐监生、附生之类，逃避车马征收。一些乡间豪绅或充乡董、村长，以便上下其手，从而获利。其最终导致苛捐杂派、车马征收全归贫民花户承担。知府曾与九为李敏修乡试座师，遂鼎力支持李敏修主持车马局。李敏修以一在

---

① 王日新、蒋笃运主编：《河南教育通史（中）》，大象出版社，2004 年，第 73 页。

② 王锡彤：《抑斋自述》，河南人民出版社，2001 年，第 62 页。

③ 王锡彤：《抑斋自述》，河南人民出版社，2001 年，第 64 页。

籍官绅身份主持车马局，制定整改大户局为车马局办法十条，厉行推进，县内车马苛派强征“宿弊悉除”，且李敏修任总董所收薪水移归经正书舍购书之用。[①]

由于整顿车马局的方案触动了本地绅户的利益，李敏修急流勇退，推举王锡彤继续主持。王锡彤接手后，乡民大得其利，期间的灾荒救济运粮一事，颇能显示王锡彤之才，上宪发汲县赈米千石，按里征发车马往黄河岸接运。王锡彤没有按照县署命令强征于民，而是组织经正书舍的士绅劝说农户接运赈粮，并承诺免征车马税。结果“乡人得息，欢然应命”，千石赈粮顺利运达，这种“以工代税”的做法，被县民广为称道，王锡彤也因此赢得“仁义”的乡誉。[②]

2. 组织筹防局

1900年，席卷整个华北地区的义和团，越省界而来，河南省辖黄河以北三府首当其冲。河北道台（统辖河北三府）岑春荣邀请本地巨绅筹议团防办法。“经正书舍”董绅悉数被邀，成立筹防局，以岑春荣为挂名统领，组建一支地方团练队伍，每府设立一个分部和两个营，士绅主饷，官绅共同劝捐，实际上由地方上有势力的士绅操持。通过参与“筹防”活动，王锡彤等人渐渐将影响力扩大到豫北三府。

随后，在山东拳民越境、滑县拳民投局逞强、武陟妖人惑众等事件上处置，岑观察无不依照王锡彤等人计策行事。王锡彤的精明干练，也使岑道台将王锡彤引为知己。王自认“受本道观察知遇之恩，欢如鱼水，谊如昆弟，当然知无不言，言无不尽。”[③] 凡筹防局之募勇筹饷，无不参与。以至地方士绅拜谒岑道台时，竟然须经王锡彤的引荐。对此，王锡彤毫不讳言：“三府诸县士绅来谒观察者，率主于余，其隐含难达之情，

① 童坤厚：《王筱汀先生年谱》（手稿本），新乡市图书馆收藏，第22页。

② 王锡彤：《抑斋自述》，河南人民出版社，2001年，第66页。

③ 王锡彤：《抑斋自述》，河南人民出版社，2001年，第78页。

余皆代为达之。”[1] 这些表明，在豫北士绅眼里，王锡彤已由一介书生演变成为道台府炙手可热的重要人物。[2] 作为对王锡彤的回报，岑观察请王锡彤到“致用精舍”作讲习，这标志着“经正书舍”的士绅文名、才干均得到道、府官员的赏识和信任。李敏修主讲“致用精舍”后，与“经正书舍”交流更加便利，为两舍学生的交流搭起桥梁，也为汲县士绅拓展影响搭建了新平台。

1902 年，豫北筹防局解散，清政府认为岑春荣对义和拳过于姑息纵容，要对他予以审查。以“经正书舍”为核心的权势网络的重要人物联合三府士绅为岑的清白伸理冤诬，在他们的努力下，朝廷最终中止调查。[3] 这次事件以后，地方官员对“经正书舍”的绅董更加尊重。20 世纪初期，历任知府均要邀请“经正书舍”的绅董，参加对已故“先贤”的祭祀活动，这似乎成为一种“政治礼遇”，此一惯例延续多年。此外，王锡彤还被任命为禹县一家地方煤矿的总经理，因为他被官绅认为唯一有能力胜任这一职务的人。[4]

3. 与豫籍京官的赈灾合作

“经正书舍”在地方上的影响力不断增强，与旅京豫人的联络交往也渐渐增多。在这当中，王静波、李敏修起到关键作用。王静波尝从武陟王少白先生游，而王锡彤、李敏修则由好友高幼霞介绍，具衣冠往谒，北面称弟子，三人有同门之谊。王静波中进士后，曾选翰林院庶吉士，授职编修，后辞官返乡，从事教读事业。李敏修中进士后，任职刑部，后奔父丧，亦辞官归里。他们在京的任职和生活经历，为旅京官员与地方士绅的联系架起了桥梁。

1899 年农历十二月，同乡京官马吉樟、王肖庭、王熙陶[5] 等八人

① 王锡彤：《抑斋自述》，河南人民出版社，2001 年，第 78 页。

② 王锡彤：《抑斋自述》，河南人民出版社，2001 年，第 91 页。

③ 王锡彤：《抑斋自述》，河南人民出版社，2001 年，第 92 页。

④ 王锡彤：河南人民出版社，2001 年，第 115 页。

⑤ 王锡彤：河南人民出版社，2001 年，第 319 页。

组织对豫北济源赈灾，王静波邀集李敏修、王锡彤等人参加这次救灾活动。[①] 这次赈灾活动异常艰苦，山中百姓苦贫，甚至晚间投宿，以闭门羹相饷，就古庙中止宿。[②] 在地方官绅的协助下，完成赈灾任务。赈灾活动不仅赢得了旅京官员的信赖，而且以文人特有的交往方式，增进了参与者之间的友谊。此后，由豫籍京官募集的赈济物品、赈金，皆由地方士绅组织发散放。王锡彤在日记中多次记述参与赈灾活动，且“经正书舍”学员均加入赈灾行列。可见，通过赈灾济贫活动，旅京官员和“经正书舍”的交往越来越密切，“经正书舍”领导人的声望也随之扩展到京城豫绅当中。

自改共和后，“经正书舍”核心成员的势力更是如日中天。在张镇芳主导下，省内各县知事，多由本省士绅担任。有着“请愿共和不独立”首功的经正书舍，其成员充任县知事者所在多人，如王锡彤之弟王锡龄任职禹县、阎子固任职汝州、王书樵任职新蔡等。作为“稀缺资源”，王锡彤居间撺掇，先后把于右任、张继、景耀明等名流引荐于袁世凯，又介绍省内名士张中孚、王印川，留日学生代表李捷三、夏述唐等面谒袁氏。[③] 在王锡彤的力荐下，留日学生王印川等人在上海接收《神州日报》改为《国权报》，作为袁世凯在上海的宣传工具。袁世凯在北京任职后，王印川、王泽邠等在北京创办《黄钟日报》，为袁氏张目。[④]

作为一种回报，袁世凯在得势之后，给予王锡彤、李敏修等人特殊的礼遇。在袁世凯的关照下，王锡彤作为周学熙副手在京、津、唐、豫等地兴办实业。在北京自来水公司、天津启新洋灰公司、天津华新纺织公司三大企业中，周学熙任经理，王锡彤任协理。在周出任财政总长期间，王代理经理。王锡彤在纺织、面粉、水泥、煤炭、钢铁等各个领域

① 王锡彤：《抑斋自述》，河南人民出版社，2001 年，第 70、71 页。

② 王锡彤：《抑斋自述》，河南人民出版社，2001 年，第 71、72 页。

③ 王锡彤：《抑斋自述》，河南人民出版社，2001 年，第 187—189 页。

④ 张润三：《我所知道的王印川》，载《河南文史资料：第 15 辑》，1985 年，第 107 页。

均有投资，还担任华新公司唐山长专务董事、兴华资本团主任董事、卫辉纱厂董事、棉业公会董事、开滦煤矿股东，长期担任中国实业协会副会长，地位显赫。在不断与袁世凯交往的过程中，王锡彤与袁克定结为莫逆之交，使王、袁两家的关系更加巩固。王肖庭先任河南布政使，继而升任广西巡按使，兼会办广西军务。王敬芳、胡石青因热心实业，创办“中原公司”，意与英国“福公司”分庭抗礼，成为民初河南“公司派”领袖。张中孚充任省临时参议会副议长、国会众议院议员。而李敏修就任河南教育司司长，继续坚守他一直钟爱的教育和文化事业。

显然，“经正书舍”已经远远超出其最初定立的“文学改良，培养新人”的初衷，这当然也为王锡彤、李敏修、张嘉谋、胡石青等一批豫籍士绅为核心的“权势网络”“嵌入”许多稀缺资源。自此，不仅其创始人已身居高位，而且一个覆盖全国的河南同乡网络也悄然形成。

二、“衡门诗社”的迁衍流变

“衡门诗社”是晚清民初活跃于开封的一个文人诗社。从时间跨度来看，从1903年延至抗战胜利之后，有40多年的历史；从规模来看，先后有150余名成员加入，最盛时期有13省人士参与；从人员构成上来看，基本上是旧学功底深厚、热衷于吟诗唱和的文人雅士。其沿革和发展历程也相当曲折，曾经五易社名，是一个较为特殊的诗社。考察“衡门诗社”的迁衍流变，可以窥探知识人交流互动的大致情形，探讨豫籍士绅以“诗歌”为媒介的社会活动。

（一）“衡门诗社”的沿革

1．秋心社

秋心社又称秋心诗社，1934年萧惠清所撰《梁社嘤鸣集序》记载说：“先是癸卯秋，春霆、梓琴，暨郑君毓琴，结‘秋心诗社’，继改‘梁社’”。[①] 可见秋心社创立于1903年秋季，成员有陆震声、王鼎瑞，以及郑贞翚等，共六人（依次以表字为称），至1906改为“梁社”，前后存在四年。这与河南地方资料所记基本一致：“1903年，陆震声、王鼎瑞等人结成秋心诗社。1907年，众人结识杞县人蒋藩，一见倾心，议定将秋心诗社改为梁社。[②]”

2．梁社

前引萧惠清所撰《梁社嘤鸣集序》又记：“旋以毓琴回闽，汴校课繁，因而中止。丁未（1907年）重九，梓琴、春霆与在汴诸友作“茱萸会”，共议重开“梁社”，拟定章程，以齿为序，按课轮次命题，完卷后汇集同观。近年来居汴者只仆与恢吾二人而已，纵有吟朋偶聚，大都忙里偷闲，求如“梁社”之优游闲暇，杳不可得矣。”[③]

从1907年到1917，“梁社”开办11年。“梁社章程”八条，保存在《梁社嘤鸣集》卷首，题为《梁社简章》。[④] 可见“梁社”组织及规程日趋完备。“梁社”之成员，据《梁社题名》所记，共十人。依照简章中规定社友“以齿为序”，刚巧前述“秋心社”六人，萧惠清为社长。查《衡门社诗钟选》，卷首《社友题名录》，又见姜麟书、李秋川二人没有出现在《梁社题名》十人名单之内，因此，“梁社”成员总数，至少应该在十二人以上。[⑤] 由此推见，无论是“秋心社”，还是“梁社”，其成员以寓居开封的外省人士为主，河南人除蒋藩外，新入会的还有开封士绅李

① 萧惠清：《梁社嘤鸣集》卷首，《清末民国旧体诗词结社文献汇编：第11册》，国家图书馆出版社，2013年，第3页。

② 王守忠：《清末与民国年间开封的诗社》，载《河南文史资料：第19辑》，1986年，第49页。

③ 萧惠清：《梁社嘤鸣集》卷首，载《清末民国旧体诗词结社文献汇编：第11册》，国家图书馆出版社，2013年，第3、4页。

④ 萧惠清：《梁社嘤鸣集》卷首，载《清末民国旧体诗词结社文献汇编：第11册》，国家图书馆出版社，2013年，第9、10页。

⑤ 朱则杰：《清代诗人结社丛考：以北方地区为中心》，《汉语言研究》，2015年第4期。

秋川。蒋藩在此期间出任河朔书院主讲、《杞县志》主纂等职，参与社内活动也不是太多。[①] “梁社”对社友、社规、社课等均作出规定，为诗社的发展积累了经验，随着河南本地士绅的加入，南北社友的交流、融合进一步加深。

3．衡门诗钟社

前引《衡门社诗钟选》卷首萧惠清序，对此有专门介绍：“己未孟秋，予与汪晓岚、李秋川诸君重兴斯社，而易名曰‘衡门’……丙寅之年，戎马苍皇，邮递艰阻，而社事停顿。”[②] 根据前引萧惠清《衡门社诗选序》，可以推知此处所说“衡门社”就是“衡门诗钟社”，它始于1919年农历七月，而“停顿”于1926年，首尾共8年。内部成员，据《衡门社诗钟选》卷首《社友题名录》所列，有省内外社友44人，其中河南籍社友13人[③]。

诗钟是一种限时写作、趣味性较强、具有竞赛性质的文学活动，在规定的时间内作出切题的七言律诗。1919年恢复的诗社，由“梁社”易名“衡门”。蒋藩在《衡门社诗选》卷首对“衡门”的解读是：“宇宙泯棼、生民涂炭，至今日而极矣。憔悴忧伤之士，不获一援其手，则往往岩栖谷隐，以与世睽绝，如古所谓‘衡门’诗人者”[④]。当时的中国，东西方文化碰撞激烈，不少文化社团成立，提倡科学，反对迷信，提倡民主，反对专制，提倡白话文，反对文言文的新文化运动在各地风起云涌。在此种背景下，“梁社”易名“衡门”，由传统诗歌创作改为游戏性质的

① 开封市地方志编纂委员会：《开封市志（第七册）》，燕山出版社，2004年，第50页。

② 萧惠清：《梁社嘤鸣集》卷首，《清末民国旧体诗词结社文献汇编：第11册》，国家图书馆出版社，2013年，第10页。

③ 萧惠清：《衡门社诗钟选》卷首，载《清末民国旧体诗词结社文献汇编：第24册》，国家图书馆出版社，2013年，第5页。

④ 张景延等：《衡门社诗选》，载《清末民国旧体诗词结社文献汇编：第23册》，国家图书馆出版社，2013年，第228页。

诗钟创作，概可推知诗社友人在新文化运动的冲击下，不再株守传统，但又不能完全抛弃传统的复杂心态。

4．衡门诗社

“衡门诗社”酝酿成立的时间，据蒋藩《衡门社诗选序》所记，在“戊辰”（1928）冬天。正式创办的时间，蒋藩《衡门社诗选序》、许钧《衡门社诗钟选序》[①]，皆记为在酝酿成立的次年“己巳”，亦即民国十八年（1929年）；前引萧惠清《衡门社诗选序》，又《衡门社诗选》卷首《例言》第一款，都说在“己巳”年春；而根据《衡门社诗选》正集卷一第一课《春日田园杂兴》题下所注“己巳二月”[②]，则可进一步证明是在1929年的农历二月。诗社重建后，远近社友相继参加，多达一百一十八人，除参加过衡门诗钟社的社友外，豫籍社友加入众多，总数达62人。

参与衡门诗社的豫籍社友，年龄参差不齐，上有年近七旬老翁，下有未满二十岁的青年。从出身来看，有进士三人，举人、拔贡十余人，有旧功名同时接受新式教育的亦不乏其人。大多数社友虽未登记出身或受教育情况，但是不能代表他们没有旧功名或接受过新式教育，可能是获得功名或接受新式教育的层次不高的缘故，这也同时说明自由、民主、平等之风在绅学界已深入人心，出身、等级、职衔已经没有那么森严。从社友的籍贯来看，仍然是以开封人士最多，信阳、南阳、汲县三地人士紧追其后。开封人士居多，原因固在开封是古都，又是河南省城，教育文化发达，诗社在此之故；信阳在近代以来文风颇盛[③]，延续民国一直未衰，而南阳、汲县的社友较多，则与张中孚、李敏修兴办教育经年以

① 萧惠清：《衡门社诗钟选》卷首，载《清末民国旧体诗词结社文献汇编：第24册》，国家图书馆出版社，2013年，第5页。

② 张景延等：《衡门社诗选》，载《清末民国旧体诗词结社文献汇编：第23册》，国家图书馆出版社，2013年，第247页。

③ 河南近代文风，有“南有光固，北有安林”“商城师爷遍中原”之说，反映出南五县的文化教育事业发达，人才辈出。见杜慕堂《谈谈清末河南几位书家》，《河南文史资料：第14辑》，1985年，第103页。

及二人在省垣较大影响力密切相关。

5．梁园诗社

在衡门诗社后期，萧吉甫年事已高，精力不支，因而推让社务。到1935年夏秋，《衡门社诗选》初步选定后，即议整顿诗社，于是9月正式结为梁园诗社。原衡门诗社大部分社友加入梁园诗社。因萧吉甫一再推让，社长乃由张中孚担任，社规基本上没有变化。1936年2月《衡门社诗选》书成后，曾以《书成志感》为课题。这次诗社重建，时间不足三年，至1938年6月日军侵占开封以前，社友已四处逃往他乡，社事停止。

通观“衡门诗社”的五个发展历程，虽因社友离散、时局不稳、战争摧残等数次停顿，而后再起，其前后时间跨度40余年，成员总数超过150人，印行有《梁社嘤鸣集》《衡门社诗钟选》《衡门社诗选》等社作总集。这确实是很不平凡，特别是它出现在社会动荡、民生凋敝的河南，这就更显难能可贵。[①]

（二）诗社核心成员考察

诗社从最初六人组成的“秋心社”，到鼎盛时期118人组成的“衡门诗社”，由最初的无豫籍人士加入，到最后百余人中河南社友占据大半，其沿革流变与诗社核心成员的居间牵引和主导有一定关系。这些核心成员中，蒋藩作为最早入社的豫籍元老，平衡南北社友关系，吸纳新进，功不可没；许钧在社中均起到联通内外、裁规定则的作用；张嘉谋则是后起之秀，为诗社的最后辉煌贡献尤多。

1．诗社元老蒋藩

蒋藩，1902年中举，是晚清民初河南著名学者。蒋藩博览群书，学养深厚，平生潜研经史，尤擅于史志，精于金石考证。1915年、1938年曾受聘纂修《杞县志》《河阴县志》，任总纂。最嗜藏书，先后累时40余年，积所藏达20余万卷，仅河南方志就有170余种，庋藏于“梧荫

① 朱则杰：《清代诗人结社丛考：以北方地区为中心》，《汉语言研究》2015年第4期。

楼”中。民国河南，蒋藩有较大影响力，为中州八大名流之一，与李敏修、张嘉谋等交往甚密。1931 年，与张嘉谋、刘景向创办河南国学专修馆；先后任教于省立一中、河南大学等省内名校。[①]

蒋藩家道富裕，学养丰厚，作为最早加入诗社的本地士绅，对诗社的同人起到联络内外和凝聚人心的作用，在诗社发展的各个时期均能给予物质、资金的良好援助。在刊印《衡门社诗选》时，担任校勘，不厌其烦，在其所作序言中记述：其刊资，则同人胡石青、张中孚等先生与余分筹。校勘，则余与吉甫先生任之。[②] 在诗社的不同时期都发挥着不可取代的作用。

2．中流砥柱许钧

许钧，开封县（今开封市）人，光绪二十三年（1897 年）拔贡。早年家贫，拜延津李星若为师，任河南优级师范学堂监学兼文案委员。1909 年，担任省谘议局书记，1918 年后，连任三届省议会议员。1921 年任河南通志局金石修纂处主任兼纂修，专修河南金石志。1936 年主持编修《开封县志稿》，著述有《河南金石志》《凝一斋文稿》《凝一斋随笔》《醉竹草堂自怡诗钞》等。许钧名扬中州的知名书法家，擅长书画，其画工于山水，其书法长于行书，书法造诣极佳，素有“河南一支笔”之称，曾任河南通志馆编纂兼河南大学教授。[③] 许钧受好友蒋藩的影响，加入诗社较早，在衡门诗钟社时期就是核心成员，其后在衡门诗社、梁园诗社中也相当活跃。《衡门社诗钟选》由萧惠清和李印泉两人初选，再由许钧重选定稿，可见其诗钟造诣很深，非一般社友可比。

---

① 开封市地方志编纂委员会：《开封市志（第七册）》，燕山出版社，2004 年，第 50 页。

② 张景延等：《衡门社诗选》，《清末民国旧体诗词结化文献汇编：第 23 册》，国家图书馆出版社，2013 年，第 228 页。

③ 开封市地方志编纂委员会：《开封市志（第七册）》，燕山出版社，2004 年，第 72 页。

（三）社友交往与诗作

目前可考的诗社成员共157人，成员籍贯覆盖全国13省份。[①]“衡门诗社”时期，社友籍贯分布为十一省份，河南本土社友增至六十二人。本地社友经历由无到有、不断壮大的过程。从最初寓居河南的浙江籍士人，到蒋藩、许钧、张嘉谋等河南籍成员不断加入，并逐渐发挥作用，甚至“梁园诗社”时期张嘉谋充任社长。人员及人事的变动，恰能说明在这样一个寓居与本土交互的社团里，江南士绅对于河南士绅的引导和带动作用是明显的。

凌郁之注意到，传统江南士绅创建的诗社多带有一定程度的宗族色彩。[②]衡门诗社的省外社友，这种“亲”和“义”的关系更加明显，如诗社元老萧惠清、萧增、萧礼本身就是同胞兄弟关系。这种情况在河南社友间，也较为常见，如许钧为早期社友，其子许敬参受其影响，也加入诗社，蒋藩之侄蒋家谟，也受到蒋藩影响，加入诗社。许滢与其子许椝、潘炳麟与其孙潘世锡则一同加入“衡门诗社”。胡诗昕与蒋藩未姨表兄弟关系，蒋藩与李秋川为同年至交。诗社内的少年社友于安澜与许敬参是中州大学的同学。于安澜曾经回忆说，“在开封读书时，与许敬参同学参加开封老辈组合的衡门诗社，以作为课余的调剂。[③]

初期的社友，相互联系的纽带主要是“亲”情，随着人员的不断增多，群体成员间的关系多是靠“义”来维持。由于爱好、身份、职业、交往等因素，在地缘、学缘等诸关系中形成相互交叉的网络，使得“衡门诗社”不断发展壮大。社友之间的维系力量，在不同的“场域”中发挥作用，将“亲”和“义”关系演变成不可分割的整体。通过分析，“衡门诗社”社友汇聚的活动场域主要有四处。

一是经正书舍。先有“经正书舍”师生潘炳麟、张嘉谋等加入“衡

---

① 吴慧慧：《梁社研究》，硕士学位论文，浙江大学人文学院，2015第9页。

② 凌郁之：《苏州文化世家与清代文学》，齐鲁书社，2008年，第57页。

③ 张生汉：《于安澜先生纪念集》，河南大学出版社，2009年，第4页。

门诗社”，书舍成员先后入社者不下二十人。特别是李敏修加入“衡门诗社”，影响更是巨大，李敏修从1902年起，历任长垣寡过书院、武陟致用精舍、禹县颍滨精舍山长，1906年后曾担任省学务公所议长兼教育总会会长，堪称河南教育巨擘。李敏修入社后，追慕其名入社者，大有其人。

二是河南大学。民国初年，河南士绅林维镐、王敬芳、林伯襄等人，创办河南留学欧美预备学校，即河南大学的前身。社友刘景向、李廉方、蒋藩、胡石青、许钧等先后任教于该校，潘世锡、许敬参、于安澜等社友曾就读于该校。因河南大学地处开封，地缘优势明显，青年社友陆续入会者也很可观。

三是河南国学专修馆。1932年秋，张嘉谋等学绅为传承国学，在开封创办国学专修馆。次年该校改为尚志高级文书职业学校，河南国学专修馆由张嘉谋、许钧和刘景向等人创立，韩嘉会、胡诗昕等诗社成员先后任教于国学专修馆和尚志高级文书科职业学校。在张嘉谋的引导下，该校青年学生前往诗社研学的有十数人之谱。①

其四是河南通志馆。1920年代，河南先后设立河南通志局、河南通志馆等机构，李敏修、张嘉谋、胡石青、蒋藩等人都先后在河南通志馆任职，负责全省及各地方志编纂工作。闲暇之余，兴趣所致，“衡门诗社”当然是最好的去处。

“衡门诗社”并非封闭的文学团体，它与同时期的其他社团有着密切的联系，经常参加其他社团的活动，与其他社团的士绅文人多有往还唱和。此外，部分社友还参加国民革命运动，刘景向、任芝铭等均加入同盟会，任芝铭还曾响应武昌起义，参加孙中山发起的二次革命。“衡门诗社”的社友不少是著名的学者，他们与同时代的著名诗人、学者、名流有着广泛而深入的交往和联系。张嘉谋曾资助过著名学者冯友兰、考古专家董作宾以及历史学家徐旭生，与他们交往甚多，常有诗作交流。于安澜就读于省立汲县中学时，师从学者范文澜，颇为范的赏识。

---

① 徐玉坤:《河南教育名人传》，河南教育出版社，1989年，第199页。

"衡门诗社"诗作，具有鲜明的时代特色。总体风格是恬淡闲适交融，怀旧纳新并存。在看似舒缓、惬意之笔，却充满或喜或悲的人生抒怀。与遗老、旧儒老朽诗作明显不同，它不是一味守旧，也不盲目迎新，大体是走的是怀旧与尚新承接的路子。在对季节轮回、凭吊过往、古迹咏叹的描述中，用诗歌记录、投射现实社会和现实生活。字里行间，流淌着渴望隐逸又担忧社稷民生的矛盾心理，既渴望隐居于乱世之中以求自保，又不得不面对纷繁动荡时局的苦涩与无奈。

晚清民初河南诗社中，除"衡门诗社"外，还有"寒社""香山九老社""夷门诗社"等十余个诗社，如开封名宿刘曾騄与黄小宋等人成立夷山诗社、香山九老社、梦园诗社，提倡梁园风雅，一度将英文写入诗中，为当时河南诗坛所仅见[①]。但若论诗社的影响而言，"衡门诗社"可谓一枝独秀，枝繁叶茂。"衡门诗社"则属较为稳定的社团，诗社组织规范、有雅集流布传世，活动有组织有规律，参与者文化素质和文学素养较高，并留下数量可观的诗作，是新文化运动对河南冲击、荡涤过程中豫人从"坚守"到"蜕变"的一个风向标性质的特殊群体，极具有典型性和代表性。

民初之河南，文化和学术并非一片荒漠，虽受到经济、社会条件等因素的制约，总体发展落后于经济文化发达省份，但相对于晚清，它毕竟还是蹒跚前行，缓进趋新的。这其中，也产生一些教育、文化名人和进步团体，如在教育、文化领域有"中州八大名流"之谓[②]。八位名流当中，"衡门诗社"社友占其四；靳志与步翔棻、许石衡并称"中州三杰"；李敏修、张嘉谋、蒋藩合称"河南三大学者"，时人称谓"南有张中孚、北有李敏修、中有蒋恢吾"[③]；张嘉谋和李时灿又被并称河南"两大教育

① 开封市地方志编纂委员会：《开封市志（第七册）》，燕山出版社，2004年，第19页。

② 申志诚、孙增福、张振江、刘卫东：《河南近现代教育史稿》，河南大学出版社，1990年，第48页。

③ 开封市地方志编纂委员会：《开封市志》，北京燕山出版社，2004年，第50页。

家”，有“北李南张”之说[①]。如此多的赞誉归于“衡门诗社”社友，足见其在民国中州文坛的影响非同凡响。

第二节　河南士绅的“乡土观”与“群体观”

明清以来，旅京豫人在北京达智桥“嵩云会馆”建立岳忠武公祠，借祭奠抗金英雄岳飞，借以抒发桑梓情怀。[②] 1919年，旅京豫绅筹办旅京河南同乡会，拟建立寓京豫人集会联谊之地。20世纪20年代的“减漕案”、30年代的灾区移民东北就是在同乡会的主导下进行的。这两个典型事例，是河南新旧士绅依托同乡会这一组织，对“乡土观”的一种表达，社会转型之际，更体现了他们与众不同的“群体观”。

一、士绅阶层与五十四县“减漕案”

1918年春，河南省府按照国府要求，实行田赋改革，推行丁漕改折银圆，使积累多年的丁漕征派不均的矛盾迅速激化。以魏联奎为首的豫绅在京成立“北京河南漕粮商榷会”，联合同乡诸君至北洋政府上控，反对丁漕折银政策实施。省垣士绅随即在汴成立“开封漕粮商榷会”，他们发布通告、公启，联合有漕各县绅民起而抵制。“减漕”活动，是在豫省新旧士绅通力合作下进行的，表明士绅阶层在新旧嬗递的过程中，虽有矛盾、冲突存在，但心系桑梓、共存互生仍然还是主流。

民国元年，北洋政府对田赋进行改革，主要内容一是规定征收改两为元，二是厘定丁漕折合价。[③] 1918年1月，河南省财政厅提议实施

---

① 王日新、蒋笃运主编:《河南教育通史（中）》，大象出版社，2004年，第322页。
② 胡春焕、白鹤群:《北京的会馆》，中国经济出版社，1994年，第217页。
③ 孙佐齐:《中国田赋问题》，出版社不详，1935年，第372—375页。

丁漕银折元，即“每地丁正银一两折银元（圆）二元三角，漕粮无论正耗杂项，原米代输，统按每石折银六元，通省一律”。4月8日，省府发出布告文：“兹查河南财政自民国肇造以来收不敷出，每年亏短平均一百四十余万。其致此之由未逢枚举，而银价亏短为最甚，盖丁漕收入大半为钱，而经费支出全数为洋，以钱易洋，必须折算，银价日高，致收数日短襄之。收入之银价，其亏已积如山丘；支出之用途，其嫌不减于累季，点金乏术，仰屋徒搓，来日方长，隐忧易极……”[①] 显然，河南省府意图把财政负担转嫁到农民，特别是豫北五十四县民众身上。

河南省府出台的田赋改革遭到民众的普遍反对，各地绅民纷纷请求减轻，汜水士绅魏联奎亲赴省垣陈诉本县负担太重，并递交汜水绅民51人签名的呈文，内称“他县之重，重在表面，汜水之重，重在根本。表面之重者，此次改折已剂其平，重在本根者，此次改折偏苦愈甚，全省无可比例，洵属特别区域，恳请宪台或为根本之解决”[②]。汤阴、阳武、中牟等县士绅也分别上呈要求减免丁漕文。特别是汜水士绅，志气弥坚，一次上书未果，又上《汜水县第二次呈请兼省长财政厅长开封道尹文》并附《减削办法》，建议省府仿行甘肃武威等地屯地上中下三等课派办法，分级减轻丁漕过重问题。[③]

针对汜水绅民的请求，河南省府指令财政厅，“漕粮亦非汜水独重，未便再行核减，现拟将附加车马费一项，每亩原定三十文酌减十五文，以示体恤。”[④] 算是对二上“呈文”的汜水绅民的关照，但实质性的漕粮

---

① 《河南省督军兼省长赵倜改折丁漕布告文》，载河南漕粮商榷会《河南减漕录（上编）》，1921年石印本，第5页。

② 《汜水县第一次呈请省长财政厅长开封道尹减削丁漕文》，河南漕粮商榷会编《河南减漕录（上编）》，1921年石印本，第17页。

③ 《汜水县第二次呈请省长财政厅长开封道尹减削丁漕文》，河南漕粮商榷会编《河南减漕录（上编）》，1921年石印本，第22页

④ 《河南漕粮沿革考》，河南漕粮商榷会编《河南减漕录（上编）》，1921年石印本，第1页。

问题依然没有解决。魏联奎到北京"上控"，呈报《魏代表上大总统书》《汜水县负担奇重节略》于总统徐世昌，希望昔日同年能够施以援手，解救汜水民众"如水益深，如火益热"的困厄局面："漕粮一项遂尽归于开、归、河朔等属五十四县征解。办漕各属负担已渐加至四倍有奇。无漕各县，向之犹完银八钱者，至此而漕累尽数消减。而此五十四县地丁并不丝毫抵减，漕粮则并原额代输，统由八钱叠加之五元。遂于地粮外成一种特殊赋税，永久负担"[①]。

1918年12月8日，魏联奎在京召集豫绅研究丁漕改折偏枯救济办法。到会者张鸣岐、王印川、郭芳五等共28人，由王月波提议捐款设会，以策进行路径，同人议决假开郑会馆为会址，定名为"驻京河南漕粮商榷会"，举定魏联奎、张凤台为商榷会主任，设干事、文牍共12人，并于十九日开特别大会商定进行程序。是日，到会者有李敏修、王月波等共33人，议决公推代表一人回河南递呈，"如当路仍无正常解决再行赴部呈诉"。此两次到会者在京供职及参众两院议员为多，魏联奎、李敏修等二十九人捐款九百八十一元作为活动经费[②]。

豫籍大绅魏联奎、马吉樟等人分别拜谒徐世昌，京城诸绅集议、拟定《北京河南漕粮商榷会呈文》，并呈"大总统、国务院、财政部，陈豫漕折之不均情形，请派员详查，将有漕县份之漕，拨归原县，并一律照地丁折算，取消漕粮名目"。在呈徐世昌的文中，豫绅说："窃查河南丁漕改折银元（圆）一案，业与去年（1918年）四月公布试办。惟就河南丁漕历来情形证以此次改折办法，实属不审轻重，任意武断，其偏枯不堪之处尤以漕粮为最。……有漕各县亦系国家人民，其漕折价额独与全省正银之外，又令重叠输纳，致不得享同等之福，人道之义安在？我大总统救民水火唯恐不及，联奎等目睹身受，缄默难安，前在河南省长

① 《河南兼省长赵指令财政厅文》，河南漕粮商榷会编《河南减漕录（上编）》，1921年石印本，第25页。

② 《北京设立漕粮商榷会纪实》，河南漕粮商榷会编《河南减漕录（上编）》，1921年石印本，第28页。

及财政厅具呈，均未得蒙批示，谨再代表五十四县人民评批沥上陈。”[①]

京汴漕粮商榷会的建议得到有漕县份的响应，各县纷纷成立分会，向省议会上书请减漕米。如林县公民代表李见荃、李芳阶等，为陈明漕弊，公恳建议减免，特上《陈请省议会建议减漕书》，称“漕额既重各县二倍，于额价外又每石加征五百文之多，重床叠架之累各县所未有也。建议将林县代编之米，误加之麦、豆，与协济之蓟米，一概豁免，或酌量减轻，以苏民困。”[②] 汜水在上报国务院、省议会请求减轻漕米的呈文中说：“查河南丁漕比较表，独汜水一县每丁银一两摊漕三斗五升有奇，是漕米之重，实全省所无……恳请将丁漕两项，按照临县一律消减，或（将）增加丁漕量，予（以）减除，以免偏枯。”[③]

河南各县士绅的“上控”活动和“请示”书引起北洋政府的重视，1918 年秋季，国府要求财政部派员位赴汴调查。财政部委派姚诒庆为委员，在查明豫省漕米改拨不平情形的同时，邀集无漕各县公平正绅耆老筹商平允办法。姚以“上年河南省财政厅已将丁漕改折银元（圆）提交省议会议决每丁地一两折洋二元二角，漕米一石折洋五元，并经省长呈财政部备案”为由，查核意见为“应仍查照上年呈准原案继续办理，以重预算而昭划一。[④]”姚诒庆在给财政部汇报呈文中，坚称“诒庆与河南财厅郑厅长、省长赵倜再四协商意见相同，且建议有漕、无漕各县绅民自行商议解决争端。”财政部委员所查结果，使有漕各县士绅大为失望，开封漕粮商榷会呈文质疑部查结果，言辞激烈：“人民有纳税义务并有纳

---

① 《漕粮商榷会呈大总统》，田金祺修，赵东阶、张登云纂《民国汜水县志》卷 4，赋役，第 221 页，民国十七年上海世界书局铅印本。

② 《陈请省议会建议减漕书》，张凤台等修，李见荃纂《民国林县志》财政·漕粮，民国二十一年石印本，第 351 页。

③ 《漕粮商榷会呈大总统》，田金祺修，赵东阶、张登云纂《民国汜水县志》卷 4，赋役，上海世界书局铅印本，1928 年，第 221 页。

④ 《财政部委员姚、河南省财政厅长郑查覆呈文》，河南漕粮商榷会编《河南减漕录（上编）》，1921 年石印本，第 51 页。

及财政厅具呈，均未得蒙批示，谨再代表五十四县人民评批沥上陈。”[①]

京汴漕粮商榷会的建议得到有漕县份的响应，各县纷纷成立分会，向省议会上书请减漕米。如林县公民代表李见荃、李芳阶等，为陈明漕弊，公恳建议减免，特上《陈请省议会建议减漕书》，称“漕额既重各县二倍，丁额价外又每石加征五百文之多，重床叠架之累各县所未有也。建议将林县代编之米，误加之麦、豆，与协济之蓟米，一概豁免，或酌量减轻，以苏民困。”[②] 汜水在上报国务院、省议会请求减轻漕米的呈文中说：“查河南丁漕比较表，独汜水一县每丁银一两摊漕三斗五升有奇，是漕米之重，实全省所无……恳请将丁漕两项，按照临县一律消减，或（将）增加丁漕量，予（以）减除，以免偏枯。”[③]

河南各县士绅的“上控”活动和“请示”书引起北洋政府的重视，1918 年秋季，国府要求财政部派员位赴汴调查。财政部委派姚诒庆为委员，在查明豫省漕米改拨不平情形的同时，邀集无漕各县公平正绅耆老筹商平允办法。姚以“上年河南省财政厅已将丁漕改折银元（圆）提交省议会议决每丁地一两折洋二元二角，漕米一石折洋五元，并经省长呈财政部备案”为由，查核意见为“应仍查照上年呈准原案继续办理，以重预算而昭划一。[④]”姚诒庆在给财政部汇报呈文中，坚称“诒庆与河南财厅郑厅长、省长赵倜再四协商意见相同，且建议有漕、无漕各县绅民自行商议解决争端。”财政部委员所查结果，使有漕各县士绅大为失望，开封漕粮商榷会呈文质疑部查结果，言辞激烈：“人民有纳税义务并有纳

---

① 《漕粮商榷会呈大总统》，田金祺修，赵东阶、张登云纂《民国汜水县志》卷 4，赋役，第 221 页，民国十七年上海世界书局铅印本。

② 《陈请省议会建议减漕书》，张凤台等修，李见荃纂《民国林县志》财政·漕粮，民国二十一年石印本，第 351 页。

③ 《漕粮商榷会呈大总统》，田金祺修，赵东阶、张登云纂《民国汜水县志》卷 4，赋役，上海世界书局铅印本，1928 年，第 221 页。

④ 《财政部委员姚、河南省财政厅长郑查覆呈文》，河南漕粮商榷会编《河南减漕录（上编）》，1921 年石印本，第 51 页。

不得罪的缓冲之策，它的意思非常明显，具体解决方案，还是要靠省府和士绅商议解决。

开封漕粮商榷会商同省议员李作舫等，提议将“一五加耗与地丁耗羡一律革除”，并提请在省议会大会上讨论。[①] 北京河南漕粮商榷会开会集议办法，以李时灿、金焘等 18 人名义致电赵倜商议上下相安两利之策。[②] 众议院议员王肖庭邀集在京有漕、无漕各县公正绅耆协商解决办法，众绅公推王肖庭、毕太昌由京赴汴切实磋商解决。

如此局面，河南省府不得不做出让步。经河南省府、财政厅和京、汴两地士绅开会商议，拟定解决办法四条。[③] 随后，河南省府并财政厅咨财政部转呈大总统允行。河南士绅又集会商议，再拟上大总统书，急言河南民众漕粮之苦，请求给予转圜。最终，此次减漕抗议获得府部同意。1919 年 9 月 13 日，北洋政府批准河南省 37 县减耗米数折银圆 85986.4 元，开封等有漕 54 县议减耗米及陈留等 37 县除耗应征正米议减两项合并共减洋数 236282.5 元。[④] 林县县志记载：“至此次减漕，林县所减之数仅应免全额五分之一。有漕全体减额亦不及三分之一。然经此次判断，国、省政府均认漕粮为一种偏苦税法，业已允许豁免。他日赋税倘有变更，议案具在，林民亟须与有漕各县联合据理力争，以达完全减免之目的。”[⑤]

历时近两年的河南漕粮减免案，在京、汴河南籍士绅的力争下，最

---

① 《省议会提议减除漕耗咨兼省长文》，河南漕粮商榷会编《河南减漕录（上编）》，1921 年石印本，第 69 页。

② 《留都河南同乡会致兼省长赵财政厅长郑函》，《河南减漕录（上编）》，1921 年石印本，第 70 页。

③ 《河南绅耆代表会商解决办法四条》，河南漕粮商榷会编《河南减漕录（上编）》，1921 年石印本，第 71 页。

④ 《开封等有漕五十四县议减耗米数》，河南漕粮商榷会编《河南减漕录（上编）》，1921 年石印本，第 86 页。

⑤ 张凤台等修，李见荃纂：《民国林县志》卷 5，财政·漕粮，民国二十一年石印本，第 345 页。

终获得一定成效。1920 年 3 月 1 日，河南减漕商榷会辑成《河南减漕录》上下两编，共收录公私函件及漕事遗文等九十八篇，详细记载减漕经过。魏联奎在序言中不无感慨地写道："为民请命或非命死于囹圄，或以查办格于大吏，今竟以民族自决，俾数百年积弊少从末减，吾民得暂苏重累。以待均平安和之一日，不可谓非幸矣。坚冰洹而一阳生，长夜尽而沧溟曙。一线光明，如日初生，由此进步中天，复旦岂远乎哉？[①]"表现了民国最后一代旧绅的济民情怀，也让这种"经世忧民、报效桑梓"的士风得以传承。

二、"河南旅平赈灾会"东北移民考略

20世纪二三十年代的河南，水、旱、蝗、雹与兵匪、战乱聚合叠加，无数乡村民众沦为饥馑和频临死亡边缘的流民。为救济灾民，旅居北平的河南同乡成立了旅平河南赈灾会。有鉴于河南灾区广大，灾民众多，本地就食无望的现状，平赈会组织灾民赴东北务工垦荒活动。经过广泛动员和周密部署，来自全省各地的数万灾民分批次到达东北，并在平赈会的全力协助下得到较为妥善的安置。灾荒之年，移送灾民远赴关外谋生，虽属"消极之救济"，但在兵连祸结的动乱年景里，同乡组织的移民之举亦属难能可贵。

（一）1920 年代后期的河南社会

华北地区降水量原本不足且多集中于夏季，一般来说旱灾甚于水灾。但是，二三十年代的河南农村不但旱灾频仍，水灾也堪称空前。黄河及境内的几大河流几乎年年决堤，大片土地罹为水灾之地。史料记载：豫中入夏大雨，沙河决堤 3 处，颍河上下游决堤 70 余处，西华全县多被水淹，郾城县城北平汉线铁路桥梁全部被水冲毁，过往火车悉数停

① 河南漕粮商榷会编:《河南减漕录（上编）》序言，1921 年石印本。

开。[①]“1929年2月，南阳连日大雪，平地积雪厚达3尺，人畜冻死者甚多；开封在6月间突下冰雹，大者如鸡卵，太康县雨雹交加，秋禾无生。7月间河南多地冰雹甚烈，秋禾受害甚重。[②]”此类记载，在河南地方文献中不绝于书。据1928年的统计，在全省112县中，遭受旱灾的县数104个，虫灾66个，雹灾13个，冷灾4个，风灾3个[③]，足见河南灾害范围之广。

相比自然灾害，兵灾对民众影响大。《河南大事记》如是记载：“豫省旱情、蝗灾严重，秋收平均不及一成。豫北彰德因长期激战，为害尤烈；南阳苛捐繁重，谷价腾贵；豫西绿林武装四布，民不聊生。”[④]叶县：去年秋季，被杆匪二万人盘踞数月，蹂躏遍于全邑。财产损失三百余万，房屋焚烧三万七千余间，被掳伤亡失踪者八千三百五十二人。[⑤]在遭受自然灾害和土匪溃兵侵扰的同时，军阀混战给中原人民造成的深重灾难。以至于河南民间流传着“匪过如梳，兵过如篦，民团一过把头剃”“百姓碰见兵，一家都该崩”的说法[⑥]。

这种强制性的野蛮掠夺造成大批农民纷纷破产，沦为流民。到1930年3月，根据河南赈务会不完全统计，河南全省因战祸和天灾沦为灾民者达1600万，其中战祸甚于天灾。连续不断的天灾人祸，使大批农民家

① 王天奖、庞守信、王全营、冯文纲：《河南近代大事记（1840～1949年）》，河南人民出版社，1990年，第284、300页。

② 王天奖、庞守信、王全营、冯文纲：《河南近代大事记（1840～1949年）》，河南人民出版社，1990年，第292、300页。

③ 夏明方：《民国时期自然灾害与乡村社会》，中华书局，2000年，第376页。

④ 王天奖、庞守信、王全营、冯文纲：《河南近代大事记1840～1949年）》，河南人民出版社，1990年，第277页。

⑤ 河南省地方史志编纂委员会：《河南新志（中册）》，中州古籍出版社，1990年，第591、592页。

⑥ 白文田：《开封训政学院受训前后》，载《河南文史资料第47辑》，1993年，第22页。

破人亡，颠沛流离，沦为流民。[①] 面对严重灾情，国内的一些慈善组织对灾民施与援手，但由于灾民数量庞大，单凭这些慈善团体和组织，已经远远不到解决灾民的救济难题。

（二）河南灾民的组织与移送

为赈济家乡灾民，旅平河南赈灾会（以下简称平赈会）于 1928 年 12 月在北平正式成立。公推李敏修为主席，确定“募集赈捐赈济河南灾民”为其宗旨，内部分交际、文牍等五个平行的股作为分支机构，对人员、职责、钱物的募捐与发放、日常开支、工作运转等亦作了较为详尽的规定。[②] 平赈会虽为非官方的民间机构，但民主元素和现代议事规则却有所体现，与清末民初的同乡会馆相比，具有明显的进步性。

通过《旅平河南赈灾会征信录》，可以大致了解会员的基本情况。平赈会的人员组成共计 303 人，豫籍人士 260 人，外省籍人士 43 人。平赈会主席、汲县人李敏修，为“中州一代耆儒，宏奖人才，门墙广大。讲学五十年，两河士子受其甄陶者无虑数千百人。抚善类，伸正气，虽以此挂累，触危机，不恤也”。[③] 39 位名誉委员全为河南知名人士，19 名委员中，18 人来自河南。各股股员 62 人，其中河南人 54 个。各招待处职员中有河南籍人士 150 余人。[④] 303 名会员中，虽有少数外省人士加盟，但绝大多仍是豫籍人士，同乡会特征十分明显。

为确保灾民远赴东北移民、就食有基本保障，1929 年正月，平赈会选派干员，实地考察赴东三省实地考察接纳灾民的条件和待遇。得悉“关外人工异常缺乏，青壮有无家眷均易安插，耕作之外，稍通木工、手

① 天津《大公报》，1929 年 8 月 1 日。

② 《旅平河南赈灾会简章》，参见《旅平河南赈灾会征信录》，第 4—6 页。

③ 嵇文甫：《暗斋师伤辞》，转引自胡昭芬、耿玉儒：《一代耆儒李敏修先生》，《河南文史资料：第 5 辑》，1981 年，第 35 页。

④ 《旅平河南赈灾会委员姓名表》，《旅平河南赈灾会分股职员表》，见《旅平河南赈灾会征信录》“组织”。

艺者每日可得洋一元几毛不等。初来灾民，衣食住及农具种子等，均由地主供给”[①]。随即，平赈会又推举陈麟仁会同于廷鉴拜谒张学良，商谈具体移民事宜，并与东北垦务督办公署达成移民意向。双双商定，由东北当局在打虎山设立入关移民接待点，计划5月1日前运毕。河南方面，冯玉祥极表赞同，“致电到平，允拨车皮专运移民”。[②]据地方志记载：“按平汉、陇海两路接近灾区之较大各车站，设移民招待处十有一：首开封，次郑州，南则许昌、郾城，西则洛阳、陕州，北则新乡、彰德。而外省之保定、北平、丰台以及北宁路各站，均由旅平河南救灾会办理。”[③]平赈会对灾民的宣传动员颇下了一番功夫。该会的“赴东垦食宣传材料”，主要有“赴东北垦荒就食公启”“移送灾民垦荒就食办法”“劝告灾民白话书”三种，内容涵盖出关垦荒之利、沿途招待之优、垦荒地资源之丰、如何适应东北新环境等方面，形式上采用灾民能够接受和理解的“白话”版，言语恳切，乡情醇厚，感人至深。[④]

在平赈会的强力宣传下，越来越多的灾民打消顾虑踏上北上移垦之途。据《旅平赈灾会征信录》记载，灾民主要从郑州、新乡、安阳上车。经郑州上车的灾民分别来自豫西各县。经新乡北上的灾民，绝大多数来自豫北等地。从安阳登车北上的灾民，登记资料不全，但大致可以判断他们主要来自豫北汤阴等地。从三地灾民动身北上的时间来看，豫西最早，豫北稍晚。个中缘由，据叶宗宝的观察，主要是“豫西灾难最深，民众赴东就食愿望较为强烈之故”。[⑤]但是，除去天灾人祸外，还有两个

① 于廷鉴：复元宵节快函，1929年1月17日。《旅平河南赈灾会征信录》“公牍”，第242页。

② 天津《大公报》，1929年4月26日专电。

③ 河南省地方史志编撰委员会：《河南新志（中册）》，中州古籍出版社，1990年，第561页。

④ 《旅平河南赈灾会征信录》，“移送灾民实事报告”；天津《大公报》，1929年8月3日。

⑤ 叶宗宝：《一九二九：同乡与赈灾：旅平河南赈灾会研究》，博士学位论文，复旦大学，2007年，第152页。

因素似乎不容忽视。一是赈灾会内豫西会员较多，组织动员工作较为得力。二是豫西多山地，民稠地薄，生存不易。总而言之，数万灾民决然告别故土，不绝于途纷纷北上的现象足以证明，平赈会前期的组织和动员是卓有成效的。

（三）移民的数量与区域分布

据平赈会统计，自1929年5月份开始移送灾民以来，到9月底，出关灾民35004人，安插黑龙江者23835人，在兴安屯垦区安家者3710人，落户辽宁省洮南附近各县者4252人。① 这些灾民到达东北后，广布于黑龙江和辽宁20多个县区，黑龙江接收移民县数为17个。辽宁省有5个县接收了来自河南的移民。黑龙江省编制的年鉴对河南灾民来源地进行了统计，从中可以发现豫北安阳、汤阴两县移民黑龙江的人数最多，占比高达28.75%。②

河南赈务会对灾民的记载与平赈会大致相同："各灾民已经移送赴辽安插者二万四千余人，所费除由平会筹集外，河南赈务会实支银二万九千五百元，赈粮五百包。辽省人稀地旷，当局对此举极表欢迎，闻已认可安插灾民三十万人。值赤俄内犯东北，军运冲繁，灾民移送在途，无法前进以致滞留丰台者数千人，至九月间始抵洮南。并华洋义赈总会助费遣送万余人，计自七月七日至九月二十七日，出关灾民三千又四十家，共三万五千零四人，而关外已降大雪，因拟暂行停运，俟明春续行运送云。"③

平赈会的移民活动，在1930年春以后并没有停止，在1931年4月至6月的移民活动中平赈会依然在发挥作用。考虑到东北局势，受后来

① 《平赈会于代表镜三上东北政治委员会张主席呈》，《旅平河南赈灾会征信录》，第45页，1929年11月20日。

② 东北文化社年鉴编印处：《东北年鉴》，沈阳，1931年，第1272页。

③ 河南省档案馆、河南省地方史志编撰委员会：《河南新志（中册）》，中州古籍出版社，1990年，第561页。

九一八事变的影响，它最后一次组织或者参与移民的时间应在1931年6月底，移民人数在6000人以上，移民地点为黑龙江。

总体来看，平赈会在20世纪20、30年代组织的移民活动是较为成功的。经过平赈会的宣传动员，河南移民人数超过预期。从移民诸环节来看，平赈会的前期准备、服务与管理工作是行之有效的，大多数灾民得到了妥善安置。以同乡组织为主导，采用火车对灾民进行远距离移送、人数之多，分工之明确及组织化程度之高，在中国近代移民史上尚不多见。从平赈会调查回访的结果看，多数灾民最基本的生存条件能够得到保障，灾民对移垦生活表示满意。[①] 陈翰章对山东、河南难民的移送情况进行了对比，指出："山东难民的投奔东北，大多数是凌乱的各自逃生，河南的则完全是赈灾会移送。"[②] 当然，这次移民活动并非十全十美，不仅出现了东北当局把灾民诬为红枪会成员的不和谐音符，甚至还出现灾民中途丢失甚至死亡的情况，但这并非移民活动的主流，挽救数万灾民生命于水火，逃脱被荒灾吞噬的危险才是移民活动的价值和意义所在。

河南移民到达东北后，将中原文化与当地的满族文化、齐鲁文化等文化谱系不断融合和碰撞，形成了独具地方特色的新型关东文化。相对于广袤的东北，中原文化无疑具有先进性，移民的涌入促进了东三省的"汉化"过程，带来了先进的文化"。[③] 河南移民打破传统的安土重迁心理，带着中原儿女特有的朴实、善良、勤劳、坚韧性格从故乡而来，融入千里之外的黑土地，并视东北为第二故乡，将带有中原印记的语言、文化、风俗、伦理、宗教与当地土著居民的生活方式、生产方式相结合，融合形成新的文化形态和精神面貌，丰富了多姿多彩的中华文化。

① 《旅平河南赈灾会移送灾民到达东省生活状况一览表》，《旅平河南赈灾会征信录》，第19—52页。

② 冯和法编：《中国农村经济论》，上海黎明书店，民国二十三年，第341页。

③ 葛剑雄：《中国人口发展史》，福建人民出版社，1991年，第395、396页。

（四）同乡组织的作用

平赈会中，有1919年成立的旅京同乡会成员，有袁世凯帝制时代的国会会员，还有一部分是焦作中原公司职员以及刘镇华的僚属。平赈会成员之间凭借更小的“圈子”聚拢而来，比如同乡、同学、同事、亲戚等，还有一部分是通过熟人相互介绍入会的。显而易见，平赈会这一同乡组织能够作为一个有机的整体，其内部核心成员的声望和号召力无疑是关键。如果说平赈会是一张基于同乡关系而结成的“个人网”，而这个网络的“中心结”就是河南“一代耆宿”李敏修[①]。显赫的个人经历和良好的社会声望是一种“无形资产”，能够赢得社会和组织内部成员的关注、信任和支持，有利于移民活动的展开。

在平赈会的外部，还存在着一个内部成员与外部发生关系的“组织网”。这些内部成员拥有整合资源的能量，推动了平赈会与政府、社会团体乃至灾民之间的良性互动。从单个成员来说，平赈会内部有军政要人，有学界名流，有商界精英。他们将河南、东北、河北、中央政府相关部门、国内慈善组织调动起来，最大限度地优化整合了既有资源，为灾民移垦东北服务。

灾荒之年，移送灾民远赴关外务工垦荒，是解决灾荒的权宜之计，归于邓云特所说“消极之救济”[②]。它无法也不可能从根本上解决灾荒救济这一社会问题，但在兵匪连年，军阀征战的动乱年景里，同乡组织的移民之举亦属难能可贵。民国河南士绅在灾难救济、移民垦荒方面的举措和尝试，在今天仍具有一定的借鉴意义。

---

① 叶宗宝：《一九二九：同乡与赈灾：旅平河南赈灾会研究》，博士学位论文，复旦大学，2007年，第199页。

② 邓云特：《中国救荒史》，上海书店，1984年，第205页。

第三节　豫绅的家国观念与教育情怀

民国时期，因为特殊的政治因素，河南士绅阶层的分化更为明显且迅猛。一部分成为社会转型最大的获利者，他们“擅生杀，揽词讼，强苛派”，以致县官的职权都因此“旁落”，绅权因此大为扩张[①]。另一部分人，则由士绅阶层分化为“知识人”，他们有着改造乡村、造福桑梓的朴素情怀，是推动河南社会发展的进步力量。本书选取王敬芳和任芝铭为研究对象。透视这些具备“知识人”特征的新式士绅，在近代化历程中的教育情怀和家庭日常生活轨迹，以丰富今人对新式士绅的观察和认知。

一、豫绅王敬芳与中国公学

中国公学是国内第一所由留学生创办的私立学校。三十年沪上办学（1906–1936），培养出胡适、冯友兰等数百名杰出人才。豫籍进步教育家王敬芳三度长校，接力完成公学先中学、而专门、后大学的艰难办学之路。王敬芳本人倡导的“教育、实业救国并举，以实业改善教育”“办学必以良师为先导”等较为先进的办学思想，在中国公学得以施行，对学校的创建和发展起到奠基与推动作用。

（一）屡救中公难局的“主事人”

1905年冬季，日本文部省颁布取缔清国留学生规则，中国留学生闻之大愤，在浙江会馆集会，议论对付办法。留学生意见分歧，久议难决。

① 刘莲青、张仲友纂：《巩县志》卷五，民国二十六年，开封泾川图书馆石刻本，第56页。

陈天华一时愤懑难平无以自解，遂于是年12月7日投海自杀，其绝命书中劝勉留日同学“全体一致，勿忘国耻，坚忍奉公，力学爱国。”[①] 陈氏之死，对一向视彼为同道知己的王敬芳刺激很大，归国办学意志更坚。1905年12月10日，中国留学生总会召开会议，推选王敬芳等四人先行抵达上海，担任招待，与沪上同志共商办学事宜。

1906年1月9日，第一次各省代表会议在留日学生总事务所召开，经大会讨论决定成立留日学生总会，其职责为“与各省同乡会相联络，相提携，招待归人，调查行踪，为计划兴学之基础”。[②] 是会推选总会职员，王敬芳被选为总会会计员。在13日的第二次各省代表会议上，王敬芳等归国派将筹办中的学校定名为“中国公学”。1906年3月，在“求助于政府无效，求助于官府无效，求助于绅商学界又无效”[③] 的艰难境地下，中国公学再次召开职员选举会，王敬芳被一致推举为正干事，为中国公学三干事之首，总揽中国公学总务。

作为中国公学的实际掌校人，王敬芳代表学校奔走于京沪之间，于1906年暑假在学部进行了立案，为公学争得了合法的身份。[④] 不久得到朝廷明确谕示：“吴淞炮台湾海军衙门西边既勘有官地两块，不相连属，据该公学干事王敬芳等指定一块，计一百余亩，堪为中国公学校地之用，应准拨给。”[⑤] 经过一年多的紧张施工，中国公学初具规模，并于1910年秋季实现招生，之前在新靶子路租屋读书的学生也全部迁往新址。

1913年初冬，中国公学学生代表李荫秾赴京，向国会议员王敬芳求

① 陈天华：《绝命辞》，载《陈天华集》，湖南人民出版社，1982年，第234页。

② 佚名：《中国公学创办经过》，载郑孝胥《中国公学第一次报告书》，商务印书馆，1907年，第7页。

③ 《姚烈士宏业遗书》，《中国公学史略》，上海市档案馆编《中国公学档案拾零》，《近代史资料》总第69号，中国社会科学出版社，1988年，第149页。

④ 《阙名致胡适（残）》，载中国社科院近代史研究所中华民国史组《胡适往来书信选（中册）》，中华书局，1979年，第151页。

⑤ 郑孝胥：《中国公学第一次报告书》，商务印书馆，1907年，第54—55页。

援。当时，王敬芳正作为河南省代表在京与英商公司谈判交涉河南矿务问题。[1] 由于在京艰难谈判，王敬芳决定在京重组中国公学董事会。董事会公推汤化龙为董事长，王敬芳为校长，这是王敬芳继1907—1911年之后的二次掌校。为了让中国公学尽快复课，王敬芳派刘星楠等学界诸友南下，担任总务干事一职，代行校长职权，力促中国公学步入正轨。[2] 1919年春，王敬芳在中国公学历遭劫难之后第三次掌校。1919年9月10日，中国公学举行开学典礼，王敬芳在会上发出倡议，"希望旧董事和旧同学竭力联络，一致进行。对复校之结果，此至可欣喜者也。"[3]

为提升中国公学的社会影响力，1920年10月王敬芳通过梁启超等人邀请英国哲学大师罗素来华并在中公作题为《社会改造原理》的首场报告。[4] 针对公学内部办学活力不足，教学方法陈旧的现状，在随后的几年内，王敬芳力排众议，放手用人，广延名师，大胆革新，中国公学成为新式教育的重要实践基地。"教育救国"思想在师生中成为共识，舒新城在中国公学推行"新教育运动"，采用道尔顿开辟"自由天地"的尝试。[5] 在王敬芳等人的努力操持下，是年秋天，教育部下发批文：令准中国公学商科专门升格为大学。[6] 经过多年的努力，中国公学终于挂上了大学的招牌，圆了中国公学先烈和同仁多年的梦想。

1927年4月，北伐军进占上海，党化氛围日渐浓厚，王敬芳被当局目为立宪派要人而置于边缘化的境地，中国公学则由国民党认可的何鲁

---

① 王守谦：《煤炭与政治：晚清民国福公司矿案研究》，华中师大，2007年，83—103页。

② 《中国公学史略》，上海市档案馆编《中国公学档案拾零》，《近代史资料》总第69号，中国社会科学出版社，1988年，第143—145页。

③ 《中国公学开学纪》，《申报》，1919年9月11日第3版。

④ 《晨报》，1920年10月17日。

⑤ 章玉政：《光荣与梦想：中国公学往事》，浙江人民出版社，2014年，第105、139页。

⑥ 《中国公学史略》，上海市档案馆编《中国公学档案拾零》，《近代史资料》总第69号，中国社会科学出版社，1988年，第145页。

接手。王敬芳虽被推选为公学校董，但此后再也没有走进学校的领导和决策核心，其发展商科和经济科以振兴实业，五年内建成专门图书馆的蓝图亦烟消云散，人去政熄。经济窘迫，内心失落的王敬芳僦居京城寓所，与胡汝麟、梁启超、张东荪等诸友以探讨学问为乐，直到1933年逝世。

（二）中国公学的“首席财政大臣”

1906年1月9日，在上海留日学生总会第一次各省代表会议上，王敬芳被选为会计员。从是日起，王敬芳就担负起为中国公学筹款的重任，堪称中国公学建校史上的“首席财政大臣”。

清末中国，社会风气未开，一般人对新式学校皆侧目视之，赞助者既少，官府视为革命渊薮而避之不及，学生自掏腰包垫资办学无异于杯水车薪，眼见经费日复枯竭，公学主事人之一姚宏业留下几千字绝命书，愤而蹈江。对此事件，胡适在《四十自述》里写道：“遗书发表后舆论都对他表敬意，社会受了一大震动，赞助的人稍多，公学才稍稍站住脚。”[①]

为多方筹措办学资金，王敬芳把争取经费的目光投向海外。在1911年夏季赴南洋群岛劝募，所到之处受到当地侨商的欢迎，侨胞认捐银一百七十余万元，将汇上海。彼时，国内民主革命风潮四起，王敬芳以大局为重，面谒正在南洋筹款的孙中山，毅然将自己募得的侨商捐款移作革命经费。此举受到孙中山的褒扬，其当即许诺：“此为暂时挪用，俟成功后，本党照偿原款，且更加补助。”[②] 1912年11月4日，孙中山以

---

① 胡适：《四十自述》，中国画报出版社，2014年，第60页。

②《熊克武为拨给整理革命公债致中央执行委员会呈稿（1933年）》，上海市档案馆编《中国公学档案辑存》，《近代史资料》总第69号，中国社会科学出版社，1988年，第88页。

中国公学董事名义，亲自致电袁世凯，希望政府能够兑现当初承诺。[①] 1912 年 4 月到 1913 年 5 月之间，王敬芳也曾多次以中国公学董事会名义致电国务院、财政部、教育部申请这笔经费，孙中山、熊希龄等诸先生居间力推成全，但是北洋政府却以“国弱民穷”为借口婉拒，“照偿原款”未能实现，“更加补助”也最终化为泡影。

1915 年 6 月，河南中原公司和英国福公司合组为福中公司，王敬芳出任总经理，兼中原公司经理。在王敬芳和胡汝麟的努力下，福中公司每年拿出 5 万元，其中 3 万元补助河南公益事业，2 万元捐助中国公学。[②] 公学得有常款，此为第二次，福中公司的捐助，解决了中公办学的燃眉之急。除常款捐助以外，王敬芳还敦请福公司补拨历年捐款，偿还欠债万余元，以余款四万元填补每年常款。熊克武回忆中公办学之艰难时说：“自民国二年至民国五年（1916 年），中国公学得继续开学，全赖王敬芳、胡汝麟两先生维持之功。”[③]

1922 年，中国公学董事会呈请政府依据元年国务会议原案，“拨元年公债一百万元为补助金”，被财政部于 1923 年、1924 年先后拨给公学整理公债票 40 万元。但由于此项债票未经指定底款付息，因而等于一堆废纸，全无价值。回来尽管领到一些利息，但杯水舆薪于事难补，而中国公学的日常运行，只能靠校长王敬芳东挪西借，勉强维持。为此，梁启超和王敬芳向财政总长王克敏（字叔鲁）几度争取，均告失败。1924 年 4 月 23 日，亲历索款之难的梁启超无奈地给张东荪、陈筑山写信诉苦：“公学保息，依现在情形，恐难办到，吾为此及报馆事与叔鲁曾三度言

① 《孙中山致袁世凯等电》，上海市档案馆编《中国公学档案辑存》，《近代史资料》总第 69 号，中国社会科学出版社，1988 年，第 54 页。

② 《阙名致胡适（残）》，载中国社科院近代史研究所中华民国史组《胡适往来书信选（中册）》，中华书局，1979 年，第 156 页。

③ 《熊克武为拨给整理革命公债致中央执行委员会呈稿（1933 年）》，上海市档案馆编《中国公学档案辑存》，《近代史资料》总第 69 号，中国社会科学出版社，1988 年，第 94 页。

之，毫无着实结果，挎沙为公学事几与彼挥拳矣。仰面求人，总不足恃，徒怄气奈何。”[①]

为中国公学事，与主政者争执不下而致面红耳赤，斯文扫地，几欲挥动老拳，放眼中国公学30年办学历史，除王敬芳外恐无第二人。

办学资金捉襟见肘，王敬芳只得利用个人关系四处借债，他后来回忆1925年的情景："我当那个时候，还有挪借的力量，除托上海福公司向浙江兴业银行、升和煤号各代公学借款数千外，又在北方向各方挪借之款约有四五万元，内有陕西督军刘镇华君捐给梁任公先生之文化书院一万元，后因文化书院未办成，此款被公学挪用"。[②]

离任中国公学校长后，因中公办学急需，王敬芳以个人身份仍欠北京金城银行一万五千元、上海浙江兴业银行两宗数千余元、升和煤号五千元。银行再三催讨，王敬芳分别于1928年10月30日、1929年3月28日致信继任校长胡适，希望公学偿还自己经手的债款。[③] 胡适除与浙江兴业银行商讨还债办法外，其余几笔均告有心无力，这几笔债务一直拖到胡适离开中国公学时都没有还清。

从1906年算起，王敬芳为中国公学苦心奔走，四方求援，募捐和经手的款项多达几十万之普，特别是他主持下的中原公司自1915年以来，每年捐助学款二万元，数年来总数不下十万元，一度成为中国公学最大的办学资金来源。但是也正是这位中国公学的"首席财政大臣"，晚年却窘迫不堪，举步维艰，其离世后，所欠外债超过十五万元。[④] 1928年9月间，梁任公在其家信中，曾经提及王敬芳赋闲京城之窘状：

---

① 《梁启超致张东荪、陈筑山函》，载丁文江、赵丰田《梁任公先生年谱长编（初稿）》，中华书局，2010年，第540—541页。

② 《王敬芳致胡适函》，上海市档案馆编《中国公学档案辑存》，《近代史资料》总第69号，中国社会科学出版社，1988年，第164页。

③ 《王敬芳致胡适》，中国社科院近代史研究所中华民国史组《胡适往来书信选（上册）》，中华书局，1979年，第510—511页。

④ 郭豫才：《胡石青事迹闻见录》，载《河南文史资料：第28辑》，1988年，第32页。

“新房子现租给中原公司，几乎连半价的租钱——百二十元——都纳不起（工部局却要照三百六十元收营业费），常常拖欠一两个月，我们早已决意要收回了。催搬不下十数次，王抟沙只是死赖着，交情上只得放松时日。”[①]

（三）王敬芳的教育情结

王敬芳对中国公学情感深笃，视中公学务为第二生命。1876 年出生于河南巩县的王敬芳，1933 年病逝于北平寓所，一生不过五十又七个春秋，而与中国公学的关联纠葛却有二十多个年头。后世对他的评价是：“律己严，待人恕，好义急公”。[②] 生在清朝末世，救亡与启蒙是当时交织不悖的主题，他一生以研习新学、实现宪政为圭臬，热心实务，提倡教育救国，曾倡言：“欲想挽救时局，必需先革新国民的思想。想革新国民的思想，除借教育文化的力量以外，没有第二种法子。”[③] 为实现夙愿，他一生都在为之奋斗。据现有的资料来看，王敬芳作为主要创办人，先后创办的学校有中国公学、河南留美预备学校、中州大学、焦作福中矿务学堂、郑州中学、北仓中学、巩县高等小学堂、黑石关农桑学堂、强华女校、回郭镇速成工艺学堂、抟沙小学等十余所，对于这些学校他都曾经出钱出力，效力良多。但他本人“付诸心血最多，维护用力最勤”的实为中国公学。[④] 其为“公学奔走尽瘁者廿有余载，代筹之款近三十万元，而本人既不支薪俸，又不支川资”，上下腾挪，竭尽全力。[⑤]

---

① 丁文江、赵丰田：《梁任公先生年谱长编（初稿）》，中华书局，2010 年，第 640 页。

② 周邦道：《近代教育教学先进传略初集：王敬芳》，中国文化大学出版社，1981 年，第 314 页。

③ 王敬芳：《〈新群〉发刊词》，载《中国百年期刊发刊词 600 篇》，解放军出版社，1996 年，第 152 页。

④ 《1933 年 4 月 29 日中国公学校董会记录》，上海市档案馆编《中国公学档案辑存》，《近代史资料》总第 69 号，中国社会科学出版社，1988 年，第 83 页。

⑤ 王正中：《先父王公抟沙传略》，《河南文史资料：第 14 辑》，1985 年，第 81 页。

辞世之前，虽在病中，犹致函胡适，谆谆以公学前途为念。

在与胡适的书信交流中，王敬芳坦言自己留学日本的初衷“原来也想求点真实学问，但到日本不到两个月就遇到了取缔规则的风潮，回国招待，继以办学，从此就再也没有遇到求学的机会，也没有自家研究一种有系统的学问。”在盛赞胡适“努力猛进，成为中国有数的学者”的同时，王敬芳的内心“如何惭愧，又何等羡慕”。[①] 在求学与办学之间，王敬芳的抉择也许是矛盾和痛苦的，但在特殊的背景下，我们应该给予这一代知识人充分的理解之同情，其弃学而办学之举，与其说是无奈，毋宁说是一种悲壮，湮没不彰的王敬芳与“中国有数的学者”梁任公、胡适们，以不同的方式，诠释着晚清民初一代知识人的责任与担当。

二、“世纪老人”任芝铭的“家国”情怀

任芝铭（1869—1969），河南早期同盟会员，创办新蔡今是学校，以 70 高龄亲送女儿到延安参加革命，受到毛泽东和朱德的接见，是河南近现代史上较有名气的士绅，其百年跌宕人生历经晚清、北洋、民国和新中国成立四个时期。中华人民共和国后，历任河南省政协副主席、河南省人民政府委员、全国政协委员等职，这位名扬中州的“世纪士绅”，具有浓厚的“家国”情怀，被豫人亲切地称为“任老先”[②]。

任芝铭出生于新蔡县城市贫民家庭，1903 年乡试中举，随后科举废除，再也没有仕进。任芝铭关心地方事务，清末邑令徐仁麟捐官得官，到任后敛财虐民，贪酷骄暴。任芝铭集合全县士绅，联名以十大罪状到省垣控告，历时数月，最终迫使省抚将徐氏撤任，“自是新蔡民气渐伸”。教读私塾期间，与学生阎子固等人在开封购买新学书籍，倡导士子读新书、研新学，县内文明之风渐启，新蔡、巩县最得风气之先，有

① 王敬芳：《阙名致胡适（残）》，载《胡适往来书信选（中册）》，中华书局，1979 年，第 149 页。

② “老先”的“先”，豫人发声时多是“儿化”之音，含有亲近、敬仰之意，一般称为那些年长德高、知识渊博、深孚众望之人，民国时期的一些旧绅多获此誉。

“河南文明两萌芽”之称。[①] 甲午战争中国战败，外患频至沓来，这位原本“只知自私自利，专求个人富贵利达，对国家政治全不过问”的乡间塾师，方才“凛然有亡国之惧”，自此读梁启超《新民丛报》，逐渐开明，对国事也渐热心。闻孙中山先生提倡革命，“心向往之，但亦仅同情而已，并无法以行动予以实际支援”，常常喟叹报国无门。[②]

1906 年任芝铭在省城物色同志，组织河南学会，并加入同盟会，任新蔡支部理事长，秘密在县内发展同盟会员 118 人。1908 年，新蔡同盟会员阎子固因倡言革命，在汝南被清政府逮捕，被重兵押解至新蔡县衙。任芝铭闻讯后，组织士子成功营救阎子固，随后遭到清政府革除举人功名并通缉流亡，在奉天昌图一带教书糊口[③]。1910 年，任芝铭秘密入关，在京津参与汪精卫等人组织的专门暗杀清廷高官的排满革命。他还命自己的二女儿任纬坤加入暗杀团，乔装改扮专门负责运送炸弹。

1912 年 8 月，国民党改组，任芝铭以老同盟会员的身份加入国民党，被任命为国民党新蔡支部书记长。1913 年参加反袁活动，二次革命失败，任芝铭被二次通缉逃亡。后赴汴赋诗凭吊死难烈士：“帝乡人命贱如麻，冤血三年浸碧沙。我欲招魂魂不至，腥风吹赤半天霞”。[④] 1926 年，任芝铭响应北伐，在省城被推举国民党河南省党部妇女部长。1927 年，蒋介石发动“清党”运动，屠杀革命党人，任芝铭二女婿孙炳文在上海惨遭杀害。1928 年 8 月，他返回新蔡，决心兴办平民学校，创建“今是小学堂”，校名取陶渊明“舟摇摇以轻荡，觉今是而昨非”诗句，意为弃旧迎新，继往开来。

任芝铭并非职业革命家，虽有强烈的报国之志，但追求民主革命不

---

① 张山甫：《刘粹轩年谱》，载《河南文史资料：第 39 辑》，1991 年，第 7 页。

② 任芝铭：《思想改造之自我检讨》，载王克明整理《任芝铭存稿》，河南人民出版社，2013 年，第 237 页。

③ 冯友兰：《三松堂自序》，人民出版社，2008 年，第 44 页。

④ 任芝铭：《袁世凯轶事点滴》，载王克明整理《任芝铭存稿》，河南人民出版社，2013 年，第 32 页。

能全身心投入，往往被生活所累，特别是“民初北洋军阀势力猖獗，民党力量薄弱，革命情绪因而跌落。[①]”自1922年起，任芝铭重新回归塾师生活。任芝铭早年在乡间教读的文字记录不多，从1922年2月28日写给与妻子的家信中，可知二十二岁开始教读，由于家贫，起初尚不能在家坐馆，只能四处游馆。到1895年，自己开始在家开设私塾。对于教读生活，任芝铭显然并不满意，他在家信中写道：“吾自22岁教读，至今已33年矣。中间并无一年之休息。此次若能将馆事辞掉，心中既清闲得多，身子亦必好得多。虽有小恙，不日必可霍然也。”[②]对教读生活的欲罢不能，几欲辞馆不就，一半是因为辛苦劳碌，一半是因为收入微薄。清末民初，虽有“举人”金字招牌，但教读生活所得依然有限，难以养活家中八口之众。后来，任芝铭放弃自家私馆，到河南籍军政长官家塾中任教，情况才略有好转，他先后曾在唐天喜、张伯英等河南籍高官府邸中任家塾教师，渐有积蓄，典买少量土地，成为收租的小地主。[③]

真正让任芝铭家庭生活发生重大改变的是他两年的陕西从政经历。1921年，任芝铭致信时任陕西省省长的刘雪亚，要求谋求相当职务，信函委婉而真诚。[④]刘雪亚与任芝铭是辛亥旧友，任氏两度在刘家教读，故所求很快得以落实。1922年，任芝铭被任命为陕西长武县烟酒局长，1923年调任咸醴禁烟局长，是年冬调鄠县（今西安市鄠邑区）禁烟局长，发了一万多元的财，在家乡陆续购买土地，到1932年已经成为拥有土地200余亩的中小地主，1935年，任家盖起新瓦房，有20多间。[⑤]耕种他

① 任芝铭：《思想改造之自我检讨》，载王克明整理《任芝铭存稿》，河南人民出版社，2013年，第239页。

② 任芝铭：《1922年2月28日（阴历二月初二日）家书·于西安》，载王克明整理《任芝铭存稿》，河南人民出版社，2013年，第51页。

③ 任芝铭：《自编年表》，载王克明整理《任芝铭存稿》，河南人民出版社，2013年，第252、253页。

④ 任芝铭：《1921年5月4日（阴历三月二十七日）家书·于西安》载王克明整理《任芝铭存稿》，河南人民出版社，2013年，第177页。

⑤ 任均：《我这九十年（1920—2010）》，华文出版社，2010年，第4页。

家土地的佃农，与他按合约分配收成，一般各分一半儿。1926 年，新蔡县城曾被土匪攻破，任写信给老妻，嘱她把存粮变为货币：现家中粮食，尚有若干，除留够用人食用外，余均不妨变价带来。因我省土匪太凶，各县城时有陷落之可能。不如带出，尚可自己享用也。去秋受匪蹂躏事，至今思之，犹觉痛心。[①]

1920 年代以后，任芝铭收入逐渐丰裕，已经从一个东奔西走的教书匠，变成富家一方的士绅。当时，他的家庭开支主要是女儿的读书费用。[②] 任芝铭有六个女儿，没有儿子，他思想进步，力所能及为女儿提供最好的教育，让她们有思想的觉醒和思想的解放。1916 年他在一首诗中鼓励女儿任锐："任人呼伯道，望汝作罗兰。"任芝铭的妻子张梦吉出身富裕家庭，长兄是城内有名士绅，教她识字不少。张氏不算有文化，但是思想不保守，曾响应任芝铭号召，在县里带头放足，家中姑娘没有一个裹脚，她还当过新思想启蒙的妇女协会会长，在县里领头查妇女放脚。[③] 任氏夫妇虽为新派人物，但传统的传宗接代思想还是留下深刻烙印，任芝铭曾作《清明有感》云："生女不生男，果死又何说？生馁若敖鬼，念兹肝肠裂。"[④] 看来，在任芝铭的内心深处"不孝有三，无后为大"的传统观念还依然强大，还时时吞噬他看似刚强、果敢的心灵。

任芝铭虽常年在外供职，但对家乡地方事务较为关心。他在 1924 年给妻子的信中反复叮嘱："县中近因守城，由各家添制土枪，吾家应摊两支，约需钱一百串之谱。此公益事，断不可惜此小钱。[⑤]"他对地方税赋征

① 任芝铭：《1927 年 11 月 27 日（阴历十一月初四日）家书 · 于湖北武昌》载王克明整理《任芝铭存稿》，河南人民出版社，2013 年，第 124 页。

② 任芝铭：《 192326 日（阴历九月十七日）家书 · 于陕西咸阳》，载王克明整理《任芝铭存稿》，河南人民出版社，2013 年，第 59 页。

③ 任均：《我这九十年（1920—2010）》，华文出版社，2010 年，第 2 页。

④ 任芝铭：《清明有感》，载王克明整理《任芝铭存稿》，河南人民出版社，2013 年，第 233 页。

⑤ 任芝铭：《 1924 年 11 月 21 日（阴历十月二十五日）家书 · 于开封》，载王克明整理《任芝铭存稿》，河南人民出版社，2013 年，第 72 页。

收颇为关注，在 1927 年底的家信中写道：闻县中粮银，每两已加至百串，且每月尚有杂派数次，像这样任意增加，多要田地，便要多受累。我家田地，现已不少。每年完粮及出杂派，共费钱多少，来信务必告我。[①]

任芝铭在外日久，亲朋故旧较多，最为头痛的是谋求职位者的安置，碍于情面不便推辞，1922 年任芝铭赴长武禁烟局任职，“带人太多，但皆是有面子人所荐，不能推辞。大约到局后，生不出位置法子，只好多送盘缠，打发他回乡罢了”[②]。1923 年赴职鄠县，“竹匠带来三人，任桥又来两人，其他友人及推荐者，又有数人。似此络绎不绝，连路费亦送不起，令人焦闷万分。[③]”

1924 年，任芝铭到省会开封，任河南全省自治筹备处参事。这是一个每天到机关上班的工作。那年 10 月的一封信里诉苦说：筹备处阳历十月薪水，毫无消息。现值用兵之时，饷尚无钱发给，况属无关重要之自治机关？将来处中同人，势必至多数饿跑。殊可叹也！吾在此钱不够花，已向三女借用十余元。[④] 在 1925 年其记曰，“上月薪水，竟然又是只发一半，且全为票子，现洋止二三十元。日子窘迫如此，吾不愿向他人折腰。”[⑤] 到了年底，“腊月薪金，被会计邓姓挪用。渠现已退职，无力偿还。五月节所发之薪，只领到廿六元。此间薪水，一文不发。当局专凑军费，无论各机关如何呼号，均置之不理。吾久已无钱。前曾向馥女借

① 任芝铭：《 1927 年 12 月 30 日（阴历腊月初七日）家书 · 于武昌》，载王克明整理《任芝铭存稿》，河南人民出版社，2013 年，第 128 页。

② 任芝铭：《 1922 年 7 月 24 日（阴历六月初一日）家书 · 于西安》，载王克明整理《任芝铭存稿》，河南人民出版社，2013 年，第 54 页。

③ 任芝铭：《 1923 年于陕西鄠县》，载王克明整理《任芝铭存稿》，河南人民出版社，2013 年，第 62 页。

④ 任芝铭《 192410 日（阴历九月十二日）家书 · 于开封》，载载王克明整理《任芝铭存稿》，河南人民出版社，2013 年，第 67 页。

⑤ 任芝铭：《 1925 年（具体日期不详）家书 · 于开封》，载载王克明整理《任芝铭存稿》，河南人民出版社，2013 年，第 78 页。

洋十元零用，今又将罄矣。”[①] 1927年4月，蒋介石开始清党，任芝铭转到武汉北伐军中任秘书，参加讨蒋、北伐。军中却长期欠饷，几个月领不到钱。他常从家中带钱自用：“此间饷项积欠，数月未发，家中有钱，能带一二百元来更好。武昌房价公道，火食亦不甚贵，若四五口人吃饭，每月不过三十余元，即已敷用。”[②]

任芝铭虽为文弱士绅，但颇具备侠义心肠，薪金虽然不高，但对金钱看的不重，对弱者有仁爱怜悯之心。民国知识人一般不同于乡间土豪劣绅，学问教养使他们不但不做恶绅地主，反而还看轻金钱，乐于助人于危难。作为城居士绅，任芝铭因有积累，生活不为所困。但他不在乱世里做囤积居奇的谋私之事，而是嘱咐老妻，把家中粮食，拿一半儿分给穷人。以贫困逃难人家跻身本地绅界，任芝铭对乡邻并不吝啬，他写信告诫老妻，要体恤周济他们，“家中粮食，可择贫寒亲族，每家分与数斗。间有不必贫寒而亦不能不敷衍者，望吾妻斟酌行之。乱世财务，更要看轻。万一土匪进城，甚么物件皆非吾有。不如破费一半，周济亲邻，免得穷人恨我。”[③]

1926年秋，新蔡县惨遭土匪洗劫，包括一些粮行商户在内，县民损失惨重。土匪放火烧粮行时，粮行里的客户存粮，便在劫难逃。事后，任芝铭的态度坚决：在粮行所存粮食的损失，都算他的，不对受难的粮行商户落井下石。只要真是无力偿还，他就不再追要。欠债人户，由于灾难，偿还能力受影响，他便放长期限，压低利息，减轻人家的压力。在1927年初的家信里，他就这些事仔细叮嘱老妻：

“乱世放账，本不相宜，追索过急，尤易招怨。吾意柏、崔、金三

① 任芝铭：《1926年8月5日家书·于开封》，载载王克明整理《任芝铭存稿》，河南人民出版社，2013年，第86页。

② 任芝铭：《1927年11月27日家书·于湖北武昌》，载载王克明整理《任芝铭存稿》，河南人民出版社，2013年，第122页。

③ 任芝铭：《1925年12月13日（阴历十月二十八日）家书·于开封》，载载王克明整理《任芝铭存稿》，河南人民出版社，2013年，第82页。

家，因灾后无力偿还，亦在意中。如彼无狡赖意思，但改期条亦可，不必以急于追索，得罪乡邻。至要、至要！”①

1926年底，土匪洗劫新蔡后，任芝铭急令老妻张梦吉开仓放粮，救难民于水火，对家贫遭灾之人所欠债务，概不追索债务。县中老友刘积勋蒙难，被土匪捉住毒打，逼要钱财，家宅也被土匪烧尽。任芝铭得知情况后，在信中嘱咐老妻，一定要伸手援助受难老友。衣物粮食，家具钱粮，考虑相当周翔。②

任芝铭节俭朴素，不嗜烟酒，所思所虑，非为一己之私，对修祠、办学及抚恤、照顾亡友家属三件大事，尤为记挂。任芝铭热心家乡教育，遴选教师认真，对品学兼优的学生实行免费入学。学校校风纯正，成绩斐然。1935年7月，全省初中毕业生会考，今是中学获得全省私立中学总分第一名，获省教育厅奖金五百元。③兵荒马乱的年景里，为能请来代课教师，任芝铭不惜给人下跪相求。也是因为办学，任芝铭得罪县中豪绅土劣，十数年间有家不能归，只能在梦中与妻女相见。④

上述分析可见，任芝铭是河南士绅中开放应变、济世达人的典型代表。他出生于旧时代，但昧于世界大势和中国实情，对西方文化、制度、思想没有一概排斥，在政治上、文化上并不保守。相反，他积极应对社会变革，参与社会变革，其思想从资产阶层改良、资产阶层革命之间完成转变；文化上，能够认识到中国积贫积弱是造成文化落后的根本原因，故此主张教育救国、学习西方先进文化以改造中国旧的不良的文化。其苦寒的家庭出身，导致一生凡事节俭，谨小慎微，但是对贫穷的乡民又

① 任芝铭：《1927年1月21日家书·于开封》，载载王克明整理《任芝铭存稿》，河南人民出版社，2013年，第96页。

② 任芝铭：《1926年11月家书·于开封》，载载王克明整理《任芝铭存稿》，河南人民出版社，2013年，第96页。

③ 徐玉坤：《河南教育名人传》，河南教育出版社，1989年，第186页。

④ 任芝铭：《思想改造之自我检讨》载载王克明整理《任芝铭存稿》，河南人民出版社，2013年，第100页。

尽力予以体恤关照，有着朴素的情感。终其一生，有两点最为可贵，一是以己之力办教育，培养于国于社会有用人才，教育救国思想是其一生矢志不渝的追求；二是在以己之力投身社会变革，促进社会进步，身卑未敢忘国忧，努力追求国家和民族进步。

生命穿越百年历程的任芝铭，少时家贫，饱受人间饥寒和时态炎凉，做了大半生的教读先生。参加辛亥革命和反袁二次革命时，已经年过四旬，参加武汉国民政府北伐的时候已年近花甲，抗日军兴时虽年逾七十而毅然从军，在国家和民族遭受苦难时，他总是义无反顾，挺身而出，甚至忘记自己的体虚和老迈，这种行为，其实正是中国传统中“士”的精神和家国情怀。余英时曾言：中国历史上，更多“士”的则是生平无奇节可纪，但在政治和社会危急的时刻，良知呈露，每发为不平之鸣的人[①]，任芝铭的百年人生经历看似平凡，却是中原士绅的典型代表，可视为豫人具有忧患意识和“家国”情怀的一个明显的例子。

① 余英时：《士与中国文化》，上海人民出版社，2013 年，引言。

结 语

纵观晚清民初的河南士绅，他们在文化上受理学浸润较深，故而多以理学修身促学，以西学以济世革新。河南理学积淀深厚，即使到晚清民初，理学衰微不可避免，但是对豫绅的影响依然很大。如第一章所述，河南理学多出孙夏峰一脉，到了晚清民初，又有王辂、高祐、何家琪、许鼎臣、李敏修、张嘉谋、蒋藩等人传播理学甚力。如武陟人王辂（1810年—1891年），其父六吉先生为李棠阶学友，平生服膺孙夏峰学术。青年求学期间遍阅孙氏著作，后为李棠阶门人。王辂学术上“笃守儒素，讲学以程朱为归，亦不批驳汉儒，瑕疵陆王。有来学者辄歆以躬行实践，莫尚空谈。[①]”其生前主讲河北道所办“致用精舍”，李敏修、王锡彤等不少豫北士子均出自其门下。面对晚清世风浇漓，学风浮躁的状况，王辂曾告诫王锡彤，“理学之名不必有，理学之实不可无”，一定要坚守自己心中的“圣学”。[②]

河南士绅受理学思想影响巨大，但与传统理学相比并不因循守旧，而是主张兼容并包，接纳西学，会通中西，推进理学的近代转向。嵇文甫在《暗斋师伤辞》中评价其师李敏修说：“笃守程朱，至晚年则行事类夏峰，持论宗船山，而旁推交通，斟酌和会。清朝末造，新学初兴，各省开明而负众望者，吾豫先生也称赞李氏门墙强大，两河士子受其甄淘

① 王锡彤:《抑斋自述》，河南人民出版社，2001年，第32页。

② 王锡彤:《抑斋自述》，河南人民出版社，2001年，第37页。

者无虑千百人。”梁漱溟在《乡村建设旬刊》里也提到李敏修为“明末孙夏峰先生四传衣钵。[①]”王锡彤一生不愿做官，提倡“教育救国”和“实业救国”，崇尚实学，而理学根脉不绝，“天性笃于孝友，为学初宗阳明、夏峰、船山，终乃以程朱为归依……盖一以是非为断，无丝毫门户之见。[②]”新郑籍进士刘瑞璘，亦为理学名士，其调和中西的思想更有特色：“孔子之道大而莫外，譬之大海江淮河汉来源不一，其水之变而为海则一也。试取孔子之教育与各派学说相比较，斯多噶之牺牲主义，即孔子以身殉道杀身成仁之说也。边沁秘鲁之社会幸福即孔子之乐以忘忧乐在其中之说也。欲仁仁至志，仁无恶不亿，先觉康德之直觉教也。桓魋予何知我，其天一篑。吾往笛下儿之独断教也，自厚薄责，危行言逊，不同不相谋，不可毋自辱。英培根之经验教也，各国文化道源于孔，吾国文明最早当取固有之文明以类化他国之文明，吸收他国之文明，以光大吾国之文明，其讲学较有借力，……孰非读孔子之书孰非受孔子之教得鱼忘筌，数典忘祖，斩绝国家之命脉，损失国会之名誉，丧失宪法之效力，君独何心而为此好恶，拂人之举乎？[③]

晚清民初河南的文化和学术，“大概新知识输入较晚的关系，当沿海各省广被新思潮浸润的时候，河南的文化依然为传统的观念所笼罩着”。[④] 在20世纪初期的政治派别中，维新派、立宪派、革命派的划分

---

① 《本院要闻：李敏修胡石青两先生来院参观》，《乡村建设》1932年第2卷，第7—8期。

② 童坤厚：《王筱汀先生年谱·跋》，《近代人物年谱辑存：第14册》，国家图书馆出版社，2012年，第465页。

③ 刘瑞璘：《维持孔教请愿书》，周秉彝等修，刘瑞璘等纂：《郑县志》，民国二十年铅印本，第572页。刘瑞璘为光绪壬辰科进士，历任陕西醴泉、华阴，直隶栾城等县知县，曾游历日本，著有《东游考政录》。辛亥革命后，任北京《振华报》，天津《醒世报》，开封《河南通俗报》等报编辑，回郑州主持过郑州文献征辑处，并任《郑州日报》主笔。刘氏思想主张，还基本停留在中体西用之上，主编的《郑县志》反映出他既欲充当传统文化和礼俗的捍卫者，又摇摆于资产阶级改良之间的世界观。

④ 张朋园：《立宪派与辛亥革命》，上海三联书店，2013年，第158页。

泾渭分明，而在河南立宪派和革命派之间更多的是处于新旧杂糅相互促进的状态。从学统和文化传承上来看，他们均受到中州理学、特别是夏峰理学侵染，不但立宪派出身中州理学，与李敏修、王锡彤等来往密切的同盟会支部负责人杨源懋、刘纯仁也不例外。

随着晚清新政及地方自治的推行，河南士绅在实业、教育、风俗改良等诸方面均有相当建树。李敏修等开明士绅在清末还创办河南优级师范学堂（1905 年，开封前营门）、河南法政学堂（1907 年，开封三圣庙街）、中州公学（1907 年，开封繁塔寺）、焦作路矿学堂（1909 年，焦作）等。王敬芳长期担任中国公学校长之职，培养出河南籍学生有冯友兰、万鸿图、王拱璧、林伯襄等新式人才。1912 年 4 月 29 日，王敬芳作为第一发起人，刊布《筹备留学欧美预备学校公启》。文中说："担当大事，则非有世界知识及专门知识，必不能胜任而有功"，"国之强，强于学，一省亦然；举国自由，中州独后，河南之不若人甚矣"，"根本之救治法若何？是非多遣留学欧美，以造就真才不可"，"河南各中学迟钝、腐靡，不足养成留学资格固矣。即名高等学校者，按其实际，亦难言之"，"预备学校所以不能不专设也"。①

由于受地理位置、历史文化、社情民风等方面的影响，晚清民初河南士绅，政治品格方面，一是总体上多趋于保守，较为看重个人的道德修为，吃苦耐劳，重名轻利，颇重桑梓情谊，有强烈的爱国、爱乡情怀，能够坚守一定的政治底线，惟政治视野过于狭隘，拙于言而敏于行；二是不少士绅虽有强烈的政治诉求，但受传统家族、宗族社会观念、历史积习等影响较大，政治原则性不强，一旦政治生态和生存环境恶化，表现的过于消极或极端，缺乏必要的政治韧性；三是政治上追求中庸，崇尚强人治国和强权政治，甘于平庸，不愿当头，因服膺权威而过于盲从，一味服从忍让而不善于创新和开拓。在"请愿共和不独立"过程中，士绅阶层的表现尤为明显。民初张镇芳主政后，一般旧绅不但不归罪追究

① 《筹备留学欧美预备学校公启》，《大中民报》1912 年 4 月 29 日第 1 版。

其滥杀无辜豫人之过，反而多依附之；刘镇华以出卖本省革命党起家，先后在陕西担任省长、督军，在安徽省任省主席，河南新旧士绅依附刘氏赴陕、赴皖谋业者数以百计。

文化品格方面，一是受近世理学思想影响既深且广，在西学西力的影响下有渐进的西化倾向，有汲取、调适和汇通东西文化的新要求，但整体上而言，依然趋于保守和内敛，与社会转型和经济社会发展的需要脱节严重，由于无法提供强大的智力支持和人才支撑，迟滞了河南近代化的发展步伐；二是文化和政治联系紧密，晚清民初士绅阶层虽有职业分化，但是热衷于参与政治者不乏其人，不少人游历于政、商、绅、学之间，治学不忘入仕、从政还要栖身商学；由于生存环境恶劣，竞争压力巨大，士绅以党团为护符，攫取自身利益颇为盛行；三是新生代士绅专业化、职业化、城市化速度加快，官、绅、军、商、学界的畛域不太分明，职业流动和身份转变不断加快。新老士绅的代际更替基本上处于和缓的、自然的状态，这显然与中原文化中“和为贵”“凡事留余地”等密切相关。

晚清民初河南士绅，具有明显的区域性差异：豫西、豫西南由于土匪趟将众多，打孽之风盛行，士绅多趋于武化、劣化，军绅阶层大量存在，土地较为集中，贫富分化较为严重；豫北由于经济文化发达，学绅、绅商较多，在全国有一定的影响力的士绅多出此地；豫南、豫东南地区，晚清以来高官显吏、世家大族较多，文化较为发达，留学海外的新绅较为活跃，而留守乡村的士绅保守性强，且地方宗族势力较为强大；豫东地区，受省城开封的影响和辐射，士绅阶层更乐于参与政治，对地方军事实力派依附性较强；豫中地区，尤其是沿京汉线、陇海线县份，商业较为发达，士绅阶层经商办实业者明显多于其他地区。

河南士绅在政治、文化上保守，商业上也多求平稳。有记者在开封所见，河南商业操持市面者，有上海、天津、河南本省三派。“上海人谈话做事，出色漂亮，大半善于交际。津门人素狡猾，做事亦能迎合社会心理，交涉贸易，往往甘言蜜语，以售其欺，至于操奇计赢，料行事涨跌，天津人实逊上海人一筹。惟本省人死板呆笨者可比。河南全省以河北人最喜经商，而河北人中又以怀庆府人独伙。地理、风俗、历史、习惯使然也。本省人经商之长处，在于谨慎保本，不妄费一钱，一切铺面组织，一概朴素从简，其短处则在不善于应酬，毫无商业学识，死守家法而不变更。"[①] 梁漱溟曾就西方文化对士绅的冲击，作过一番评论说，自西洋文化侵入后，遂发生两个主要的变化，"一是西洋功利主义思想进来，士绅不惟不以言利为耻辱，反而已言利为尚，士绅与商界从前很不接近，现在却异常接近。也惟有头脑、能运用观念的人，其谋利也最巧。另一变化是：现在言利，要发财，必须具有较复杂的知识方法，无论为工、为商，都要有知识方法才能发财。"[②] 虽然，河南商业不发达，尚有其他各方面的原因，但是不善经商倒也是豫绅的一个典型特征。

20世纪初期到抗战前，河南士绅的代际更替可以分成为晚清一代、"五四"一代、后"五四"一代。[③] 晚清一代士绅是向"知识人"分化转型的第一代。他们大多出生于1865—1880年之间，早年接受过传统的儒学教育，拥有一定的功名。在进入20世纪后，尤其经历过科举停废后，已经能够重视西学的价值，一些人还经过新学的"再教育"，一些课程已经与近代接轨。如1906年，河南课吏馆改为仕学馆，课程约分8门，分别为修身、理财、交涉、警务、工艺、学务、法律、地舆，"大抵以中国政学为根基，以各国政学为进步"。[④] 河南法政学堂的正科学生，资格上"须中学堂毕业学生，及中学程度相等之学堂毕业学生，经本学堂考试录取者，始准入校。"别科讲习科生员，入学资格为"本省士绅，须举人、贡生监生及有职人员，年在四十岁以内，经过考试录取者，始准

---

① 《开封商业衰败之原因》，《申报》1923年3月13日。

② 梁漱溟：《乡村建设理论》，世纪出版社，2014年，第66页，

③ 此处借鉴许纪霖对20世纪中国知识分子分为六代的方法。见许纪霖：《大时代的知识人》，中华书局，2012年，第120—122页。

④ 《抚部院陈奏，豫省课吏馆改为仕学馆专设仕学速成科，以资造就折》，《河南官报·奏议》第88期，1906年2月28日。

入学。”[1] 预科科目为：伦理、世界历史、政治地理、宪法泛论、教育学、论理学、法学通论、经济原论、东文、体操。正科 27 门，有本国律例、会典、交涉约章、政治学、行政法总论、行政法各论、比较宪法、民法、应用经济、财政学、统计学等，[2] 可谓洋洋大观，颇接近现代法政学科的学科设置。但是，这些学科一般由东邻日本转手而来，学起来常常是一知半解。从内心而言，这一代人士绅的思维模式还没有超出“中体西用”的范畴。尽管如此，作为跨世纪的一代，也是历史上最末一代士大夫，同时又是新知识、新思想、新文化的先驱，他们是晚清新政和地方自治的亲历者和参与者，对社会发展和走向具有引领作用。

新文化运动前后，“五四”一代士绅正式蜕变成为现代“知识人”。他们出生于 1880—1895 年间，幼年接受过四书五经的启蒙教育，基本上在洋学堂中得到的新式教育，有的还曾经留洋海外，对西方文化有比较系统、完整的认知。这些人是“五四”新文化运动的发动者和主力军，是社会变革的重要推动力量，但是在思想认识和文化传承上还保存着不少传统的东西。这一代人已经不再走他们父辈学而优则仕的老路，在新的社会结构中已经有了相对独立的职业，其分化和转型比上一代士绅更为剧烈，是中国第一代现代意义上知识人群体。到 20 世纪 30 年代末期，又一代士绅知识群体产生。他们大体上出生于 1895—1910 年，能够接受较好的、系统的、明确的专业训练，如果说前两代人是文化和社会精英的话，这一代士绅最大的优势是在自己所熟知的专业领域，更能够在专业上有所建树。

近代社会变迁的主题是近代化变革。近代化作为一个历史发展进程，是包含着若干阶段，涉及 20 世纪河南经济、政治、文化及社会习俗等多个层面的长期的变革过程。在清末民初的历史“大变局”中，河南的文化传统一度受到外来文化的冲击，但并未出现完全断裂，而是充满韧性，

① 《河南法政学堂修改章程》，《河南教育官报·本省学务报告》1909 年第 37 期。
② 《中州公学简章》，《河南教育官报》1908 年第 14 期。

在新旧士绅的接续努力下得到持续发展和不断更新、维护和加强。在社会发展的潮流中，士绅阶层通过创办党派团体、同乡组织、慈善组织、新式学堂、文化与学术机构、新型社团组织等形式，或宣扬儒家的道德观念，或传播新思想新观念新学术，起到维护社会秩序和启迪民智的作用，这些都可以视为近代化前进的动力因素。更为重要的是，在士绅阶层组织、参与、助推这些“近代化”活动中，逐步继承、吸纳、调适和完善并掌控这种与社会发展相适应的“文化权利”，并以此推动河南社会向前发展。

毋庸置疑，晚清民初的河南士绅阶层是懒散的、自在的、利己的、可塑性极强的一个社会阶层，政治生态、社会环境、生存压力等是这一阶层成为近代化阻力或助力的关键因素。北洋时期，多数乡村士绅有堕落和劣化倾向，严重败坏社会肌体，成为社会发展的消极力量。这固然与士绅阶层自身素质不无关系，但是更多的是政治生态恶化、政权组织形式畸形发展的一个历史产物。在土地革命、抗日战争、解放战争和新中国建设等不同时期，中国共产党在打土豪分土地、抵御外敌入侵、建立统一战线、反对国民党专制统治、保护民族工商业等方面，与开明士绅多有良好合作，一些颇具名望的地方士绅成为维护地方秩序和社会建设的重要力量，这些充分说明在先进的、纪律严明的、以人民利益为最终革命目标的中国共产党的带领下，士绅阶层亦可转化为推动社会进步的积极力量，这既是时代的产物，也是人民的选择，更是历史发展的必然结果。

参考文献

[1] 章开沅．辛亥革命与近代社会 [M]．天津：天津人民出版社，1985.

[2] 章开沅，马敏，朱英．辛亥革命前后的官绅商学 [M]．武汉：华中师范大学出版社，2011.

[3] 章开沅，罗福惠主编．比较中的审视：中国早期现代化研究 [M]．杭州：浙江人民出版社，1993.

[4] 章开沅，余子侠．中国人留学史 [M]．北京：社会科学文献出版社，2011.

[5] 费孝通．中国士绅 [M]．北京：中国社会科学出版社，2006.

[6] 费孝通．费孝通文集 [M]．北京：群言出版社，1999.

[7] 吴晗，费孝通．皇权与绅权 [M]．天津：天津人民出版社，1988.

[8] 王亚南．中国地主经济制度 [M]．上海：华东人民出版社，1954.

[9] 马敏．官商之间：社会巨变中的近代绅商 [M]．天津：天津人民出版社，1995.

[10] 朱英．辛亥革命时期新式商人社团研究 [M]．北京：中国人民大学出版社，1991.

[11] 朱英．转型时期的社会与国家：以近代中国商会为主体的历史透视 [M]．武汉：华中师范大学出版社，1997.

[12] 刘伟．晚清督抚政治：中央与地方关系研究 [M]．湖北教育出版社，2003.

[13] 瞿同祖．清代地方政府 [M]．范忠信，晏锋，译．北京：法律出版社，

2003.
[14] 陈旭麓．近代中国社会的新陈代谢 [M]. 上海：上海社会科学院出版社，2006.
[15] 余英时．士与中国文化 [M]. 上海：上海人民出版社，1987.
[16] 张仲礼．中国士绅：关于其在 19 世纪中国社会中作用的分析 [M]. 上海：上海社会科学院出版社，1998.
[17] 许纪霖．近代中国知识人的公共交往（1895—1949）[M]. 上海：上海人民出版社，2008.
[18] 王奇生．中国留学生的历史轨迹（1872—1949）[M]. 武汉：湖北教育出版社，1992.
[19] 王奇生．党员、党权与党争：1924—1949 年中国国民党的组织形态 [M]. 上海：上海书店出版社，2003.
[20] 周荣德．中国社会的阶层与流动：一个社区中士绅身份的研究 [M]. 上海：学林出版社，2000.
[21] 黄逸峰，姜铎，唐传四，等．旧中国民族资产阶层 [M]. 南京：江苏古籍出版社，1990.
[22] 叶赋桂．新制度与大革命：以近代知识人和教育为中心 [M]. 北京：教育科学出版社，2010.
[23] 冯尔康，常建华．中国历史上的农民 [M]. 台北：馨园文教基金会，1998.
[24] 李明伟．清末民初中国城市社会阶层研究（1897—1927）[M]. 北京：社会科学文献出版社，2005.
[25] 马小泉．国家与社会：清末地方自治与宪政改革 [M]. 开封：河南大学出版社，2001.
[26] 魏光奇．官治与自治：20 世纪上半期的中国县制 [M]. 北京：商务印书馆，2004.
[27] 夏明方．民国时期自然灾害与乡村社会 [M]. 北京：中华书局，2000.
[28] 马小泉，王杰，周洪宇，等．强权与民生：民初十年社会透视 [M].

开封：河南大学出版社，1991.
[29] 郑起东．转型时期的华北农村社会 [M]. 上海：上海书店出版社，2004.
[30] 王德昭．清代科举制度研究 [M]. 北京：中华书局，1984.
[31] 周积明．中国社会史论 [M]. 武汉：湖北教育出版社，2000.
[32] 张福记．近代中国社会演变与革命 [M]. 北京：人民出版社，2002.
[33] 乔志强．中国近代社会史 [M]. 北京：人民出版社，1992.
[34] 丛翰香．近代冀鲁豫农村 [M]. 北京：中国社会科学出版社，1995.
[35] 李文海．近代中国灾荒纪年 [M]. 长沙湖南教育出版社，1990.
[36] 苑书义，董丛林．近代中国小农经济变迁 [M]. 北京：人民出版社，2001.
[37] 杨国强．百年嬗蜕：中国近代的士与社会 [M]. 上海：上海三联书店，1997.
[38] 张玉法．民国初年的政党 [M]. 长沙：岳麓书社，2004.